KB045485

베토벤 읽는 CEO

장애를 창조로 승화시킨 불멸의 악성

베토벤 읽는 CEO

장애를 창조로 승화시킨 불멸의 악성

이재규 지음

음악시간에 교사가 학생들에게 질문했다.

"베토벤은 교향곡을 몇 개 작곡했지?"

공부를 제일 잘하는 학생이 손을 들고 대답했다.

"4곡요."

그리고 재빨리 덧붙여 말했다.

"3번 영웅 교향곡, 5번 운명 교향곡, 6번 전원 교향곡, 그리고 9번 합창 교향곡이잖아요."

베토벤의 작품은 9개의 교향곡, 16개의 현악4중주, 32개의 피아노 소나타, 6개의 피아노 협주곡, 바이올린 협주곡과 오페라 각각 1개 등 대략 450곡으로 추정된다. 이 중에 베토벤 자신과 출판사가 작품 번호(Op.)를 붙인 곡이 138곡이고, 나머지는 작품 번호가 없는 곡들이다. 킨스키와 할름은 작품 번호가 붙지 않은 205곡을 수집하고 정리하여 1955년 '번호가 없는 작품(Werke ohne Opuszahl)'이라는 의미로 WoO라는 번호를 붙여 출판했다. 그리고 조반니 비아몬티는 작품 번호가 있는 것(Op.)과 작품 번호가 없는 것(WoO), 자신이 발굴한 악보 등 849곡을 작곡 연대순(1782~1827)으로 정리한 후 1968년 자신의 이름을 따서 (Bia.)리스트를 만들었다.

*

베토벤 연구자나 전기 작가들은 베토벤의 일생과 작품을 저마다 독특하게 구분하여 연구한다. 간단하게는 본 시기(1770~1792)와 비엔나 시기(1793~1827)로 나눌 수 있고, 복잡하게는 작곡 형식과 특징을 상세하게 분류하여 7개의 시기로 나누기도 한다.

베토벤의 인생과 음악활동을 초기, 중기, 후기 등 3개로 나누는 연구자들도 있다. 이들은 먼저 베토벤의 삶을 각각 분노의 시기(1770~1802), 고통의 시기(1803~1812), 영광의 시기(1812~1827)로 나누거나, 음악 활동을 중심으로 각각의 기간에 대해 고전기(1802년 이전), 영웅기(1803~1814), 낭만기(1815~1827)로 분류한다.

*

이 책은 베토벤의 인생과 음악활동을 포괄적으로 알아보기 위해 쓴 것이 아니다. 이 책을 쓰게 된 동기는 다음과 같은 호기심 때문이었다.

• 베토벤은 〈교향곡 제3번〉을 나폴레옹에게 헌정하려 했다가 나폴

레옹이 황제가 되었다는 말을 듣고 악보를 내동댕이쳤다고 한다. 왜 베토벤은 적대국 프랑스 군대의 지휘자 나폴레옹에게 〈교향곡 제3번〉을 헌정할 생각을 했을까? 그것은 독일 본 출신이고 비엔나에서 활동하던 베토벤의 이적(利敵) 행위 아닌가? 또한 베토벤은 1809년 나폴레옹의 동생이자 웨스트팔리아 왕 제롬 보나파르트가 요청한 카셀의 궁정악장직을 수락했다. 이것은 친불(親佛) 행위 아닌가?

• 베토벤이 태어나서 사망한 18세기 말에서 19세기 초에 이르는 시기는 프랑스혁명과 나폴레옹의 등장, 나폴레옹의 몰락과 보수 회귀적 성격의 '비엔나 회의' 개최 등 역사적 격동기였다. 그렇다면 '비엔나 회의'는 베토벤과 아무런 관계가 없었는가?

• 베토벤은 〈교향곡 제5번〉에 '운명'이라는 별칭을 붙이지 않았다. 〈교향곡 제5번〉이 〈운명 교향곡〉이 된 유래는 무엇인가? 그가 "운명이 문을 두드린다."라고 한 말은 진실인가?

• 〈합창 교향곡〉이 끝난 후 베토벤이 청중의 환호성을 듣지 못하고 멍하게 서 있자, 콘트랄토 카롤리네 웅거가 그의 손을 잡고 뒤돌아보게 했다는데, 베토벤의 합창 교향곡은 어디서 어떻게 탄생했는가?

• 베토벤이 한 말 중 가장 자주 인용되는 내용이 있다. 그것은 "귀

족, 당신은 우연한 출생으로 귀족이 되었지만, 나는 내 스스로 베토벤이 되었소. 세상에 귀족은 쌔고 쌨어요, 앞으로도 그럴 거고요. 하지만 베토벤은 나 하나뿐이오!"라는 말이다. 과연 베토벤은 그런 말을 했는가?

• 악성(樂聖) 베토벤은 시성(詩聖) 괴테를 만났다고 하는데, 베토벤은 어디서 괴테를 만났는가? 그들은 우연히 만났는가, 아니라면 두 사람을 소개한 사람은 누구인가?

• 베토벤이 '하일리겐슈타트 유서'를 쓴 하일리겐슈타트는 어디에 있는가, 베토벤의 음악을 좋아하는 사람이면 그곳에 한 번쯤 가봐야 하지 않을까?

• '하일리겐슈타트 유서'와 함께 발견된 '불멸의 연인에게'라는 편지의 수신인은 누구이고, 왜 그것이 베토벤의 서랍에 있었는가?

• 베토벤은 거처를 자주 옮겼기 때문에 한 곡을 어디서 완성했다고 말하기가 곤란하다. 예를 들면 합창 교향곡은 1822년 비엔나의 라임그루벤가세에서 주문을 받았고, 헤첸도르프와 바덴에서 작곡했고, 비엔나의 운가르가세 5번지에서 완성했다. 베토벤은 어디서 어떻게 살았는가?

나는 이런 호기심 때문에(혹은 핑계로) 카메라를 들고 베토벤이 활동했거나 살았던 장소를 찾아보는 여행을 했고 또 그 시대의 서양 역사에 대해 공부를 했다. 이 책은 그 결과물이다.

*

나는 "기업이란 지극히 평범한 사람들을 모아서 비범한 결과를 창출하는 곳이다."라는 피터 드러커(Peter Drucker, 1909~2005)의 말을 따르는 경영학자이다. 같은 의미를 앤디 워홀(Andy Warhol, 1928~1987)은 다른 식으로 표현하고 있다.

"사람들이 왜 예술가를 특별하다고 생각하는지 모르겠다. 예술가는 단지 또 다른 한 가지 종류의 직업일 뿐이다."

음악의 역사를 살펴보면 어릴 때 신동으로 불렸던 수많은 천재들이 나중에 창조력을 잃고 사라지는 것을 알 수 있다. 이 책을 쓰면서 나는 음악의 천재 베토벤이 지극히 평범한 인간이었음을 알게 되었다. 그러니까 이 책은 비록 음악적 재능을 타고났지만 인간적으로는 지극히 평범했던, 달리 표현하면 성인(聖人)이 아닌 한 평범한 '인간 베토벤'이 '악성(樂聖) 베토벤'으로 불리게 되는 과정을 장소적, 연대기적으로 추적한 기록이다.

이 책을 쓰면서 『Beethoven's Letters』(Dover Publications, 1972), 『베토벤, 불멸의 편지』(김주영 역, 예담, 2000), 『Late Beethoven: music, thought, imagination』(Maynard Solomon, University of California Press, 2003), 『루트비히 판 베토벤 1, 2』(메이너드 솔로몬, 1977, 김병화 역, 한길아트, 2006), 『Beethoven』(Barry Cooper, Oxford University Press, 2000)을 참고했다.

이 책을 만드는 데 많은 사람들의 도움을 받았다. 정준명 사장은 주요 용어와 관련된 자료를 제공해주었고, 성도GL의 김상래 회장, 아세아 투자그룹 정수진 사장, 주식회사 마니커 한형석 회장은 재정적으로 많은 도움을 주셨다. 지면을 통해 고마움을 표시한다. 출판을 맡아준 21세기북스 김영곤 사장에게도 감사의 말을 전한다.

2010년 5월
이재규

| 일러두기 |

베토벤의 거주지에 대한 참고사항

* 베토벤은 작곡을 할 때는 놀라울 정도의 집중력을 보였으나 평소의 성격은 불안정했고 한 곳에 정착하여 살지 못했다. 베토벤이 비엔나에서 활동한 기간(1792~1827)은 35년인데, 비엔나에서도 거주지가 30군데를 넘었다.

** 이곳에 표시한 베토벤의 거주지는 발터 브라우나이스(Dr. Walther Brauneis)의 〈베토벤의 거주지〉(Beethoven-Höuser. Bonn, 2001), 존 슈흐트(John Suchet)의 3부작 〈The Last Master〉, 대이빗 넬슨(David Nelson)의 〈Vienna for the music lover〉를 기초로 하였다. 베토벤이 거주했던 장소들은 행정구역은 물론이고 번지도 그 후 달라진 것들이 많다. 따라서 이 책에 나오는 거주지의 명칭과 번지는 오늘날 통용되는 것이다. 빈(Wien)은 편의상 영어식으로 비엔나(Vienna)로 표기하였다.

*** 베토벤의 비엔나 주소 표기 순서는 비엔나의 구역 표시, 도로 표시, 번지 표시순이다. 예컨대 '9. Alser Strasse 30'에서 9는 비엔나 제9구역, Alser Strasse는 도로 명칭, 30은 30번지라는 뜻이다. 그리고 Alser Strasse는 과거에는 Alstergasse였으나 오늘날의 지도에 따른 것이다.

**** 베토벤은 거처를 정하고도 거의 같은 시기에 다른 곳에서 활동한 경우가 많았다. 또 여름에는 비엔나 근교 혹은 비엔나 외곽에서 2~3개월 지내고 되돌아오곤 했다. 이러한 행적들도 비엔나 주소와 병기하였다.

| 차례 |

제4장_ 친구와 경쟁자 | 1798~1799

제5장_ 브룬스비크-귀차르디 가의 딸들 | 1800~1801

제6장_ 하일리겐슈타트 유서 | 1802~1803

제7장_ 영웅을 찾아서 | 1804~1807

제9장_ 괴테와 브렌타노 가의 사람들 | 1811~1812

제10장_ 회의는 춤춘다 | 1813~1814

제11장_ 소송-누구를 위해, 무엇 때문에 | 1815~1818

제12장_ 디아벨리 변주곡과 장엄미사 | 1819~1821

악성 베토벤의 장례식

음악은 이 세상의 모든 철학보다 더 많은 것을 말한다.
베토벤

신이 인류에게 저지른 범죄가 있다면 그것은 베토벤에게서 귀를 빼앗아간 일이다.
『베토벤의 생애』 서문, 로맹 롤랑(Romain Rolland, 1866~1944, 1915년 노벨문학상 수상자)

1827년 3월 26일, 슈바르츠스파니어하우스

베토벤은 1827년 3월 26일 슈바르츠스파니어슈트라세 15번지(9. Schwarzspanierstrasse 15) 슈바르츠스파니어하우스에서 56년 약 3개월의 삶을 거두었다.

비엔나의 지하철 2번 노선(U2)의 쇼텐토르-우니페르지테트(Schottentor-Universität) 역에서 바로 보이는 두 개의 첨탑을 가진 고딕식 성당 포티프키르헤(Votivkirche, 봉헌성당) 뒷마당에는 〈사계절〉로 너무나 유명한 안토니오 비발디(Antonio Vivaldi, 1678~1741)를 기념하는 조각군이 있다. 정면에는 비발디의 얼굴을 새긴 청동 부조가 담긴 사각형 돌이 있고 그 뒤로 바이올린, 비올라, 첼로를 켜는 3명의 여인이 있다. 비발디는 마리아 테레지아 여제의 부친 카를 6세의 초청으

쇼텐토르-우니페르지테트 역에서 본 포티프키르헤

포티프키르헤 뒷마당의 비발디 기념 조각상

가르니존가세 입구

로 비엔나에 와서 활동했고 말년을 외롭게 지내다가 1741년 7월 28일 사망했다. 그의 묘지는 지금의 비엔나 기술대학교 자리에 있었다.

포티프키르헤 뒷마당에서 마주 보는 거리가 포티프키르헤를 설계한 하인리히 폰 페르스텔(Heinrich von Ferstel, 1828~1883) 이름을 딴 페르스텔가세(Ferstelgasse)이고, 페르스텔가세와 이어지는 길이 가르니존가세(Garnisongasse)인데, 베토벤은 1804년 5월부터 그 해 가을까지 가르니존가세 9-11번지에 살았다. 가르니존가세 안쪽에는 베토벤을 기념하는 베토벤가세(Beethovengasse)라는 작은 골목이 있다.

페르스텔가세와 가르니존가세를 관통하는 길이 슈바르츠스파니어슈트라세인데, 베토벤은 1825년 10월 25일 이 길 15번지에 있는 '검정색 스페인 집'이라는 뜻을 가진 슈바르츠스파니어하우스

슈바르츠스파니어하우스

슈바르츠스파니어하우스 입구에 부착된 기념 명패

(Schwarzspanierhaus) 3층에 세를 든다. 이 집은 과거에 '검은색 수도복을 입은 스페인 수도사들' 이 살았기 때문에 그런 이름이 붙었다. 베토벤은 1826년 9월부터 12월 1일까지는 비엔나 서북쪽 도나우 강변 포도 주산지인 크렘스(Krems an der Donau)에서 가까운 그나익센도르프(Gneixendorf)에서 지냈고, 12월 2일 다시 이곳으로 돌아와 다음 해 1827년 3월 26일 숨을 거두었다. 이 건물 입구에는 기념 명패가 부착되어 있다.

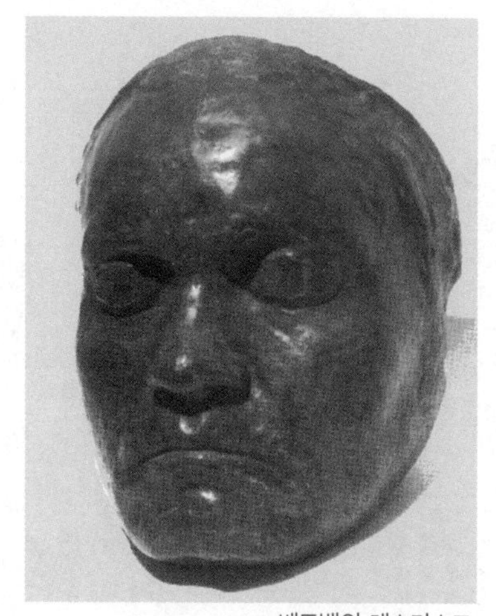
베토벤의 데스마스크

베토벤의 시신은 요한 바그너(Johann Wagner) 박사가 부검을 했고, 사인은 알코올로 인한 간경변과 수종 합병증으로 기록했다. 하지만 베토벤의 사인에 대해서는 이것 말고도 매독, 납중독, 유육종증(類肉腫症) 등 여러 설이 있다. 베토벤이 사망했다는 소식을 듣고 달려온 화가 요제프 단하우저(Josef Danhauser, 1805~1845)는 베토벤의 데스마스크를 떴다.

3월 29일, 드라이팔티히카이트키르헤

비엔나 대학과 포티프키르헤 사이에 있는 큰길 우니페르지테트슈트라세(Universitätstrasse)는 서쪽으로 가르니존가세와 만나는 지점에서

알제르 슈트라세 17번지, 드라이팔티히카이트키르헤

조문객이 성당으로 들어가는 모습

프란츠 스토버가 그린 베토벤 장례식 장면

길 이름이 알제르 슈트라세(Alser Strasse)로 바뀐다. 알제르 슈트라세를 따라 서쪽으로 몇 블록 가면 베토벤의 영결식이 치러진 드라이팔티히카이트키르헤(Dreifaltigkeitkirche), 즉 삼위일체 성당이 보인다.

베토벤의 영결식 초청장은 하슬링거 악보출판사가 만들어 돌렸다. 3월 29일 베토벤이 사망한 슈바르츠스파니어하우스에서 삼위일체 성당까지 이르는 길에는 2만 명이 넘는 시민이 모여들었고, 혼잡함을 정리하기 위해 경찰까지 동원되었다. 오스트리아 제국의 어느 황제가 승하했을 때도 이처럼 많은 시민들이 자발적으로 모여 애도하지는 않았을 것이다. 이날 비엔나의 모든 공연장들은 공연을 중단했고, 일부 카페와 상점들은 자진해서 문을 닫았다. 베토벤에게 잔소리를 퍼부었던 하숙집 주인들, 지저분한 베토벤의 아파트를 청소를 하면서 불평을 해댔던 가정부와 하인들은 위대한 인물을 제대로 대접하지 못한 죄책감에 눈물을 흘렸을 것이다.

영결미사는 오후 4시경 거행되었다. 미사 도중에는 베토벤이 작곡한 〈피아노 소나타 제12번, Op.26〉 제3악장 '장송행진곡'과 〈제3번 교향곡〉 제2악장 '장송행진곡'이 연주되었다.

오늘날 교회 바로 건너편 길은 건물들로 가득하지만 당시에는 넓은 벌판이었다. 교회 내에서 영결미사가 진행되는 동안에도 밖은 많은 사람들이 모여 혼잡했다. 베토벤의 어릴 적 친구 슈테판 폰 브로이닝(Stephan von Breuning)과 말년의 제자인 안톤 쉰틀러(Anton Schindler)가 질서를 유지했다. 프란츠 스토버(Franz Stober, 1760~1834)는 당시의 모습을 그림으로 남겼다.

배링 공동묘지

영결미사가 끝나고 작곡자이자 피아니스트인 요한 네포무크 훔멜, 극작가 프란츠 그릴파르처, 베토벤의 제자인 피아니스트 카를 체르니, 그리고 악장들이 관을 들었고, 베토벤을 흠모했던 가곡의 왕 프란츠 슈베르트가 횃불을 들었으며, 슈테판 폰 브로이닝과 그의 아들 게르하르트가 만장(挽章)을 들고 운구행렬 앞에 섰고, 베토벤의 제수

배링거 슈트라세 78번지 폴크스오퍼

베토벤의 시신을 처음 매장한 슈베르트 파크

슈베르트 파크에 있는 베토벤의 최초 묘비

(弟嫂)인 요한나 라이스와 베토벤의 막내동생 니콜라우스 요한 부부 등이 그 뒤에 섰다. 그리고 말 네 필이 끄는 영구마차가 묘지로 향할 때 합창단은 트롬본의 낮은 음에 맞춰 베토벤이 작곡한 1분 30초짜리 가곡 〈나를 잊지 마세요(Gedenke Mein)〉를 조용히 계속해서 불렀다. 킨스키와 할름은 나중에 이 곡에 WoO 130으로 작품번호를 붙였다.

운구행렬은 알제르 슈트라세 서쪽으로 가다가 지금의 헤르날제르 구어텔(Hernalser Gurtel)에 당도해서 오른쪽으로 방향을 틀어 배링거 구어텔(Währinger Gurtel)로 들어갔다. 뒤따르던 수많은 사람들은 차츰 줄어들었으나, 그래도 많은 사람들이 오늘날 폴크스오퍼(Volksoper)에서 좌측으로 꺾어진 배링거 슈트라세(Währinger Strasse)를 따라 가파른 언덕길을 따라 올라갔다. 운구행렬은 테쉐네르가세(Teschnergasse)와 만나는, 지금은 슈베르트 파크로 불리는 배링(Währing) 공동묘지 입구에 오후 6시경 도착했다. 긴 여정이었다.

당시 가톨릭 교회의 관습은 하관할 때에 종교적 내용 이외에는 어떠한 내용의 조사도 허용되지 않았기 때문에 공동묘지 입구에서 당대 최고의 배우 하인리히 안쉬츠(Heinrich Anschütz, 1785~1865)는 프란츠 그릴파르처가 쓴 조사를 읽어 내려갔다. 그릴파르처는 당대 최고의 극작가이자 시인이었다. 안쉬츠가 슬픔에 복받쳐 조사를 읽어 내려갈 때 사람들은 또 한 번 눈물을 흘렸다.

여기 주검 앞에 선 우리들은 어떤 의미에서 모든 민족과 독일의 모든 시민을 대신하여 베토벤의 사망을 애도하려고 왔습니다. 바흐와 헨델과 하이든과 모차르트의 불멸의 이름을 이어받은 베토벤은 이 세상 사람이기를 중단했습니다. 그리하여 우리는 이제 소리를 내지 못하는 악기의 부서진 줄 위에 울고 있습니다. ……

그는 예술가였으며 오직 예술로서만 그를 평가할 수 있습니다. 인생이라는 가시가 그를 깊이 찔렀고, 파선한 사람이 안전한 해안을 찾듯이 그는 당신의 팔에 안겼습니다. ……

환희여, 아름다운 신들의 찬란함이여.

그는 예술가였습니다. 그 누가 그의 옆에 설 수 있을까요? 바다의 괴수가 대양을 휘젓듯이 그는 자신의 예술의 경계를 휩쓸어버렸습니다.

환희여, 아름다운 신들의 찬란함이여 ……

그가 부른 백조의 노래, 노래와 현악기의 신들이 그의 무덤 앞에 모여 월계관을 던집니다. …… 그는 예술가였지만 동시에 철저히 인간이었으며, 그것도 최고 수준의 인간이었습니다. …… 그는 혼자 살았습니다. 왜냐하면 제2의 '자기'를 발견하지 못했기 때문입니다.

그는 그런 사람이었고, 그는 죽었으며, 그리하여 그는 영원히 살 것입니다! ……

여러분들이 애도하는 베토벤은 모든 시대에 걸쳐 가장 위대한 사람입니다. …… 세상 사람들이 그를 땅에 묻고, 그가 죽었을 때, 그리고 우리가 울었을 때, 우리는 이곳에 있었음을 기억합시다.

제1장

음악가 3대

1770~1786

1778년 3월 26일, 쾰른 궁정악단 소속 테너 가수 요한 판 베토벤은 며칠 전부터 자랑스럽게 다음과 같이 선전하고 다녔다.

"여섯살 배기 내 아들 베토벤이 연주를 합니다. 구경 오세요!"

이날 8세인 베토벤은 처음으로 '클라비어 협주곡과 트리오'를 공개연주했다. 아버지는 아들의 천재성을 부각하기 위해 나이를 두 살이나 속였다. 이러한 속임수는 모차르트의 아버지도 종종 써먹었던 방법이다. 그 후 베토벤은 자신의 나이를 실제로 그렇게 생각했다.

1770년 12월 17일, 독일 본의 상트 레미기우스 성당

이날 본가세 20번지(Bonngasse, 20)에서 요한 판 베토벤(Johann van Beethoven, 1740~1792)과 마리아 마그달레나 케베리치(Maria Magdalena Keverich, 1746~1789) 사이에 두 번째로 태어난 자식이 그의 조부의 이름 '루트비히'를 따 루트비히 판 베토벤(Ludwig van Beethoven)이라는 이름으로 세례를 받았다. 루트비히 판 베토벤의 출생기록은 없다.

당시에는 아이들이 태어나면 24시간 내에 세례를 받아야 했기 때문에 사람들은 그의 생일을 1770년 12월 16일로 추측한다. Ludwig van Beethoven에서 van은 독일어로 귀족을 의미하는 von과는 다르며, 베토벤 가문 출신의 루트비히라는 뜻이다. 베토벤은 귀족 가문 출신이 아니었다. 그러나 훗날 재판에서 그 사실이 발견될 때까지 종종 van과 von을 동일한 의미로 인식한 사람들에게 귀족 행세를 하고 다녔다.

베토벤의 어린 시절은, 모차르트의 행복했던 어린 시절과는 강한 대조를 보인다. 베토벤에게 인생은 처음부터 슬프고도 냉혹한 싸움으로 다가왔다. 아버지는 어린 베토벤의 음악적 재능을 일찍이 간파하여 신동이란 간판을 내걸고 아이를 생계 수단으로 삼았다. 베토벤은 우울한 소년이 되고 말았다. 로맹 롤랑은 베토벤의 용모를 이렇게 묘사했다.

> 베토벤은 키가 땅딸막했으나 어깨가 딱 벌어지고 뼈대가 굵었다. …… 검고 유난히 숱이 많은 머리칼은 빗이 도저히 들어가지 않을 만큼 제멋대로 곤두서 있어 마치 '메두사의 머리'처럼 보였으며, 이마는 꽉 차서 다부지게 솟아올라 있었다. …… 눈은 강한 빛을 발하고 있어 그를 만난 사람이면 누구나 강렬한 인상에 이끌렸다. 음울한 비극적 용모 속에서 어두운 빛을 띠고 …… 눈은 작고 깊숙이 들어가 있었지만 정열이나 노여움에 사로잡히면 갑자기 커지면서 내부의 모든 생각을 뚜렷하게 내비쳤고 때로는 우울한 빛을 띠고 하늘을 바라보기도 했다.

이름에 얽힌 이야기

베토벤의 조부 루트비히 판 베토벤(Lodewijk van Beethoven, 1712~1773)은 네덜란드 플랑드르 지방의 제빵기술자의 아들로서 어릴 때 성당의 합창단원이 되었고 13세 때 오르간을 배웠다. 그는 1731년 19세 때 합창단장이 되었고, 20세 때 쾰른 선제후의 요청으로 본으로 와서 궁정 악단의 베이스 가수로 활동했다. 그는 독일로 온 후 이름 Lodewijk를 독일어 Ludwig로 바꾸었다.

베토벤(Beethoven)이란 성(姓)도 플랑드르 지방에서 유래했다. 베트(Beet)는 플랑드르어로 사탕무를 뜻했고 호벤(Hoven)은 호프(Hof), 즉 농장의 복수형이다. 따라서 베토벤의 이름은 '사탕무 농장들'이라는 의미이다.

루트비히는 49세에 궁정악장이 되어 본 궁정의 음악활동을 지휘했고, 1773년 12월 24일 61세로 타계했다. 루트비히가 음악가로서 마지막으로 한 역할은 1773년 5월 13일 선제후의 생일축하를 위해 공연된 이탈리아 작곡가 안드레아 루케시(Andrea Luca Luchesi, 1741~1801)의 오페라 〈발각된 사기행각(L' Inganno scoperto)〉에서 맡은 베이스 역이었다. 안드레아 루케시는 루트비히 사후에 그의 후임 궁정악장이 되었다.

루트비히의 초상화는 선제후 궁정화가가 그린 것인데, 1801년 베토벤은 비엔나에서 친구 베겔러에게 편지로 조부의 초상화를 보내달라고 부탁했고 베겔러는 그의 부탁을 들어주었다. 베토벤은 새집으로 이사를 하면 조부의 초상화부터 먼저 벽에 걸어두었다.

베이스 가수 할아버지와 테너 가수 아버지, 그리고 스승

루트비히는 1733년 9월 마리아 요제파 폴(Maria Josepha Poll)과 결혼하여 세 자식을 출산했으나 요한 판 베토벤만 살아남았다. 루트비히는 궁정악장직 외에 부업으로 와인사업을 했는데, 그 때문이었는지 베토벤의 조모 마리아 요제파는 나중에 알코올 중독자가 되었고, 1775년 사망 때까지 요양소에서 지냈다.

베토벤의 아버지 요한은 아버지에게서는 음악성을, 어머니에게서는 술버릇을 물려받았다. 요한은 좋은 목소리를 가진 테너 가수로서 22세에 쾰른 선제후 본 궁정의 음악단원이 되었다. 부족한 수입을 보충하기 위해 그는 성악과 피아노 과외교습을 했다.

1767년 요한은 마리아 마그달레나 케베리치와 결혼했는데, 부친은 아들의 결혼을 몹시 반대했다. 이유는 며느릿감이 재혼인데다, 하층계급 출신이었기 때문이다. 베토벤의 조부는 그녀의 집안을 깔보았지만, 베토벤의 모친 마리아 마그달레나는 에렌브라이트슈타인(Ehrenbreitstein) 출신으로 트리어 대주교 궁정 주방장 딸이어서 사실은 베토벤 집안보다는 형편이 좀 더 나았다. 마리아는 1763년 16세 나이로 궁정의 한 시종과 결혼했으나 2년 후 남편과 사별했다. 요한과 마리아는 에렌브라이트슈타인에서 결혼식을 올렸고 부친은 끝내 이 결혼식에 참석하지 않았다. 그 후 내내 끊이지 않았던 베토벤과 가족 사이의 불화는 이때부터 잉태되었는지도 모른다.

1769년 요한과 마리아 사이에 태어난 첫아이 루트비히 마리아는 1주일 만에 사망했고, 1770년 12월 17일 베토벤이 세례를 받았다. 두 사람 사이에는 그 후로도 다섯 명의 아이들이 더 태어났으나 카스파르 카를(Caspar Carl, 1774~1815)과 니콜라우스 요한(Nikolaus Johann, 1776~1848) 두 명만 성인이 되었다. 베토벤은 '부친 요한'을 미워했기 때문에, 둘째 동생을 '요한'이라고 부르기조차 싫어했다.

베토벤 부모의 결혼생활은 행복하지 않았다. 두 번째 결혼에서도 그다지 행복하지 않았던 마리아는 친구에게 보낸 편지에 "결혼은 슬픔의 연속"이라고 썼다. 1770년대까지만 해도 요한은 궁정 업무를 제대로 수행했고, 선제후 궁정에 근무하는 외국 대사들의 자제들과 지방 귀족 자제들, 그리고 부르주아 자제들에게 성악과 피아노를 가르쳐 벌이가 꽤 좋았다. 게다가 별일이 없으면 1773년부터 부친이 맡고 있던 궁정악장의 지위를 물려받을 것으로 예상되었다.

하지만 베토벤의 부친은 술이 심했고, 알코올 중독으로 본 시민들의 조롱거리로 전락했다. 베토벤은 종종 경찰서로 가서 부친을 데리고 와야 했다. 이런 행실이 선제후에게 보고되어 결국 요한은 궁정악장이 되지 못하고 1789년 퇴직하고 말았다.

하지만 베토벤의 모친은 아이들을 잘 키워냈다. 1784년 라인강이 범람하여 라인가세의 집이 물에 잠겼을 때 그녀는 세 아이를 데리고 이웃집 지붕으로 피했다. 마리아는 좋은 어머니였으나 이웃사람들은 그녀가 웃는 것을 한 번도 본 적이 없고 늘 생각에 잠겨 있었다고 말했다.

베토벤은 10세 때부터 궁정 오르가니스트 고트로프 네페(Gottlob Neefe, 1748~1798)에게 작곡수업을 받았다. 그는 어린 시절 베토벤에게 음악적으로 가장 큰 영향을 끼친 사람이다. 네페는 베토벤에게 요한 제바스찬 바흐(J.S. Bach), 그의 아들 카를 필립 에마누엘 바흐

(C.P.E. Bach), 그리고 모차르트의 곡을 소개하며 작곡법을 가르쳤다.

베토벤의 즉흥연주 실력은 어릴 때부터 알려졌다. 그리고 12세 때인 1782년에는 네페의 도움으로 〈드레슬러의 행진곡 주제에 의한 9개의 변주곡, WoO 63〉을 처음으로 만하임에서 출판했다.

폰 브로이닝 가의 사람들과 친구 베겔러

1782년 베토벤은 소꿉친구 프란츠 베겔러를 따라 뮌스터플라츠(Münsterplatz)에 있는, 본 궁정 추밀고문관 요제프 폰 브로이닝(Emanuel Joseph von Breining, 1740~1777)의 미망인 헬레네(Helene, Frau von Breuning, 1750~1838)의 저택을 출입하며 폰 브로이닝 가족과 친밀하게 지내게 되었다.

폰 브로이닝 가에는 자식이 네 명 있었는데, 베토벤보다 한 살 아래인 첫째 엘레오노레(Eleonore, 1771~1841), 둘째 크리스토프(Christoph), 셋째 슈테판(Stephan von Breuning, 1774~1827), 그리고 막내 로렌츠(Lorenz)가 그들이었다. 헬레네 여사는 베토벤이 문학에 접하고 교양을 쌓고 많은 사람들을 만날 수 있도록 주선했다. 베토벤은 그들과 가족처럼 지냈고, 엘레오노레를 비롯해 브로이닝 가의 자식들에게 피아노를 가르쳤다. 베토벤이 셰익스피어와 괴테의 작품, 『호메로스』, 그리고 『플루타르크』 영웅전 등을 접한 것은 이 무렵이었다.

베겔러와 슈테판과 베토벤의 우정은 죽음이 그들을 갈라놓을 때까지 이어졌다. 1801년 슈테판이 비엔나로 와서 독일기사단의 고위직으로 근무하게 되면서 두 사람은 다시 만나게 되었고, 두 사람 사이에 얽힌 이야기는 계속된다.

프란츠 베겔러(Franz Gerhard Wegeler, 1769~1848)는 본에서 의학을 공부했고, 1794년 베토벤보다 2년 뒤 나폴레옹 전쟁이 한창 진행 중일 때 비엔나로 의학을 공부하러 와서 한동안 베토벤과 어울렸다. 1796년 베겔러는 다시 본으로 돌아가 병원을 차렸다. 1801년 6월 29일 베토벤은 베겔러에게 자신의 청각이상 증세에 대해 긴 편지를 썼다. 베토벤이 자신의 청각이상 증세에 대해 처음으로 상의한 것이다.

베겔러, 베토벤, 엘레오노레는 1782년, 그러니까 베겔러가 13세, 베토벤이 12세, 엘레오노레가 11세 때 처음 만났다. 짐작할 수 있듯이 그들 사이에는 첫사랑이라 해도 좋을 만한 이끌림이 있었다. 그런 시절에 오가는 선물과 편지도 오갔다.

> 엘레오노레에게,
> 며칠 전 보내준 목도리 정말 고마워.
>
> 베토벤

1792년 말, 베토벤이 비엔나로 떠날 때 엘레오노레는 요한 고트프리트 폰 헤르더(Johann Gottfried von Herder, 1744~1803)의 시 〈참된 우정은 저녁노을의 그림자처럼 자라서 인생이 끝날 때까지 지속된다.〉를 앨범으로 만들어주었다. 베토벤은 비엔나에 정착한 후 엘레오노레와는 평생 만나지 못했다. 그러나 1793년 베토벤은 비엔나에서 엘레오노레에게 〈모차르트 피가로의 결혼 중 '백작께서 춤을 추신다면(Se

Vuol ballare)'에 의한 12변주곡, WoO 40〉과 〈소나타 WoO 51〉을 헌정하면서 편지를 쓴다.

비엔나에 온 지도 1년이 다 되어가는데 이제야 편지를 보내는군요. 하지만 당신은 언제나 내 생각 속에 있었소. …… 여기에 당신에게 헌정하는 곡을 보내오. 그저 이 작품이 당신에게 중요하고 가치 있는 것이 되기를 바랄 뿐이오. …… 당신을 향한 나의 존경과 우정, 그리고 당신 가족을 변함없이 생각하는 증표로 …… 바칩니다.

1793년 11월 2일 비엔나에서

1802년 엘레오노레와 베겔러는 결혼을 했고, 두 사람은 코블렌츠에서 신혼살림을 꾸렸다. 그 후에도 베겔러와 베토벤 사이의 우정은 계속되었다. 1825년 60세가 된 베겔러는 베토벤에게, 본에서의 어린 시절 이야기에서부터 비엔나에서의 성공 이야기까지를 회고하는 감동적인 편지를 쓴다.

나는 자네를 영웅으로 생각하네, 감히 말하건대 자네가 영웅이 된 데에 나의 영향도 조금은 있었다는 것을 자랑스럽게 생각한다네. 자네는 희망과 꿈을 내게 말했지. 자네가 오해를 받을 때, 나는 자네가 원하는 것이 무엇인지 잘 알고 있었어. ……

편지 말미에 베겔러는 코블렌츠로 와서 어릴 때 자주 갔던 라인강을 다시 한번 거닐자며 고향 방문을 청했다. 그리고 엘러오노레도 남편의 편지 끝에 추신으로 베토벤에게 꼭 자신들을 방문해달라고 덧붙였다.

베토벤은 본을 떠나 경박한 비엔나에서 일생을 거의 보내는 동안 라인강의 위풍당당한 모습을 결코 잊은 적이 없었다. 그러나 그는 라인강을 다시 보지 못했다.

1783년 4월, 3대째 음악가의 탄생

13세 베토벤은 쾰른 선제후 막시밀리안 프리드리히(Maximilian Friedrich, 1708~1784)의 본 궁정 악단 부오르가니스트로 임명되었다. 조부와 부친에 이어 본 궁정 악단의 3대째 음악가가 된 것이다. 하지만 무급이었다. 베토벤의 재능을 파악한 선제후 궁정 오케스트라의 지휘자 프란츠 리이스(Franz Ries, 1755~1846)는 베토벤을 음악적으로, 그리고 인간적으로 키우기 위해 자신이 할 수 있는 일은 다했다. 베토벤과 슈테판은 프란츠 리이스에게서 바이올린을 함께 배웠다.

특히 1787년 베토벤의 모친이 사망한 후 프란츠는 그를 위로했고 적잖은 돈도 빌려주었다. 또 1789년 베토벤의 부친이 궁정음악가 자리에서 물러났을 때, 베토벤이 연금의 절반을 받을 수 있도록 그를 도와주었다. 1793년 베토벤의 부친이 사망한 후에는 부친이 낭비한 베토벤 몫의 연금을 베토벤에게 돌려달라는 청원서를 작성하는 과정에서 그 일이 성사되도록 힘을 썼다.

1801년 프란츠는 아들 페르디난트 리이스(Ferdinand Ries, 1784~1838)가 더 나은 음악공부를 하도록 비엔나로 유학 보내면서 베토벤에게 협조를 요청하는 편지를 썼다. 편지를 읽은 베토벤은 페르디난트에게 이렇게 말했다.

"자네의 부친에게 지금 당장은 뭐라 할 말이 없네만, 그러나 부친에게 편지를 쓸 때, 옛날 내 어머니가 돌아가셨을 때 자네의 부친이 도와준 일들에 대한 고마움은 잊지 않고 있다고 써주게. 그리하면 부친이 마음이 좀 놓일걸세."

1783년 10월 14일 베토벤은 선제후 막시밀리안 프리드리히에게 〈3개의 선제후 소나타, WoO 47〉를 헌정했다.

> 존경하옵는 전하
>
> 저는 일찍이 네 살 때부터 음악에 매료되었습니다. 이처럼 빨리 제 마음을 아름다운 하모니로 가득 채워주신 뮤즈를 저는 진심으로 사모하고 있으며 …… 뮤즈는 옛날부터 "네 마음속의 하모니를 적어라." 하며 제 귀에 속삭였습니다.
>
> 이제 겨우 열한 살(이때 사실은 13세였다)인 제가 작곡가인 척하면 다른 음악가들이 뭐라고들 할까, 용기를 잃었지만 뮤즈가 계속 저를 재촉하는지라, 이에 복종하여 감히 작곡을 하게 되었습니다.
>
> 전하, 저의 첫 작품을 옥좌의 발밑에 바침을 허락해주소서. …… 어린 저의 순진한 헌정을 받아주시고 자애로 살펴주소서.
>
> 궁정 오르가니스트
>
> L. V. 베토벤

모차르트는 어릴 때부터 일생 동안 여행을 많이 했지만 베토벤은 집안 형편상 여행을 별로 하지 못했다. 베토벤이 10세가 되었을 무렵

본의 궁정음악가인 로반티니(Franz Rovantini)가 베토벤과 같은 집에서 살게 되면서 바이올린과 비올라를 배울 수 있었지만 그가 1781년 9월, 24세의 젊은 나이로 세상을 떠나는 바람에 로반티니에게서 더 이상 가르침을 받지 못했다.

하지만 그의 사망으로 인해 베토벤은 어머니와 함께 네덜란드 여행을 하게 되었다. 로반티니의 장례식에 로테르담의 공무원이었던 여동생이 참석했다가 베토벤의 뛰어난 음악 재능을 알고 네덜란드로 초대했기 때문이다.

베토벤과 그의 모친은 1783년 10월 하순에서 11월까지 로테르담(Rotterdam)을 비롯해 네덜란드를 여행했지만, 베토벤이 어떤 연주회를 가졌는지에 대해서는 알려진 바가 없다.

1784년 4월, 막시밀리안 프란츠 대공 선제후로 부임하다

막시밀리안 프리드리히 선제후가 1784년 4월 15일 사망하자, 그 후임으로 마리아 테레지아 여제의 막내아들이자 합스부르크제국의 황제 요제프 2세의 막내동생 막시밀리안 프란츠(Maximilian Franz, 1756~1801)가 쾰른 대주교 겸 선제후와 뮌스터 주교로 부임하여 본에 왔다(막시밀리안 프란츠를 막시밀리안 프리드리히 선제후의 동생 또는 아들이라고 기록한 문헌은 오류이다.)

베토벤은 막시밀리안 프란츠 선제후의 궁정악단에서 비올라 파트를 맡았고, 네페 선생의 보조 오르가니스트로 150플로린의 연금을 받게 되었다. 1791년 프란츠 선제후는 베토벤을 포함한 그의 악단을 데리고 여름 궁전이 있는 메르겐트하임(Mergentheim)으로 갔다. 라인강을 배로 건널 때 선제후는 21세의 베토벤을 임시로 주방장으로 임명했는데, 베토벤은 그 임명장을 기념품으로 죽을 때까지 지니고 다녔다.

이보다 앞서 1787년 베토벤은 6개월 동안 유급휴가를 받아 비엔나로 갔다. 물론 모차르트를 만나려는 목적도 있었다. 하지만 모친의 사망으로 두 달 만에 본으로 되돌아와야 했다. 1792년 프란츠 선제후는 베토벤에게 비엔나 여행을 한 번 더 허락했다. 그러나 베토벤이 1792년 11월 2일 비엔나로 떠난 직후 프랑스 군대가 본을 침공하자 선제후는 망명했고 악단은 해체되었다. 베토벤은 다시 본으로 오지 못했다. 당시 선제후가 여행을 허락하지 않았다면 베토벤의 운명은 크게 달라졌을 것이다. 어쩌면 프랑스 군대의 군악대에 편입되어 초라한 일생을 보냈을지도 모른다.

1801년 베토벤은 비엔나의 헤첸도르프의 궁전으로 선제후를 찾아가 〈제1번 교향곡〉을 헌정할 의사를 밝혔다. 그러나 프란츠는 젊은 시절 전장에서 무릎을 다쳐 그 후유증으로 건강이 좋지 않았고 운동부족으로 체중이 엄청 늘어나 45세에 사망했다. 선제후가 〈제1번 교향곡〉의 완성과 헌정을 보지 못하고 죽자, 베토벤은 완성된 곡을 고트프리트 판 슈비텐 남작(Baron Gottfried van Swieten, 1733~1803)에게 헌정했다. 판 슈비텐 남작에 관한 이야기는 뒤에 이어진다.

제2장

예언자들

1787~1792

네페 : 배움의 여행을 통해 베토벤은 제2의 모차르트가 될 것이다

베토벤은 네페를 만나 비로소 체계적인 작곡법을 배웠다. 네페는 모차르트처럼 음악을 인간의 정신세계와 연결지으려는 생각을 가진 프리메이슨 단원이었다. 네페 선생을 통해 배운 신뢰, 사랑, 봉사, 형제애, 인간애 등과 같은 프리메이슨 사상은 훗날 베토벤의 삶과 작품에 철학적 특징을 형성하는 데 큰 영향을 미쳤다(베토벤이 프리메이슨이라거나 일루미나티였다는 설은 그의 생전과 사후 늘 따라 다녔던 의혹이다).

네페는 프리메이슨 동지 모차르트를 1786년 본으로 초청했는데, 모차르트가 네페의 초청에 응하지 못하자 이듬해 베토벤을 비엔나로 보내서 모차르트와 만날 수 있도록 주선했다. 네페는 타지방으로 연주여행을 떠날 때는 베토벤에게 궁정 오르가니스트 역할을 맡겼다. 네페는 1783년 3월 2일 음악잡지(Magazin der Musik, p.194)에 다음과 같

슈테판 대성당(오른쪽). 유리건물은 한스 홀라인이 설계한 하스하우스(Hashaus)

은 예언적인 글을 기고했다.

"이 젊은 천재는 누군가의 도움으로 여행을 떠나야 해. 그가 만약 모차르트가 시작했던 것과 같은 배움의 여행을 계속하게 되면 결국 제2의 모차르트가 될 것이 확실하다."

1787년 3월 20일경 베토벤은 네페 선생의 기대대로, 막시밀리안 프란츠 선제후로부터 6개월간 장기휴가를 받고 또 (1762년 10월 13일 6세였던 모차르트가 쇤부른 궁전에서 처음 연주할 때 친구가 된) 선제후의 소개장을 들고 모차르트를 만나러 비엔나로 떠났다. 1793년 비엔나에 정착한 베토벤은 네페 선생에게 감사의 편지를 띄운다.

"제가 조금이라도 성공하게 되면 그것은 선생님의 덕분입니다."

베토벤이 만약 모차르트와 같이 배움의 여행을 시작하면 제2의 모차르트가 될 것이라는 네페의 예언은 적중했다. 하지만 스승은 제자의 성공을 보지 못한다. 나폴레옹 군대가 라인 지방을 점령함에 따라 네페는 궁정음악가의 지위를 상실했고 작은 마을 데사우(Dessau)에서 지휘자로 연명하다가 1798년 사망했다.

블루트가세에서 바라본 피가로하우스

블루트가세

모차르트 : 저 소년은 언젠가 세상을 놀라게 할 거야

1787년 4월 7일, 봄이라지만 세찬 바람이 부는 날 오후, 독일 본에서 막 도착한 17세 청년 베토벤은 비엔나의 랜드마크 슈테판 대성당에서 기도를 한 뒤 밖으로 나와 왼쪽 길로 한 블록 천천히 걸어가 다시 징거슈트라세(Singerstrasse)로 꺾고는 작은 교회가 딸린 독일 기사단(German Knights Order) 건물 앞에서 멈추었다.

독일 기사단은 1190년 십자군 전쟁 당시 창립된 유서 깊은 중세의 기사단으로서, 1787년 당시에는 마리아 테레지아 여제의 막내아들

돔가세 5번지, 일명 피가로하우스

막시밀리안 프란츠 쾰른 선제후이자 대주교가 그랜드 마스터로 있었다. 당시 이 건물의 일부는 잘츠부르크 대주교 콜로레도의 비엔나 궁전으로 사용하고 있었고, 1781년 모차르트가 피아니스트로 잠시 근무했던 곳이었다.

베토벤은 호주머니에서 쪽지를 하나 꺼내어 번지수를 확인했다. 독일 기사단 건물을 끼고 왼쪽으로 들어가는 중세시대의 좁은 골목이 블루트가세(Blutgasse)인 것을 확인한 베토벤은 골목 안으로 묵묵히 걸어갔다. 블루트가세는 겨우 20미터쯤 가서 돔가세와 만나는 한 블록짜리 막다른 길이었다.

베토벤이 모차르트를 만나러 들어온 조그만 골목 블루트가세는 원래 코트게셀(Kothgéssel)이라고 불렀다. 그 다음에 코르게셀라인(Chorgässelein)이라고 불리다가 19세기 초부터 블루트가세로 고쳐 불렀다. 블루트가세에는 두르흐호이저(Durchhäuser)로 불리는 중세시대의 건물들이 그대로 보존되어 있는데, 두르흐호이저는 문자 그대로 집과 집, 또는 집과 거리 사이에 통로(passage)가 있어 안뜰을 통과하여 다른 집이나 거리로 연결되는 건축양식이다. 블루트가세에는 슈베르트와 그의 친구들이 자주 드나들었던 주점 추어 루스티겐 블룬츠(Zur Lustigen Blunze)가 있었으나 지금은 아파트 겸 화랑이 들어서 있다.

블루트가세를 우리말로 번역하면 '피의 거리'이다. 돌로 포장된 바닥과 길을 마주한 건물들의 높은 부분에 고딕식 성당 건축에서 볼 수 있는 플라잉버트레스를 닮은 버팀대가 있는 중세시대의 아름다운 길이 '피의 거리'로 불리게 된 이유는 두 가지이다.

하나는 이곳에 본부를 둔 프랑스 템플기사단(French Chivalric Order of Knights Templar)이 1312년 교황의 지시로 모두 학살되었는데, 그들이 흘린 피가 거리를 메워서 블루트가세라는 이름이 붙었다는 것이다. 다른 하나는 블루트는 '산 제물로 바치는 사람' 을 의미하는 블라우트(Blout)라는 말에서 파생된 것인데, 이곳에 있던 이교도 사원이 산 사람을 제물로 바쳤기 때문에 그런 이름이 붙었다는 것이다.

댄 브라운의 〈다빈치 코드〉에도 템플기사단의 박해에 대해 조금 언급된다. 예수의 혈육을 보호하는 의무를 지닌 시온수도회와 관계가 있는 템플기사단의 세력이 커지자 프랑스 왕 필립 4세(Philip IV, 1268~1314)와 클레멘스 5세(Clemens Ⅴ, 1305~1314) 교황이 공모하여 템플기사단을 말살하기로 결정했다.

1307년 10월 13일 금요일, 교황은 유럽 전역에 있는 교황의 군사들에게 동시에 열어보도록 봉인된 비밀지령을 내렸다. 13일 새벽, 무시무시한 교황의 지령이 개봉되었다. 편지에는 신의 계시에 대한 내용이 들어 있었다. 신이 템플기사단이 악마숭배와 동성애, 십자가 모독, 게이 등 불경한 행동의 이단적 죄를 범하고 있다고 경고했다는 것이다. 또 신은 교황에게 모든 기사들을 소환해서 신에 거역한 그들의 죄를 실토할 때까지 고문하고, 지상을 깨끗하게 하라는 명령을 내렸다고 했다. 교황의 작전은 정확하게 진행되었다. 그날, 전 유럽에서 셀 수 없을 정도로 많은 기사들이 사로잡혀 잔인하게 고문당하고, 말뚝에 묶여 화형당했다. 특히 블루트가세는 골목 양쪽만 막으면 완전 포위할 수 있었기 때문에 비엔나의 템플기사단원은 전멸했다.

베토벤은 돔가세 5번지(1. Domgasse 5)에 있는 로코코풍으로 당시 비엔나에서 가장 잘 알려진 건물 카메시나하우스(Camesinahaus) 앞에 섰다. 오늘날은 피가로하우스로 불리는 기념관이다.

베토벤은 길안내 쪽지를 바지 포켓에 집어넣고 윗옷 속주머니에서 쾰른 선제후 막시밀리안 프란츠 대주교가 써준 소개장을 꺼내 손에 들었다(이 여행을 발트슈타인 백작이 주선했다는 문헌이 있으나 백작은 1788년 본에 부임한다).

베토벤은 옷깃을 여미고 아파트 3층으로 올라가 피아노 소리가 바깥으로 들려오는 문 앞에서 서서 숨을 가다듬었다. 그리고는 문을 힘차게 두들겼다. 깔끔하게 차려입은 하녀가 나와 베토벤을 거실 안으로 데리고 가서 모차르트에게 안내했다. 모차르트가 이 아파트에 살 때는 그가 비엔나에서 크게 성공을 거두고 있을 때였고, 찾아오는 손님이나 피아노를 배우러 오는 제자들이 대부분 귀족 출신이었기 때문에 모차르트와 부인 콘스탄체는 물론이고, 두 명의 하녀도 격식에 맞는 옷차림을 하고 있었다. 베토벤은 공손하게 머리를 조아리면서 선제후의 소개장을 모차르트에게 내밀면서 씩씩하게 말했다.

"루트비히 판 베토벤이라고 합니다. 저는 작곡가가 되어서 평생을 음악에 헌신하기로 결심하고 선생님의 가르침을 받고 싶어 본에서 이곳까지 왔습니다."

모차르트는 베토벤을 피아노 앞으로 데리고 갔다. 그러고는 먼저 와서 피아노를 연습하고 있던 젊은 여자를 옆방에 가 있게 하고는 무뚝뚝하게 말했다.

"일단 아무거나 연주를 해보게."

베토벤은 즉시 피아노에 앉아서 모차르트가 바로 전 해에 작곡한 〈피아노 협주곡 C단조, K.491〉의 제1악장을 쳤다. 당시 모차르트는 〈돈 조반니〉를 작곡하느라 바빴고 피아노 교습은 호구지책으로 하고 있던 일이라 자신의 작곡시간을 빼앗는 것으로 생각하고 있었다. 게다가 소위 자칭 천재들이 그에게 인정을 받으려 몰려왔으므로 베토벤의 연주에 대해서도 별다른 반응을 보이지 않았다. 베토벤은 모차르트가 자신의 연주를 신통치 않게 생각하는 것은 달달 외운 것을 그대로 친 것으로 짐작했기 때문이라고 판단했다. 초조해진 베토벤은 주제를 하나 내주면 즉흥연주를 하겠다고 제안했다.

베토벤은 스승 네페가 인정할 만큼 즉흥연주 실력이 뛰어났고 선배들을 능가한다고 소문이 자자했다. 즉흥연주를 마친 베토벤은 꾸벅 인사를 한 뒤 물러갔다. 베토벤을 배웅하고 돌아온 모차르트는 옆방에서 친구들과 잡담을 하던 부인 콘스탄체에게 말했다.

"콘스탄체, 저 소년은 언젠가 세상을 놀라게 할 작품을 만들 거야."

모차르트는 베토벤을 제자로 가르치겠다고 했다. 그러나 즐거운 마음으로 하숙집으로 돌아온 베토벤에게 날아온 소식은 모친이 임종 직전이라는 우울한 소식이었다. 선택의 여지가 없었다. 베토벤은 비엔나에 도착한 지 2주일 만에 급히 본으로 되돌아갔다.

베토벤과 모차르트의 만남과 헤어짐에 대해서는 두 가지 이야기가 있다. 하나는 베토벤이 그 다음 날부터 모차르트에게서 피아노 레슨을 받았는데 어느 날 베토벤이 말도 없이 갑자기 사라졌고, 모차르트는 그 후 베토벤이 어머니가 편찮아서 본으로 돌아갔다는 소문을 들었다는 것이다. 다른 하나는 1787년 4월 19일 베토벤이 모차르트를 다시 찾아가 어머님의 병환 때문에 급히 본으로 돌아간다고 인사를 하고 떠났다는 것이다. 어느 쪽이든 간에 모차르트가 "나는 천재를 원하지 않아. 천재들은 내게 배울 것이 없거든."이라고 한 말처럼 모차르트는 악성(樂聖) 베토벤을 가르칠 기회를, 그리고 베토벤은 천재 모차르트에게서 배울 기회를 갖지 못했다.

귀향길에 만난 사람

베토벤은 어머니의 건강이 나빠졌다는 소식을 듣고 급히 귀향하게 되는데, 당시 비엔나에서 본까지는 린츠, 잘츠부르크, 뮌헨, 아우구스부르크, 코블렌츠를 거쳐서 가는, 일주일이 걸리는 먼 길이었다. 베토벤에게는, 목돈이 떨어져 라인강 상류의 아우구스부르크에서 이전부터 안면이 있는 요제프 샤덴 박사(Dr. Joseph Wilhelm von Schaden)에게 돈을 빌리는 등 고통스러운 여정이었다.

그러나 한 가지 행운도 있었다. 프랑크푸르트에서 나네트(Nanette Streicher, 1769~1833)를 만났던 것이다. 베토벤보다 한 살 위인 나네트는 뛰어난 피아니스트였고, 그녀의 부친은 유명한 건반악기 제작자 요한 안드레아스 슈타인(Johann Andreas Stein, 1728~1792)이었다. 두 사람의 교분은 그 뒤 평생 이어졌다.

베토벤은 1787년 첫 번째 비엔나 여행 중 모친의 병환으로 본으로 오던 도중 프랑크푸르트에서 요한 안드레아스 슈타인을 만났는데, 그때보다 꼭 10년 전인 1777년 10월 12일 모차르트도 그를 만났다. 모차르트는 어머니와 함께 파리로 가던 중 전날 아우구스부르크에 도착해서 울리히스플라츠 10번지(Ulrichsplatz 10)에 있는 건반악기 제작자 요한 안드레아스 스타인의 집을 찾아갔다. 음악 전통이 별로 깊지 않은 아우구스부르크에 발길을 멈춘 것은 슈타인이 제작한 피아노의 품질을 검토하기 위한 것이라 해도 과언은 아니었다.

모차르트는 슈타인의 가게에서 피아노 하나를 골라 연주했다. 모차르트의 연주를 들은 슈타인은 입을 다물지 못했다. 그러고는 바로 그 낯선 청년이 1763년 이곳을 들른 잘츠부르크의 신동 모차르트라는 것을 알아차렸다. 모차르트는 아우구스부르크에서 그날 저녁을 포함하여 몇 차례 특별 연주회를 열었고 슈타인으로부터 300플로린이나 되는 피아노를 한 대 기증받았다. 모차르트는 슈타인이 새로 발전시킨 피아노를 보고 잘츠부르크의 아버지에게 다음과 같이 말했다.

"저는 슈타인의 피아노를 보기 전에는 슈패트의 피아노를 가장 좋아했습니다. 그러나 이제는 슈타인의 피아노에 우선권을 주고 싶습니다. 왜냐하면 이 피아노들은 레겐스부르크의 악기들보다 소리를 훨씬 잘 조절할 수 있기 때문입니다. 제가 건반을 강하게 치고 건반을 계속 누르고 있다가 손가락을 들어올리면, 피아노 소리가 한 순간에 사라져버립니다."

모차르트가 언급한 프란츠 슈패트(Franz Jakob Spaeth, 1714~1786)는 독일 레겐스부르크(Regensburg)에서 활동하던 피아노 및 오르간 제작자였다. 그는 당시 최고의 피아노 제작자로서 명성을 누리고 있었다.

모차르트가 아우구스부르크에 머물던 어느 날 슈타인은 8세짜리 딸 나네트를 데리고 와서 모차르트에게 소개하며 피아노 연주를 시켰다. 나중에 모차르트는 슈타인에게 다음과 같이 편지를 썼다.

"장래가 아주 촉망되지만 다소 틀에 박힌 연주를 하는 단점이 있습니다."

모차르트의 지적대로 나네트는 피아니스트가 되지 못하고 그 대신 훌륭한 피아노 제작자가 되었고 베토벤을 후원하게 된다.

1794년, 부친의 사업을 물려받은 나네트는 피아노 제작자 요한 안드레아스 슈트라이허(Johann Andreas Streicher, 1761~1833)와 결혼했고 두 사람은 비엔나로 와서 란트슈트라세(Landstrasse) 근교에서 피아노 공장을 운영했다. 나네트 부부는 고객의 입맛에 맞는 물건을 만들었다. 곧 두 사람의 집은 음악가들의 모임 장소가 되었고, 매주 월요일 오전에는 비엔나의 유명 음악가들이 자리를 함께 했다. 물론 베토벤도 참석하여 연주를 했다. 슈트라이허는 베토벤에게 피아노를 여러 대 제공했고 베토벤은 이를 감사하게 여겼다.

비엔나에서 나네트는 베토벤의 누나 혹은 어머니 역할을 했다. 베토벤이 밤낮없이 큰소리로 피아노를 두들겨대다가 옆집 아래윗집의 항의로 쫓겨나면 나네트는 임시 거처를 물색해주곤 했다. 또 복제열쇠를 가지고 있다가 베토벤이 없을 때 그의 하숙집에 들어가 음식을 치우고 옷가지들을 갖고 나와 세탁하고 다림질을 하여 제자리에 놓아두곤 했다.

나네트는 베토벤이 아플 때도 돌봐주었고, 베토벤의 사적인 문제에 대해, 특히 베토벤이 조카 카를의 후견이 되고 난 후 자질구레한 조언을 해주었다.

베토벤은 모차르트로부터 배우는 것을 중단하고 급히 귀향하여 모친의 병환을 돌보았지만 불행한 결혼생활을 하며 결핵을 앓던 모친은 1787년 7월 17일 사랑하는 아들 베토벤의 품에 안겨 숨을 거두었다. 이제 베토벤은 남은 가족을 돌봐야 했고, 그것도 평생 돌봐야 했다. 베토벤의 아버지는 베토벤을 신동으로 만들려다가 좌절에 빠져 알코올 중독자가 되었고 가장 노릇을 할 수 없는 형편이었다. 베토벤은 궁정 오케스트라 단원, 교회 오르가니스트, 그리고 개인교사를 하면서 틈틈이 작곡도 하는 등 일상생활로 되돌아갔다.

베토벤은 신의를 중요시했고 또 예의도 발랐다. 1787년 9월 15일 샤덴 박사에게 고마움의 표시와 함께 빌린 돈의 상환이 좀 늦어지겠다는 내용의 편지를 썼다.

친애하는 샤덴 박사님

박사님이 저를 어떻게 생각하고 계실지 쉽사리 알아차릴 수가 없습니다. …… 하지만 저의 변명을 들어주시기를 바랍니다. …… 고향이 가까워지면서 어머니의 용태가 좋지 않으니 가능한 한 빨리 오라는 아버지의 독촉 편지를 여러 차례 받았습니다. ……

어머니의 병환은 결핵 때문이었습니다. 약 7주일 전에 결국 돌아가셨습니다. 나에게는 참으로 좋은 어머니, 사랑스러운 어머니, 동시에 나의 가장 좋은 벗이었습니다. 오! 어머니라는 그리운 이름을 내가 소리 내어 부를 수 있었고, 그것을 어머니가 들어주시던 그때의 나보다 더 행복한 사람은 없습니다. ……

아우구스부르크에서 빌려주신 3플로린의 상환은 얼마 동안 연기해주실 것을 부탁드립니다. 여행에 비용이 많이 들었고, 여기서는 한 푼의 수입도 없고 더 벌 수 있는 가망도 없습니다. 본에서 저는 행운을 누리지 못하고 있습니다. …… 이후로도 변함없이 우정을 베풀어주십시오. ……

쾰른 선제후 궁정 오르가니스트

L. V. 베토벤

1789년은 세계사에서 가장 떠들썩한 사건인 프랑스 대혁명이 일어난 해이다. 사회 분위기가 어수선할 때 설상가상으로 베토벤의 부친 요한은 궁정 악단에서 물러났고, 술중독이 심해져 자주 문제를 일으켰다. 베토벤은 가장 노릇을 해야 했기 때문에 선제후에게 부친의 연금 중 절반을 자신에게 직접 지급해달라는 호소문을 쓴다.

베토벤의 모친이 사망한 후 고맙게도 폰 브로이닝의 미망인 헬레네 부인은 베토벤을 한 가족처럼 대했다. 베토벤은 폰 브로이닝 저택에 왕래하면서 발트슈타인 백작(Count Ferdinand von Waldstein, 1762~1823)을 만나게 되었다.

발트슈타인 백작은 비엔나의 막강한 귀족 가문의 후예로서 비엔나에서 모차르트를 후원하고 있었고, 1788년 본에 와서 선제후 막시밀리안 프란츠의 궁정 추밀고문관(Geheimrat)으로 일하고 있었다. 발트슈타인 백작은 보헤미아 지역에 대규모 토지를 보유한 귀족 가문의 후예로서 그의 조상들 중에는 30년 전쟁(1618~1648) 당시 신성로마제국의 최고사령관을 지낸 알브레히트 발렌슈타인(Albrecht von Wallenstein, 1583~1634)을 비롯하여 합스부르크제국의 고위 관료들이 많았다. 무인 기질의 발트슈타인 백작은 1787년 독일기사단에 가입했고, 1788년부터 쾰른 선제후의 요청으로 본으로 왔다.

발트슈타인 백작은 베토벤의 재능을 곧 간파했다. 1790년 발트슈타인은 베토벤에게 합스부르크제국의 황제 요제프 2세의 서거를 맞아 그를 애도하는 〈요제프 2세 황제 추도 칸타타, WoO 87〉과 이어서 레오폴트 2세의 등극을 축하하는 〈레오폴트 2세 황제 등극 칸타타, WoO 88〉의 작곡을 의뢰했다.

하이든, 베토벤을 스카우트하다

1790년 12월 26일 요제프 하이든(Joseph Haydn, 1732~1809)이 영국인 흥행사 요한 페터 잘로몬(Johann Peter Salomon)과 함께 런던으로 가는 도중 본에 들러 청년 베토벤을 잠시 만났다. 1792년 7월 하이든이 귀국길에 본에 다시 들렀을 때 베토벤은 자신이 작곡한 〈요제프 2세 황제의 추도 칸타타〉와 〈레오폴트 2세 황제 등극 칸타타〉의 총보를 보여주었다. 하이든은 베토벤의 잠재력을 간파하고 베토벤에게 비엔나로 오면 제자로 삼겠다는 언질을 주었다.

바흐와 헨델을 통해 최고의 절정기로 치닫던 바로크 음악의 불꽃이 꺼져갈 무렵 비엔나 음악계에 등장한 하이든은 고전주의의 토대를 쌓으면서 서양 음악사의 새로운 지평을 열었다. 만약 고전주의 음악가의 표상이자 전형으로서 하이든이 없었다면 음악의 천재 모차르트나 악성 베토벤은 고전음악의 기초공사를 위해 보다 많은 시간을 투자해야만 했을 것이다.

고전음악의 형식을 완성시켰고 또 108곡이나 되는 교향곡을 작곡한 공로로 '교향곡의 아버지' 라는 별칭을 듣는 하이든은 현악 4중주를 74곡이나 작곡한 덕분에 '현악 4중주의 아버지' 라 불리기도 한다. 하이든은 거의 평생을 에스테르하지 가(House of Esterhazy)에 종속되어 전근대적인 인생을 살았지만, 음악가로서만큼은 시대를 이끌어가는 개혁가였다. 음악 역사에 있어 고전주의라고 하는 사조의 이름이 붙여진 이유는 당시의 음악이 이전의 바로크나 이후의 낭만파 음악에 비해 보다 논리적이고 질서정연한 스타일을 보여줬기 때문이다.

고전주의가 생겨난 때는 근대 시민사회의 성립기이자 계몽주의 시대였는데, 경험을 바탕으로 한 이성적인 사고와 합리성을 추구한 계몽사상의 정신이 잘 반영된 것이 바로 하이든의 음악이다. 괴테가 "하이든의 음악은 진실을 노래하는 이상적인 언어이다."라고 한 말 역시 그의 계몽주의적 음악관을 대변하는 것이다. 진정한 주제라고 할 수 있는 것이 없었던 바로크 음악과는 달리 하이든은 명확한 주제를 제시했으며, 이를 논리적으로 전개시켜나감으로써 연주자나 청중들에게 음악 양식의 변화에 주목할 수 있게 했다. 이것은 계몽주의 시대로 나아가는 시기에 하이든이 보여준 시대정신의 음악적 반영이었다.

따라서 요제프 하이든은 고전주의 음악가의 표상이자 전형으로서 모차르트나 베토벤에게는 스승이었고, 그들의 앞길을 열어준 훌륭한 인품을 가진 음악가였다. 그는 또한 아랫사람의 고충을 알아주고 그들 편에 설 줄 알았던 따뜻한 마음을 가진 인물이어서 '파파 하이든(Papa Haydn)' 이라는 애칭으로 불리었는데, 이 말 속에는 주변 인물들이 그에게 보낸 존경과 사랑의 마음이 듬뿍 담겨 있다.

고전주의 음악과 낭만주의 음악

고전주의 음악(classicism)은 유럽 근대어에서 고풍(古風)이라는 의미의 클래식(classic)이란 말에서 유래했다. 그러나 고전주의의 사전적 어원인 라틴어 클라시쿠스(classicus)는 '계급으로 분류한다' 또는 '납세자 계급에 속한 자' 라는 뜻이었고, '모범적' 이라는 의미로도 사용되었다. 셰익스피어와 괴테의 문학을 클래식이라고 표현하는 것은 그런 맥락이다.

음악에 있어서 '고전' 은 두 가지 의미로 사용된다. 첫째, 고전음악(classic)과 대중음악(pop)이라는 일반적인 분류에 사용된다. 둘째, 1750년 바흐의 타계로부터 하이든, 모차르트, 베토벤 등이 활동한 1820년대 말까지, 즉 1827년 베토벤이 사망할 무렵까지의 음악 형식에 적용된다. 고전파 대가들이 주로 비엔나에서 활동했기 때문에 이 완성기의 음악을 '비엔나 고전파' 음악이라고도 한다.

다른 음악사적 시대 분류도 그렇지만 고전음악을 구분하는 이 시기(1750~1820)도 엄격히 적용될 수는 없다. 고전적이라고 할 만한 음악양식의 특성은 이미 바로크 말기부터 나타났으며 바로크 시대 음악형식의 상당수는 고전주의 시대에 와서도 명칭만 달라졌을 뿐 내용은 그대로 전해졌다. 그렇다고 해서 이 시대를 정의할 수 있는 음악적 특성이 불명확하다는 의미는 아니다.

일반적으로 베토벤은 고전주의를 완성하고 낭만주의 음악을 열었다고 알려져 있다. 낭만주의 음악은 18세기 고전주의 음악에 대한 거부가 아니라, 확장과 변화를 통한 고전주의 음악의 계승으로 본다. 실제로 전고전시대의 카를 필립 에마누엘 바흐의 작품이나 하이든의 일부 교향곡들과 모차르트 말기 작품에는 이미 낭만주의적 서정성이 상당히 많이 나타난다.

우리나라에서 낭만주의(浪漫主義)로 번역되는 romanticism이라는 용어의 어원은 프랑스어 'le roman(소설 혹은 이야기)'에서 유래했다. 이것은 중세 프랑스의 기사 이야기를 내용으로 하는 서사시(romance)가 그 기원인데, 낭만주의에 철학적 바탕을 제공한 것은 계몽주의와 루소(Jean-Jacques Rousseau, 1712~1778)의 "자연으로 돌아가자."라는 주장이었다. 그런데 romanticism을 우리나라에서 浪漫主義로 표현하는 것은 일본의 번역어를 그대로 도입한 결과이다. 일본에서 浪漫이라는 단어가 채택된 데는 두 가지 설이 있다. 첫째, 외국 자료 전문 번역단체 메이로쿠샤(明六社)가 그렇게 결정했다는 것이다. 두 번째 이유는 좀 더 낭만적이고도 구체적이다. 19세기 말 일본의 군의관 출신 작가 모리오가이(森鷗外)가 독일에 유학을 갔는데, 당시 유행하

던 romanticism을 일본어로 번역할 때 roman을 소리 나는 대로 ろうまん으로 적고 이것에 가장 가까운 한자 浪漫으로 결정했다는 것이다. 독일의 대표적인 낭만주의 작가는 괴테(Johann Wolfgang von Goethe, 1749~1832)와 실러(Johann Christoph Friedrich von Schiller, 1759~1805)인데, 베토벤은 두 사람의 문학작품에 곡을 붙이게 된다.

베토벤 이후 19세기 교향곡 작곡가들은 각각 베토벤이 제시한 두 가지 방향 중 하나를 따라갔다. 하나는 교향곡 제4번, 제7번, 제8번에서 제시된 표준적 고전 형식에 의한 절대음악의 방향이고, 다른 하나는 교향곡 제3번, 제5번, 6번, 제9번에서 제시된, 관습적 형식의 틀을 벗어나 표제음악으로 향하는 것이었다. 두 가지 방향이 가진 공통점은 진보적 화성과 음색, 낭만적 표현이었다.

고트프리트 판 슈비텐

어찌 보면 베토벤이 음악의 길로 들어서게 된 것은 모차르트 때문이었다. 비록 전략 부족과 부적절한 행동으로 실패하기는 했지만 베토벤 부친이, 모차르트의 부친이 '신동 모차르트'를 창조한 것을 모방하여 '신동 베토벤'을 만들려고 하지 않았다면 아마 베토벤은 음악가가 되지 못했을지도 모른다. 그런 일을 알 리 없었겠지만, 베토벤은 남은 세월 동안 모차르트의 음악에 대해 존경했고, 그의 음악을 확산시키기 위한 활동을 멈추지 않았다. 1798년 베토벤은 모차르트의 〈마술피리〉에 나오는 파파게노의 아리아 〈내게도 애인이나 부인이 있으면 좋겠네(Ein Mädchen oder Weibchen)〉를 주제로 한 첼로와 피아노를 위한 변주곡(Op.66)을 만들어 출판했다. 1802년에는 역시 파파게노와 파미나의 이중창 〈사랑을 느끼는 남자에게는(Bei Männern, welche Liebe fühlen)〉을 편곡(WoO 46)했다.

하이든과 모차르트를 후원해준 사람은 고트프리트 판 슈비텐 남작(Baron Gottfried van Swieten, 1733~1803)이었다. 그는 당시 비엔나 정치 무대의 주요 인물이었다. 그의 부친 게라르트 판 슈비텐(Gerard van Swieten, 1700~1772)은 마리아 테레지아의 주치의였다. 1777년, 판 슈비텐은 유럽 여러 나라에서 외교관 생활을 마치고 황실 도서관장으로 선출되었다. 고트프리트 판 슈비텐 남작은 하이든이 오라토리오 〈천지창조〉와 〈사계〉의 작곡을 할 수 있도록 영어 대본을 독일어로 번역한 사람으로 고전음악에 조예가 깊었다. 판 슈비텐 남작은 베토벤이 비엔나에 오자 곧 큰 관심을 보였다. 그것은 판 슈비텐 역시 플랑드르 출신이었기 때문이었는지도 모른다. 슈비텐 남작은 베토벤을 비엔나 귀족사회에 접근할 수 있도록 도와주었고, 베토벤은 그 보답으로 앞서 말한 대로 프란츠 선제후에게 헌정할 계획이었던 〈제1번 교향곡〉을 판 슈비텐에게 헌정했다.

발트슈타인: 하이든의 손을 통해 모차르트의 천재적 정령을 이어받게

발트슈타인 백작은 대부분의 비엔나의 귀족들처럼, 예술에 조예가 깊어서 1791년 〈기사 발레(Ritterballet)〉를 제작하여 공연을 했는데, 베토벤은 이때 발레 부수음악(Musik zu einem Ritterballet, WoO 1)을 작곡하여 발트슈타인의 이름으로 발표했다(음악학자들은 이 곡이 베토벤의 작품이라는 것을 최근에 파악했다).

베토벤의 이런 협조에 대한 고마움의 표시로 발트슈타인은 1792년 베토벤이 비엔나로 떠나도록 선제후를 설득했을 것으로 추측된다. 더 솔직하게 말하면 베토벤이 발트슈타인을 이용했을 것이다. 발트슈타인 백작은 리히노프스키 대공에게 베토벤을 소개하는 소개장을 써주었다.

베토벤이 비엔나로 떠날 때 여러 사람들이 그의 장도(壯途)를 축하하기 위해 방명록에 각자 축하의 말을 쓰고 직접 사인을 했다. 이때 베토벤에 대한 신뢰와 예언적 믿음이 가득한 발트슈타인의 말은 베토벤의 일생을 바꾼 말이라 해도 과언이 아니다.

"베토벤 군! 자네는 오랜 소원을 성취하려고 떠나네. …… 모차르트에게 깃들어 있던 천재적 정령은 아직도 모차르트의 죽음을 슬퍼하고 애도하고 있네. …… 끊임없이 노력하여 하이든의 손을 통해 모차르트의 천재적 정령을 이어받게(Durch ununterbrochenen Fleiß erhalten Sie: Mozart's Geist aus Haydens Huanden)."

Lieber Beethowen!

Sie reisen itzt nach Wien zur Erfüllung ihrer so lange bestrittenen Wünsche. Mozart's Genius trauert noch und beweinet den Tod seines Zöglinges.

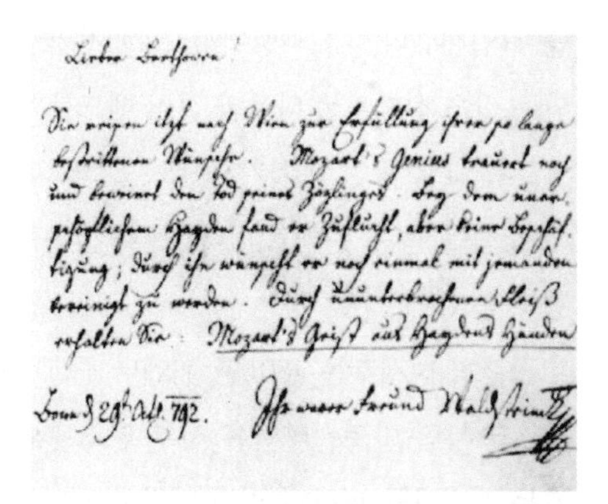

발트슈타인 백작이 베토벤에게 건네준 메모

Bey dem unerschöpflichem Hayden fand er Zuflucht, aber keine Beschäftigung; durch ihn wünscht er noch einmal mit jemanden vereinigt zu werden.

Durch ununterbrochenen Fleiß erhalten Sie: Mozart's Geist aus Haydens Händen.

Bonn d 29t. Oct. 1792. Ihr warer Freund Waldstein OT

베토벤이 비엔나를 떠날 무렵 나폴레옹 군대는 점차 그 위용을 자랑하며 세력을 전 유럽으로 뻗치고 있었다. 발트슈타인 백작은 의무감과 애국심에 넘치는 사람이었다. 그는 오스트리아의 국가적 능력을 믿었고 또 나폴레옹에 맞서 싸우기 위한 지략을 짜내기 위해 온 힘을 기울였다. 그는 비엔나로 가서 합스부르크제국의 황제 프란츠 2세를 알현하고 프랑스에 선전포고할 것을 요청했지만 받아들여지지 않았고 이를 귀찮아 한 황제는 그를 궁정에서 해고했다.그는 곧 자비를 들여 군대를 양성하여 프랑스 군대에 대항했고, 1796년 영국군에 입대했다. 이 과정에서 그는 거의 파산했다. 1797년 막시밀리안 프란츠 선제후는 다음과 같이 메모를 했다.

“지난 1년 동안 독일기사단도, 그의 채권자들도 발트슈타인 백작의 소식을 듣지 못하고 있다. 그가 많은 돈과 정보를 확보하고 있으면 좋을 텐데.”

프란츠 선제후는 1801년 비엔나 근교 헤첸도르프 성에서 사망했고, 그 무렵 발트슈타인은 서부 인도에서 참전하고 있었다. 1805년 그는 채권자를 피하기 위해 변장하고 비엔나에 왔는데, 이때 베토벤이 그에게 〈발트슈타인 소나타, Op.53〉을 헌정함으로써 그의 은혜에 보답을 했다. 발트슈타인은 1807년 영국군대에서 제대했다. 1812년 50세에 그는 부유한 귀족 이자벨라(Isabella Rzewuska)와 결혼했으나 곧 투자 실패로 전 재산을 날렸고 부인은 그 충격으로 죽었다.

발트슈타인은 1823년 5월 26일 61세로 비엔나 외곽 빈민자 숙소에서 비참하게 죽었다. 그날 그에게 한 통의 편지가 배달되었다. 내용은 그의 형이 사망했기 때문에 발트슈타인 가문의 전 재산이 그에게 상속되었다는 것이었다. 세상에는 그런 기막힌 일들로 가득하다는 사실을 앞으로도 보게 된다.

신성로마제국 황제 프란츠 2세와 나폴레옹

1792년 3월 1일 부황 레오폴트 2세가 사망하고, 같은 날 신성로마제국의 황제가 된 프란츠 2세(Franz II, 1768~1835, 재위 1792~1835)는 백부 요제프 2세 황제의 개혁정책을 파기하고 보수적인 노선으로 회귀했다. 계몽군주 요제프 2세는 인간은 평등하고 자유롭다는 계몽사상을 인정하고 프랑스 혁명정부에 호의적이었으나, 프란츠 2세 황제는 반프랑스 정책을 폈다. 그러자 프랑스는 오스트리아에 선전포고를 했다.

프랑스군을 이끄는 사령관은 나폴레옹이었는데 당시 유럽의 젊은 지성 세대들은, 예컨대 영국의 시인 윌리엄 워즈워스나 독일의 작곡가 베토벤은 나폴레옹을 가난한 자의 친구이자 자유와 평등을 구현할 사람으로 보고 마음속으로 환영했다. 그렇다고 해서 베토벤이 전제정치를 펼쳤던 합스부르크제국에 반감을 갖고 있었던 것은 아니

리히노프스키

발트슈타인

다. 베토벤을 비엔나로 보내준 막시밀리안 프란츠도, 비엔나에서 베토벤을 가장 크게 도와준 루돌프 대공도 합스부르크제국 황실의 직계 왕자였다. 그 후 1804년 12월 2일 나폴레옹이 스스로 황제로 등극하자 베토벤이 〈영웅 교향곡〉의 표제에서 '나폴레옹에게 헌정한다' 라는 말을 지워버렸다는 것은 다 아는 사실이다.

비엔나가 나폴레옹에게 함락당하자 프란츠 2세 황제는 딸 마리 루이즈 공주를 프랑스의 새로운 황제 나폴레옹의 아내로 주었다. 나폴레옹과 프란츠 2세의 딸 마리 루이즈는 1810년 3월 11일 대리인을 내세워 결혼했고 4월 2일 루브르 궁전에서 정식 결혼을 했다. 여기서 이 책에 등장하는 합스부르크제국의 지배자와 그들과 관련된 사람들의 관계를 정리하면 도표와 같다.

카를 6세(Karl VI, 1685~1740)

딸, 마리아 테레지아 여제(Maria Theresia, 1717~1780)

장남, 요제프 2세(Joseph II, 1741~1790) – 신성로마제국 황제
차남, 레오폴트 2세(Leopold II, 1747~1792) – 신성로마제국 황제
막내딸, 마리 앙투아네트(Marie Antoinette, 1755~1793) – 프랑스 루이 16세의 비
막내아들 막시밀리안 프란츠(Maximilian Franz, 1756~1801) – 쾰른 선제후

장남 프란츠 2세(Franz II, 1768~1835) – 신성로마제국 황제
막내아들 루돌프 대공(Archduke Rudolf, 1788~1831) – 올로모우츠 대주교 및 영주

딸 마리 루이즈(Marie Louise, 1791~1847)
– 나폴레옹(Napoleon Bonaprte, 1769~1821)

나폴레옹 2세(Napoleon II, Napoleon Francis Joseph Charles, 1811~1832)
– 후사 없음

제2의 모차르트 만들기 비밀 프로젝트

발트슈타인 백작과 리히노프스키 대공은 비엔나의 로열 아카데미 테레지아눔(Royal Academy Theresianum, 1746년 마리아 테레지아 여제가 설립) 군사학교의 동기였다. 그리고 둘 다 음악 애호가로서 모차르트의

후원자들이었다. 두 사람은 모차르트 사후 모차르트를 이을 천재를 찾고 있었고 첫 번째 후보가 베토벤이었다. 발트슈타인과 리히노프스키는 '제2의 모차르트, 베토벤 프로젝트'를 추진한다.

1792년 11월 2일, 비엔나에서 새로운 황제 프란츠 2세가 즉위한 지 8개월째 되는 날 청운의 꿈을 가슴에 품은 22세의 베토벤은 두 번째이자 마지막으로 본을 떠나 비엔나로 향했다. 이번에도 6개월간의 장기휴가였지만, 나폴레옹 전쟁이 한층 더 격화되는 등 여러 사정으로 베토벤은 다시 본에 돌아오지 못한다.

제3장

후원자와 새로운 스승

1793~1797

1792년 11월, 알제르 슈트라세 30번지

베토벤은 발트슈타인 백작의 추천장을 들고 비엔나 제9구역 알제르 슈트라세 30번지(9. Alser Straße 30) 리히노프스키 대공의 저택(Lichnowsky Palace)을 찾아갔다. 이때부터 본격적인 비엔나 시대가 시작된다(베토벤의 제자 카를 체르니에 의하면 리히노프스키 대공이 먼저 베토벤의 재능에 대해 관심을 갖고 베토벤을 초청했다고 한다. 하지만 체르니가 발트슈타인을 만난 적이 없기 때문에 두 사람을 혼동했을 가능성이 있다). 비엔나는 두 번째 방문이어서 길 찾기도 좀 쉬웠다. 베토벤은 1792년 11월~12월 사이에는 리히노프스키 대공 소유 저택 제일 꼭대기층 다락방에서 살았다. 베토벤은 곧 가발, 연회복, 구두, 책상, 피아노 등 살림살이를 갖추었다.

지금도 이 건물의 1층은 레스토랑과 보석상점 등이 영업을 하고 있

알제르 슈트라세 30번지 리히노프스키 대공 저택

는 상가이다. 특히 식당은 내부가 고풍스럽게 꾸며져 있다. 베토벤이 장례식을 치른 드라이팔티히키르헤에서 서쪽으로 5분 거리에 있다.

리히노프스키 대공

리히노프스키 대공(Prince Carl Alois Lichnowsky, 1761~1814, 출생연도가 1756년으로 된 것은 오류임)은 베토벤의 일생에, 특히 비엔나 시절 초기와 중기에 가장 자주 등장하는 인물이다. 리히노프스키의 선조는 군인으로서 프로이센과 오스트리아 사이에 벌어진 오스트리아 왕위계승전쟁(1740~1748)에서 프로이센 측에 가담했고, 오스트리아로부터 획득한 슐레지엔 지방 오파바(Opava, 과거 Troppau)에 그레츠 성(Schloss Grätz)을 갖고 있었다.

리히노프스키는 요한 카를 리히노프스키(John Karl Lichnowsky)의 장남으로 4명의 남동생과 4명의 여동생이 있었다. 그는 라이프치히대학과 괴팅겐대학에서 법학을 전공했으며 음악을 좋아하여 바흐의 악보를 많이 수집했다. 1788년 4월, 그는 가문의 상속자로서 막대한 재산을 물려받았다(나중에 동생들과 재산분할 문제로 다투게 된다). 그는 주오스트리아 프러시아 대사관의 의전관으로 근무하면서 생애를 대부분 비엔나에서 살았다.

리히노프스키 대공은 일찍이 모차르트를 후원했던 음악 애호가인데다, 그의 부인 크리스티네(Christine, Thun-Hohenstein) 역시 비엔나의 유력 가문 출신으로 모차르트를 잘 알고 있었다.

베토벤은 곧 리히노프스키가 자신의 살롱에서 매주 금요일에 개최하는 콘서트에서 초대되어 연주를 했다. 그곳에서 베토벤은 여러 사람들을 만났다. 두 달 후 리히노프스키는 베토벤을 아래층 좀 더 넓은 방에서 살도록 배려했다. 1800년 리히노프스키는 베토벤에게 매년 600플로린을 지급한다. 이 조치는 1806년 두 사람이 한바탕 다툴 때까지 지속되었다.

나폴레옹 군대는 점차 세력을 넓혀 1793년 10월 본을 함락시켰고, 베토벤의 후원자 막시밀리안 프란츠 선제후는 망명했으며, 프란츠 선제후가 베토벤에게 지급하기로 약속했던 장학금은 곧 중단되고 말았다(프란츠 선제후로부터 받는 장학금이 있는데도 베토벤이 이에 대해 거짓말을 했음이 나중에 밝혀진다).

비엔나에는 보헤미아, 모라비아, 이탈리아 북부, 헝가리 등 합스부르크제국 산하의 여러 지방 공국들뿐만 유럽 각국들로부터 음악시장에서 성공하려고 몰려든 야망의 젊은 음악가들로 넘쳐났다. 1790년대 비엔나에는 300명 이상의 피아니스트들과 그들에게서 피아노를 배우는 약 6,000명으로 추산되는 귀족과 부르주아의 자녀들이 있었다. 베토벤도 또 한 명의 피아니스트로 등장한 것이다. 이때부터 베토벤은 진정한 비엔나의 한 시민으로서 활동하기 시작한다.

베토벤은 리히노프스키 대공이 주최하는 연주회에 참석한 많은 귀족들을 만났다. 그들은 곧 베토벤의 주요 후원자가 되었다. 그중 대표적인 사람들이 로프코비츠 대공과 라즈모프스키 대공이었다.

로프코비츠 대공

베토벤은 리히노프스키를 통해, 보헤미아 출신으로 비엔나 유수의 예술 후원자이자 재능이 있는 아마추어 바이올리니스트, 로프코비츠 대공(Prince Joseph Franz Maximilian Lobkowicz, Lobkowitz, 1772~1816)을 소개 받았다. 대공은 곧 베토벤의 친구 겸 후원자가 되었다.

로프코비츠 가문은 그 기원이 14세기로 올라가는 보헤미아에서 가장 오래된 귀족 가문이었다. 로프코비츠 대공은 가문의 7대째 상속자로서 요제프 2세 황제로부터 공작의 칭호를 받았다. 그의 말에 따르면, 어릴 때 자신이 너무 소란스러워서 조용히 있도록 하기 위해 부친이 자신에게 바이올린을 가르쳤다고 한다. 그는 몸이 다소 기형적이어서 항상 보조기구에 의존했다.

빈스타츠오퍼 뒤편에 있는, 오늘날도 그 모습을 간직하고 있는 로프코비츠의 저택은 지금은 비엔나 극장 박물관으로 사용되고 있고 1층 홀에서는 연주회가 종종 개최된다. 당시 로프코비츠 대공은 저택

오늘날 로프코비츠 박물관

베토벤 당시의 로프코비츠의 저택(오른쪽), 왼쪽은 궁정교회인 아우구스티네키르헤

1층에 엄청난 비용을 들여 큰 연주홀을 운영하고 있었다. 1804년 12월 그곳에서 베토벤은 〈교향곡 제3번, 에로이카〉를 비공개로 초연했고 또 나폴레옹에게 헌정하려 했던 이 작품을 로프코비츠 대공에게 헌정했다(에로이카 초연장소는 체코 아이젠베르크(Eisenberg)에 있는 로프코비츠 대공의 영지에서 개최되었다는 문헌도 있다). 〈현악4중주, Op.18〉, 〈멀리 있는 연인에게, Op.98〉(An die ferne Geliebte)도 헌정했다. 또 베토벤은 로프코비츠와 라즈모프스키 백작 두 사람에게 〈제5번 교향곡〉과 〈제6번 교향곡〉을 헌정했다. 로프코비츠는 1809년, 루돌프 대공 주도로 베토벤에게 연금 4,000플로린을 지급하는 계약을 할 때 700플로린을 부담했다.

라즈모프스키 대공

베토벤이 비엔나에서 활동하기 시작하여 꽤나 이름을 날릴 무렵 만난 또 다른 주요 후원자는 바로 라즈모프스키 대공(Andrey Kirillovich Razumovsky, 1752~1836, 백작으로 출발하여 대공이 됨)이다.

라즈모프스키 백작은 우크라이나-러시아의 고위 군인 집안 출신으로 1792년 합스부르크제국의 주 러시아 대사로 비엔나에 부임했다. 그는 1808년 이그나츠 슈판치히가 이끄는 현악4중주단을 운영했고, 그 자신도 현악기를 잘 다루었다. 1806년 그는 베토벤에게 현악4중주곡 3개를 주문하면서 러시아풍으로 작곡해달라고 요청했다. 베토벤은 라즈모프스키 대공의 저택에 있을 때면 다른 어느 곳보다 편안해했다.

베토벤은 그의 요청대로 작곡을 했고 또 그의 이름으로 〈라즈모프

라즈모프스키가세 29번지 라즈모프스키 저택

스키 현악4중주, Op.59〉를 발표했다. 베토벤은 앞서 말한 대로 〈제5번 교향곡〉과 〈제6번 교향곡〉도 로프코비츠와 라즈모프스키 두 사람에게 공동으로 헌정했다. 라즈모프스키 대공은 메테르니히 공작 등 당대의 유력 정치인들과 친한 사이였으며 1814년 비엔나 회의에서 폴란드에 대한 러시아의 주권을 주장하는 등 주요한 역할을 했다.

그는 오늘날 우리가 보는 라즈모프스키 저택을 자비로 지었다. 1814년 12월 31일 저녁 1층 연회장에서 러시아의 알렉산더 1세 황제(Alexander I, 1777~1825)의 동생 니콜라스 대공(Nicholas, 1796~1855, 재위 1825~1855)을 모시고 비엔나 회의의 성공을 축하하는 연회를 베풀었다. 그 연회에 초청받고도 가지 않은 유일한 사람은 베토벤이었다.

하지만 애석한 일은 연회가 끝나고 손님들이 모두 떠난 뒤 임시로

확장하여 사용했던 연회장에 불이 났고, 중요한 예술품들이 소실된 것이다. 화재 진압에 뛰어든 라즈모프스키는 눈을 다쳤고 또 마음의 상처도 크게 입었다. 다음해 알렉산더 황제는 그간의 공적을 인정하여 라즈모프스키를 백작에서 대공으로 승진시켰다. 그러나 저택의 재건 비용은 제공하지 않았다(이에 대해 라즈모프스키가 알렉산더 1세 황제의 부친 파울 1세의 암살에 가담했기 때문이라는 설도 있다). 그 후로도 라즈모프스키는 비엔나에서 살았지만 거의 은둔상태로 살다가 1836년 84세로 사망했다.

로프코비츠와 라즈모프스키, 그리고 리히노프스키 세 사람은 혼인을 통한 친척 사이였는데, 그것은 당대 비엔나의 사교계의 여왕 빌헬미네 툰 백작 부인의 작품이었다.

빌헬미네 툰 백작 부인

빌헬미네 툰 백작 부인(Countess Wilhelmine Thun, 1744~1800)은 비엔나 궁정 고위 관료인 부친 안톤 울펠트 백작(Count the Realm Anton Corfiz Ulfeld, 1699~1770)과 모친 마리아 엘리자베트(Maria Elisabeth, 1726~1786)의 딸로서 1761년 17세 때 프란츠 툰 백작(Count Franz Joseph Anton Thun-Hohenstein, 1734~1801)과 결혼했다. 툰 백작 부인의 모친 엘리자베트는 로프코비츠 가문 출신이었다.

툰 백작 부인은 1750년대, 그러니까 10대 전후로 하이든에게서 음악을 배웠고 재능도 있었다. 그 점은 동시대 영국의 음악학자 찰스 버니(Charles Burney, 1726~1817)가 툰 백작 부인이 어릴 때 하프시코드를 연주하는 것을 보고 평했던 내용으로 드러난다.

"빌헬미네는 내가 만난 그 어떤 사람보다도 음악적 기술이 뛰어났다."

툰 백작 부인의 저택은 비엔나 귀족들이 음악을 즐기고 또 사교생활을 하는 집결지였다. 그녀는 6명의 자식을 두었는데, 큰딸 마리아 엘리자베트(Maria Elisabeth, 1764~1806)는 1788년 안드레이 라즈모프스키 백작과 결혼했다. 라즈모프스키는 나중에 대공이 되었고, 비엔나 주재 러시아 대사(1793~1799)로 재직했으며, 베토벤의 주요 후원자였다.

둘째딸 마리아 크리스티네(Maria Christiane, 1765~1841)는 뛰어난 피아니스트로서 1788년 같은 해에 카를 리히노프스키 대공과 결혼했다.

그러니까 베토벤의 주요 세 후원자 로프코비츠, 라즈모프스키, 리히노프스키는 혼인관계로 친척이다. 툰 백작 부인의 모친은 로프코비츠 가문의 딸이고, 라즈모프스키와 리히노프스키는 친동서 간이다.

툰 백작 부인은 모차르트와 베토벤 둘 다 후원했다. 그녀는 1762년 모차르트가 비엔나에서 신동으로 이름을 날릴 때 만났다.모차르트는 툰 백작 부인의 친정집에 초대되어 연주 솜씨를 뽐냈다. 그 후 1781년 모차르트가 비엔나에 영원히 정착할 때 두 사람은 다시 만났는데, 툰 백작 부인은 1781년 12월 24일 모차르트와 무치오 클레멘티(Muzio Clementi, 1752~1832)가 궁정에서 피아노 경연을 할 때 모차르트에게 안드레아스 슈타인이 제작한 피아노를 빌려주었다. 모차르트는 툰 백작 부인 저택에 자주 들러 연주를 했고, 어느 날은 부르크 극장 관리인 오르시니-로젠버거가 참석했다. 며칠 후인 1782년 7월 16일 모차르트의 〈후궁 탈출〉이 부르크 극장에서 초연되었다. 1797년 베토벤은 툰 백작 부인에게 〈피아노 트리오, Op.11〉을 헌정했다.

무치오 클레멘티는 전형적인 음악 기업가인데, 주로 영국 런던에서 활동하며 피아노 제작, 피아노 교습서 개발, 악보 출판 등 음악관련 사업을 했다. 특히 베토벤 작품의 영국 출판권을 획득하여 베토벤의 음악을 영국에 알리는 데 크게 기여했다. 클레멘티가 만든 피아노 교습서 〈그라두스 아드 파르나숨(Gradus ad Parnassum)〉은 체르니의 모범적인 피아노 교습서가 되었다.

킨스키 대공

베토벤은 1800년대 초, 라즈모프스키나 로프코비츠보다 나이가 10~20세 적은 킨스키 대공(Ferdinand Johann Nepomuk Fürst Kinsky, 1781~1812)의 후원도 받았다. 킨스키 가문은 체코의 귀족 가문으로 1628년 백작, 1747년에는 대공의 작위를 받았고 가문의 많은 사람들이 오스트리아 제국의 외교관, 고위 군인, 관료로 근무했다.

베토벤은 킨스키 대공에게 1807년 〈미사 C장조, Op.86〉을 헌정했고, 대공부인 카롤리네에게는 괴테의 시에 곡을 붙인 〈6개의 노래, Op.75〉(1809), 〈3개의 노래, Op.83〉(1810) 등을 헌정한다. 특히 〈Op.75〉의 첫곡은 "그대는 아는가, 레몬꽃 피는 그곳을(Kennst du das Land, wo die Zitronen blühn)"로 시작되는 〈미뇽〉이다. 〈Op.83〉의 첫곡은 "마르지 말라, 사랑의 눈물이여"로 시작되는 〈슬픔의 기쁨(Wonne der Wehmut)〉이다.

1809년 루돌프 대공 주도로 베토벤을 계속 비엔나에 머물도록 하기 위해 연금 4,000플로린을 조성할 때 킨스키 대공은 1,800플로린,

루돌프 대공은 1,500플로린, 로프코비츠 대공은 700플로린을 분담했다. 리히노프스키는 형편상 분담하지 못했다.

베토벤은 이에 동의하고 나폴레옹의 동생 제롬이 왕으로 있는 카셀 궁정으로 떠나지 않았다. 하지만 앞날의 약속은 알 수가 없는 법이어서 1811년 전쟁이 심화되어 오스트리아 통화가치가 5분의 1로 떨어지고, 킨스키 대공은 1812년 말에서 떨어져 죽고, 로프코비츠 대공은 거의 파산하여 비엔나에서 피신했다.

루트비히 놀(Ludwig Nohl, 1831~1885)이 편집한 〈베토벤의 편지: 1790~1826〉(London: 1866)에 따르면, 킨스키가 사망하자 베토벤은 1812년 말 킨스키 대공부인 카롤리네에게 분담금을 지급해줄 것을 요청했고 또 소송까지 했다.

새로운 스승들

베토벤이 비엔나에서 새로운 인생을 시작한 지 겨우 한 달째인 1792년 12월 18일, 본에서 부친이 사망했다. 하지만 베토벤은 본에 가지 못했다. 부친이 사망한 후 두 동생은 차례로 비엔나에 와서 베토벤과 함께 지내게 된다.

베토벤은 1793년 초부터 요하네스가세 18번지(1. Johannesgasse 18)에 있는 하이든의 집으로 가서 레슨을 받기 시작했지만 곧 실망하게 된다. 하이든은 너무도 유명한 사람으로 작곡과 유명인 행세로 항상 바빴기 때문이다. 베토벤은 하이든으로부터 대위법을 공부했다. 베토벤은 1792년 7월 하이든이 영국에서 돌아오는 길에 본에 들렀을 때 자신이 작곡한 칸타타를 보고 격찬한 것을 회상하며 하이든에게서 많은 것을 배울 수 있을 것으로 생각했다. 하지만 당시 하이든은 모차르트가 비우고 간 비엔나 음악계의 대부로서, 합스부르크제국 전역에서 몰려든 음악가 지망생들 때문에 무척 바빴다. 그는 베토벤이 해온 245개의 대위법 문제를 고작 42개밖에 고쳐주지 않았고 고친 것도 매우 형식적이어서 베토벤은 속으로 불만을 느꼈다.

하지만 베토벤은 하이든의 비위를 거스르지 않기 위해 몰래 요한 셴크(Johann Baptist Schenk, 1753~1836)에게 가르침을 받았다. 셴크는 베토벤의 연주를 듣고 다음과 같이 말했다고 한다.

"그의 연주는 모차르트의 추억을 일깨워주는 것 같아."

하이든은 1794년 1월 두 번째로 런던 여행을 떠났는데, 이번에는 베토벤을 알브레히츠베르거(Johann Georg Albrechtsberger, 1736~1809)에게 추천하여 대위법을 배우게 했다. 1년 반 후에 돌아온 하이든은 작곡을 하느라 여전히 바빴다. 그 결과 발표된 곡이 〈런던 교향곡〉 시리즈이다. 베토벤은 1799년경부터 안토니오 살리에리에게서 성악 작곡법도 배웠다.

1794년 베토벤은 첫 번째 작품인 3개의 〈피아노 트리오〉를 작곡하기 시작했다. 이 무렵 첫째 동생 카스파르 카를이 비엔나로 왔으며, 본의 어릴 적 친구 베겔러가 비엔나에 의학을 공부하러 왔다. 10월 들어 프랑스 군대가 라인강을 따라 본까지 침공함에 따라 막시밀리안 프란츠 선제후도 비엔나로 피신해 왔다.

1795년 3월 29일, 최초의 자작곡을 공개연주하다

베토벤은 신곡 〈3곡의 피아노 트리오, Op.1〉를 리히노프스키 대공의 살롱에서 발표했고, 그것을 모두 리히노프스키에게 헌정했다. 그 자리는 런던에서 귀국한 하이든도 손님으로 초청되었다. 당시 하이든은 63세였고, 런던 여행의 후유증으로 매우 피곤해했다. 게다가 할 일도 밀려 있었다. 그날 세 곡이나 되는 베토벤의 트리오는 1시간 반이나 이어졌고 하이든이 듣기에 너무 길었다.

연주가 끝나고 베토벤은 스승 하이든에게 달려가 자신의 곡과 연주가 어떤지 평을 해주기를 권했다. 하이든은 제3번 C단조를 출판하기 전에 손을 좀 더 봐야겠다고 말했다. 베토벤은 3곡의 피아노 트리오 중 제3번을 가장 좋아했지만 하이든의 지적을 잊지 않았다. 역설적이지만 베토벤의 초기 소나타는 그의 작품들 중에서 가장 뛰어난 것으로 평가받고 있다. 하지만 베토벤은 하이든에게 불만을 내색하지 않았고, 하이든과 함께 1795년 12월과 1796년 1월에 계속해서 공동 음악회를 가졌다.

베토벤은 〈피아노 트리오〉 다음 작품인 〈3곡의 피아노 소나타, Op.2〉를 하이든에게 헌정했다. 그러나 베토벤은 악보의 표지에다 '루트비히 판 베토벤, 하이든의 제자' 라는 글귀를 쓰라고 하는 하이든의 요청을 끝내 받아들이지 않았다. 그리하여 까다롭고 뛰어난 조숙한 제자를 영원히 자신의 휘하에 묶어 두려던 하이든의 계략은 수포로 돌아갔고, 베토벤은 하이든이 개척한 고전주의 양식을 완성하고 낭만주의로 가는 길을 독자적으로 열었다.

두 사람의 관계가 나빠서 서로 훼방을 놓았다거나 해악질을 했다는 증거는 없다. 하지만 베토벤은 하이든 이야기만 나오면 열을 받았고 "나는 하이든에게서 배운 것이 없어."라고 말했다.

5월, 뢰벨슈트라세 오기리쉐스 하우스

리히노프스키의 저택에서, 또 그의 후원으로 3년 가까이 비엔나의 상류사회에 잘 적응하고 있던 베토벤은 1795년 초부터 심리적 변화를 맞게 된다. 베토벤은 단정하게 차려입고 식사시간에 나타나야 하는 의례적인 삶의 방식에 싫증을 냈다. 베토벤은 선술집에서 식사를 할 때가 아주 많았다. 베토벤의 메모에는 이런 기록이 있다.

"리히노프스키 대공 저택의 식사시간은 오후 네시였다. 그 식사에 함께 하기 위해 매일 세시 반이면 집으로 돌아와 옷을 갈아입고 면도하고……."

베토벤은 리히노프스키가 자신에게 대하는 고압적인 태도와 속물적인 태도를 공개적으로 불평했지만, 리히노프스키는 그다지 개의치 않았다. 리히노스프스키 부인의 애정 어린 돌봄도 지겨웠던 베토벤은 당시의 상황을 이렇게 표현했다.

"크리스티네 부인은 나를 가능하면 유리상자 속에라도 집어넣어 키우고 싶어하는 것 같았다."

드디어 베토벤은 1795년 5월 리히노프스키 아파트에서 나와 뢰벨슈트라세 6번지(1. Löwelstraße 6) 오기리쉐스 하우스(Ogylyisches Haus)로 거처를 옮겼다. 베토벤은 이곳에서 1796년 2월까지 살았다. 뢰벨슈트라세 6번지는 비엔나 시청 앞 부르크 테아터 뒷길, 폴크스가르텐(Vienna Volksgarten) 쪽으로 가다가 왼편에 있다. 베토벤이 살았던 곳들 중에서 비교적 원형을 잘 보존하고 있는 집이다. 주변은 외교관저인데 현재는 조금 허름한 개인주택이다.

뢰벨슈트라세 6번지 오기리쉐스 하우스

마그달레나 빌만

베토벤이 비엔나에 왔을 때의 나이는 23세였다. 한창 이성에 관심이 많을 때였다. 1795년 베토벤은 소프라노 마그달레나 빌만(Magdalena Willman, 1771~1801)을 만났다. 빌만은 본 출신으로 어릴 때부터 베토벤을 알았다. 빌만은 1791년부터 본 국립극장 가수였고 1795년경 비엔나 극장에 진출했다. 두 사람은 잠시 가깝게 지낸 것으로 보인다. 베토벤이 비엔나에 온 후 본격적으로 만난 첫 여인으로 알려져 있다.

베토벤은 그녀를 위해 프리드리히 마티손(Friedrich von Matthisson, 1761~1831)의 시에 곡을 붙인 〈아델라이데, Op.46〉 등 많은 노래를 작곡했고 빌만은 연주여행 때 그것을 프로그램으로 삼았다. 마티손은 〈아델라이데〉에 대해 "여러 작곡가들이 이 시에 음악의 혼을 불어넣었지만 베토벤의 곡만큼 깊이 가슴에 파고든 작품은 없다."라고 했다. 베토벤은 마티손의 시를 바탕으로 〈칸타타 봉헌가, Op.121b〉도 작곡했다. 베토벤은 마티손의 시에 곡을 붙일 때 그에게 미리 알리지 못했기 때문에 나중에 편지를 썼다.

> 여기 몇 년 전에 출판된 제 작품을 보냅니다. 부끄러운 일이지만 선생님께 알리지도 않고 발표한 곡입니다. 사죄하는 마음으로 이 곡을 바치며 변명을 하고자 합니다.
>
> 1800년 8월 4일

이 무렵 베토벤이 비엔나의 분위기에 휩쓸려 매독이 걸렸다는 설이 있었다. 두 사람의 관계도 더 이상 진전되지 못했다. 빌만이 자신의 경력을 위해 베토벤을 이용한 것이 아닌가 하는 추측도 있다. 주변에서 결혼 이야기가 나오자 빌만은 이렇게 소리쳤다고 한다.

"안 돼요. 베토벤은 너무 못생겼고 또 반 미쳤어요. 베토벤과 결혼할 여자는 없을거예요."

빌만의 예측은 그 후 옳았다는 것이 증명된다.

베를린, 프라하, 브라티슬라바

베토벤은 1796년 2월, 리히노프스키가 프러시아 국왕 프리드리히 빌헬름 2세(Friedrich Wilhelm II, 1744~1797, 재위 1786~1797)를 알현하러 베를린에 가는 길에 동행하여 프라하, 드레스덴, 라이프치히, 베를린 등지를 7월까지 여행했고 또 곳곳에서 공개연주도 했다.

베를린에서 〈첼로 소나타, Op.5〉를 작곡하여 프리드리히 빌헬름 2세에게 헌정했고, 첼로를 잘 연주했던 국왕이 베토벤에게 베를린 궁정악단에 입단할 것을 권유했으나 베토벤은 거절했다. 여행 기간 동안 베토벤이 어디서 머물렀고 무슨 연주를 했는지는 프라하를 제외하고는 잘 알려져 있지 않다.

베토벤은 프라하에서 유명한 소프라노 요제파 두세크((Josepha Duschek, 1754~1824)를 만났고, 그녀에게 아리아 〈아아, 잊지 못할 사람이여, Op.65〉(Ah! Perfido)를 헌정했다. 두세크는 이 곡을 1796년 11월 21일 라이프치히에서 발표했다. 이 곡은 베토벤이 오페라와 아리아 장르에 관심을 갖기 시작한 것을 암시한다.

베토벤이 프라하 체류 중 투숙한 호텔 중 하나는 체코 프라하 성 아래 골목에 있다. 성에서 내려오다가 카를 다리로 들어가기 직전에 있는 골목에서 오른쪽으로 꺾어 들어가다가 끝에서 오른쪽으로 꺾으면 나오는 집이다. 기념 명패도가 있다.

베토벤은 1796년 11월 들어 오늘날 슬로바키아의 수도인 브라티슬라바로 연주여행을 했다. 베토벤은 1798년 한 번 더 연주여행을 하고는 연주여행을 중단했다. 연주여행이 명성과 수입 확보에 중요한 시절인데도 불구하고 베토벤이 연주여행을 중단한 이유는 리히노프스키 등 후원자들의 조성금도 수월찮았고 여행에 따른 피곤함을 감당할 수 없었기 때문인 것으로 보인다.

그러나 1800년부터 리히노프스키가 제공하던 600플로린 연금이 1807년 중단되자 베토벤은 연주여행을 다시 생각하게 되었고, 1807년 12월, 시인 요한 하인리히 폰 콜린(John Heinrich von Collin)에게 구체적으로 여행계획을 밝혔다. 하지만 계획을 실천에 옮기지는 못했다.

프랑스 군대 전 유럽을 제패하다

1796년 말부터 프랑스 군대는 파죽지세로 전 유럽을 휩쓸었다. 5월에는 이탈리아에서 오스트리아 군대를 물리치고 밀라노를 점령했고, 11월에는 오스트리아 군대를 물리쳤다. 오스트리아 군대는 비엔나 외곽으로 총퇴각을 하게 되었다.

1797년 1월에는 조국을 구하려는 오스트리아 국민들의 애국적인 열정으로 온 나라가 불타올랐다. 2월에 하이든의 〈황제 찬가〉가 초연되었으며, 4월에는 베토벤도 〈우리들 위대한 독일 민족〉을 작곡했다. 1797년 3월에는 나폴레옹 군대가 비엔나 10킬로미터 밖에까지 접근했다. 1797년 10월 프란츠 2세 황제는 나폴레옹과 평화조약을 체결했다.

프란츠 2세 황제는 두 번째 아내이자 외사촌인 마리아 테레지아 사이에 12명의 자녀를 두었는데, 큰딸이 마리 루이즈 공주였다. 공주는 일찍이 나폴레옹은 무섭고 증오할 남자라고 배웠고, 나폴레옹이라는 이름을 붙인 인형을 괴롭히며 자랐다. 공주는 나폴레옹과 조제핀이 이혼했다는 소식을 듣고 친한 친구에게 편지를 썼다.

"나폴레옹의 다음 왕비가 될 사람이 진심으로 불쌍해. 그 사람이 내가 아니기를 바라고 있어."

그러나 운명은 달리 정해지는 법. 훗날 마리 루이즈 공주는 나폴레옹과 결혼하게 된다.

힘멜포르트가세 6번지 얀의 레스토랑

1797년 4월 6일 베토벤은 힘멜포르트가세 6번지(1. Himmelpfortgasse 6)에 있는 얀의 홀(Jahn's Hall)에서 〈피아노와 관악을 위한 5중주, Op.16〉의 초연을 했다(초연이 1796년 4월 6일이라는 문헌도 있음). 베토벤은 이 곡을 원래 악보대로 연주하지 않고 변주를 함으로써 다른 연주자들을 혼란스럽게 했다. 그러다가 론도로 되돌아오자 모두 극찬했다고 한다.

힘멜포르트가세 6번지 얀의 레스토랑 입구

지금도 식당으로 운영되고 있는 이곳은 당시 궁정 요리사 이그나츠 얀(Ignaz Jahn)이 비엔나 명사들을 상대로 2층에 음악홀을 갖춘 식당을 운영했다. 그 후 이곳에서 베토벤의 동생 카를과 그의 부인 요한나가 식당을 운영했고, 지금은 카페 프라우엔후버(Cafe Frauenhuber)가 영업을 하고 있는데, 당시의 건물과 거의 같다.

이곳에서 모차르트는 1791년 3월 4일 마지막으로 공개연주를 했다. 당시 곡목은 〈피아노 협주곡, K.595〉였다. 1793년 1월 2일 모차르트의 미망인 콘스탄체를 돕기 위한 〈레퀴엠〉 연주도 이곳에서 열렸다.

제4장

친구와 경쟁자

1798~1799

츠메스칼, 백조에서 만나세

베토벤은 1797년 여름부터 티푸스를 심하게 앓았는데, 그것이 귓병의 원인으로 추정하는 학자들도 있다. 베토벤은 비엔나에서 음악가 경쟁자도 많았지만 음악가 친구들도 많았다.

베토벤은 이 무렵 합스부르크 궁정에 근무하는 헝가리 지역 담당 고위 공무원 니콜라스 츠메스칼(Nikolaus Zmeskall, 1759~1833)을 알게 되어 평생 친구로 지내게 된다. 두 사람 사이에 오간 많은 편지는 주로 베토벤이 츠메스칼을 놀려주는 내용과 함께 음악 외적인 사생활에 대한 내용이 많다.

츠메스칼은 아마추어 첼리스트였고 심한 근시였다. 1797년 베토벤은 그에게 비올라와 첼로를 위한 2중주곡 〈2개의 안경을 위한 오블리가토(obligato for two pairs of spectacles, WoO 32)〉를 작곡 헌정하고 함께 공개연주를 했다. 베토벤은 비올라를, 츠메스칼은 첼로를 켰는데 이때 베토벤은 츠메스칼을 놀려주고 또 청중들을 즐겁게 하기 위해 츠메스칼처럼 안경을 끼고 연주를 했다. 츠메스칼은 1824년 5월 7일 캐른트너토어 극장에서 〈교향곡 제9번〉의 역사적인 초연을 지켜보았고, 베토벤이 죽기 한 달 전까지도 편지를 교환했다. 두 사람의 편지 속에는 종종 "내일 저녁 7시 백조에서 한잔 합시다."라는 문구가 나오는데, 백조는 두 사람이 자주 들리던 춤 바이센 슈반 여관(zum Weissen Schwan Inn), 즉 '백조 여관'에 딸린 술집이다. 베토벤은 이곳에서 하일리겐슈타트 지역에서 재배한 포도로 빚은 적포도주를 즐겨 마셨다.

춤 바이센 슈반 여관은 힘멜포르트가세에서 케른트너슈트라세를 가로질러 만나는 넓은 광장 노이어 마르크트(Neuer Markt)에 위치해 있었다. 노이어 마르크트는 당시는 옥수수와 밀가루를 판매하는 시장이었다. 노이어 마르크트 2번지는 하이든이 1795년부터 1797년까지 살았던 곳이다. 노이어 마르크트 5번지는 추어 멜그루베(Zur Mehlgrube)라는 카지노 겸 음악홀이었는데, 이곳에서 모차르트는 1785년 2월 11일 첫 번째 금요 연주회에서 새로운 〈피아노 협주곡 제20번 D단조, K.466〉을 초연했다. 모차르트는 이 연주홀을 장기 임대하여 당시로는 새로운 음악 흥행업인 예약연주회를 개최했다.

이 곳에서 베토벤도 콘트라 베이스 연주자 도메니코 드라고네티와 종종 협연을 했다. 춤 바이센 슈반 여관은 멜그루베 옆 건물이다. 지금 추어 멜그루베 자리에는 앰배서더 호텔이 들어서 있고, 춤 바이센 슈반은 서점으로 바뀌었다. 기념 명패는 없다.

앰배서더 호텔로 개조된 추어 멜그루베

이곳에는 베토벤과 두 동생들, 슈테판 폰 브로이닝, 페르디난트 리이스, 이그나츠 글라이헨슈타인과 같은 본 출신 패거리와 바이올리니스트 이그나츠 슈판치히 등이 종종 모였다. 그 무렵 본은 나폴레옹 군대가 점령하고 있었기 때문에 그들은 이곳에서 고향 소식을 나누곤 했다.

이그나츠 글라이헨슈타인과 이그나츠 슈판치히

베토벤의 친구들 중에 이그나츠라는 이름을 가진 사람은 둘이었다. 먼저 첼리스트 이그나츠 글라이헨슈타인 남작(Ignaz Gleichenstein, 1778~1828)은 프라이부르크 근교 스타우펜 출신 귀족으로 페르디난트 리이스가 1805년 징병되어 베토벤 곁을 떠난 후 베토벤의 뒷바라지를 했다. 베토벤은 그에게 〈첼로 소나타, Op.69〉를 헌정했다. 이그나츠 글라이헨슈타인과 베토벤은 각각 안나 말파티, 테레제 말파티라는 이름을 가진 자매를 좋아했는데, 베토벤은 실패했고 이그나츠 글라이헨슈타인은 결혼에 성공했다.

베토벤이 비엔나에서 만난 새로운 친구 중에서 바이올리니스트 이그나츠 슈판치히(Ignaz Schuppanzigh, 1776~1830) 역시 남은 생애를 함께 했다. 그는 라즈모프스키가 거느린 현악4중주단의 리더였다. 그는 여름철이면 아우가르텐 공원에서 일련의 연주를 개최했다. 슈판치히는 베토벤의 바이올린 작품들을 대부분 초연했고 베토벤의 후기 현악4중주의 초연 멤버가 되었다.

장 밥티스트 베르나도트

1798년 2월부터 4월까지 비엔나에는 장 밥티스트 베르나도트(Jean-Baptiste Bernadotte, 1763~1844)가 프랑스 대사로 근무하고 있었다. 당시 오스트리아와 프랑스의 관계는 냉전 상태였고, 베토벤은 프랑스 사람들과 프랑스 대사와 친밀하게 지냈다. 이런 교제를 통해 베토벤의 마음에는 공화주의적인 감정이 싹트기 시작했다.

나폴레옹이 조세핀(Josephine)을 사랑하기 훨씬 전 일인데, 나폴레옹은 형 조세프(Joseph-Napoléon Bonaparte, 1768~1844, 1808년 스페인 왕)의 집에 놀러갔다가 형의 처제인 데지레(Desiree Clary, 1777~1860)를 알게 되었다. 데지레는 절세의 미모에다가 15만 프랑이라는 거금의 유산을 갖고 있었다. 두 사람은 곧 사랑에 빠졌고 약혼을 했다. 그러나 얼마 안 되어 나폴레옹의 마음이 변했다. 처음으로 한 남자를 사랑했던 데지레는 상심이 컸다. 두 사람의 사랑은 결실을 이루지 못했으나 나폴레옹과 데지레의 마음은 서로에게서 떠나지 않았다.

데지레는 1798년 프랑스 군대의 장군 장 밥티스트 베르나도트와 결혼했다. 베르나도트 장군은 속으로 나폴레옹에게 경쟁의식을 품고 있는 사람이었다. 그러나 드러내놓고 반대하거나 경쟁할 수 있는 상황은 아니었다. 나폴레옹은 그런 줄 알면서도 데지레를 위해 항상 베르나도트를 도와주었다.

베토벤은 비엔나에서 베르나도트 대사와 만나 프랑스의 혁명 이념과 나폴레옹에 대해 이야기를 들었다. 그런 기회에 언젠가 베르나도트가 베토벤에게 보나파르트를 위해 새로운 교향곡을 써달라고 제안했다는 설도 있다. 베르나도트 이야기는 뒤에서 계속된다.

루돌프 크로이체르와 도메니코 드라고네티

1798년 한 해 동안 베토벤은 엄청난 창의력을 발휘하여 〈3개의 현악3중주, Op.9〉, 〈3개 피아노 소나타, Op.10〉, 〈피아노 3중주, Op.11, 거리의 노래〉, 〈3개의 바이올린 소나타, Op.12〉, 〈피아노 소나타, Op.13, 비창〉, 〈7중주곡, Op.20〉 등을 작곡하기 시작한다.

이 무렵 베토벤은 명연주가 두 사람을 만난다. 1798년 비엔나로 순회연주를 온 프랑스 출신의 위대한 바이올리니스트 루돌프 크로이처(Rudolphe Kreutzer, 1766~1831)를 만난 베토벤은 그의 연주에 큰 감명을 받는다. 게다가 크로이체르는 베르나도트 대사의 친구였다. 그러나 두 사람이 함께 연주했다거나 서로 친구가 되었다는 증거는 없다. 나중에 베토벤은 〈바이올린 소나타, Op.47〉을 그에게 헌정하면서 그 작품을 '크로이체르 소나타' 로 불렀다. '크로이체르 소나타' 이야기는 뒤에서 계속된다.

1799년에는 콘트라베이스 연주자 도메니코 드라고네티(Domenico Dragonetti, 1763~1846)를 만난다. 베토벤은 그와 함께 연주하면서 콘트라베이스의 중요성을 깨닫는다. 이탈리아 출신 도메니코 드라고네티는 당대 유럽에서 제일가는 콘트라베이스 연주자였다. 드라고네티는 유럽을 연주여행하던 중 비엔나에 들러 베토벤을 만났다. 두 사람은 비엔나 노이어 마르크트에 있는 추어 멜그루베에서 공연했다. 드라고네티는 베토벤의 첼로 소나타를 콘트라베이스로 편곡하여 연주했다.

드라고네티는 베토벤에게 콘트라베이스에 관심을 갖게 했고, 그 결과 베토벤은 〈제5번 교향곡〉의 악기편성에 콘트라베이스를 삽입했다.

그냥 루트비히 판 베토벤, 비엔나라고만 쓰게

베토벤은 1799년 5월부터 1800년 1월까지 페터스플라츠 11번지(1. St. Petersplatz 11) 춤 질베르넨 포겔(Zum silbernen Vogel) 4층에서 살았다. 그해 여름에는 뫼들링(Mödling)에서 지냈다. 베토벤의 시기에 뫼들링은 약 300가구가 살고 있는 작은 시장마을이었다.

이때부터 베토벤은 점차 한 곳에서 장기간 살지 못하고 자주 옮겨 다니기 시작한다. 비엔나의 여름은 무척 덥다. 따라서 여름이 되면 베토벤은 하일리겐슈타트, 바덴, 뫼들링, 헤첸도르프 등 비엔나 근교도시로 잉크와 깃털펜, 스케치북과 악보를 들고 장기간 피서를 갔기 때문에 이런 장소들까지 합하면 베토벤의 거주지 목록은 70군데가 넘는다.

베토벤은 세를 들었어도 여행을 다녀온 기간은 집세를 내지 않았다. 어느 기간에는 여러 곳에 동시에 방을 얻어놓고 생각나는 대로 가서 지냈다. 그래서 주소를 묻는 한 출판사 사장에게 "그냥 루트비히 판 베토벤, 비엔나라고만 쓰게."라고 했다.

1799년 베토벤은 최초의 현악4중주 〈Op.18〉을 작곡했고, 최초의 교향곡 〈교향곡 제1번, Op.21〉을 작곡하기 시작한다.

훔멜과 뵐플

당시 비엔나에서는 연주자들 사이에 즉흥연주 경쟁이 유행했다. 베토벤은 건반악기 경연을 당연한 것으로 여기고 적극 참여했다. 베토벤과 공공연히 맞설 수 있었던 사람은 요한 네포무크 훔멜(Johann Nepomuk Hummel, 1778~1837)과 요제프 뵐플(Joseph Wölfl, 1773~1812) 정도였다. 모차르트에게 배운 적이 있는 훔멜은 4세에 악보를 읽었고, 5세에 바이올린을 켰고, 6세에 피아노를 쳤다. 훔멜은 소위 천재 계보를 잇는 연주자로서 정확하고 아름다운 연주로 유명했다. 베토벤은 즉흥연주에서는 경쟁자들보다 훨씬 큰 상상력을 보여 주었지만, 기교파 연주가였던 훔멜에게는 쉽게 밀렸다. 급기야는 훔멜과 베토벤 두 거장을 따르는 파벌이 결성되었고 지독하게 적대적으로 대립했다.

또 한 사람 뵐플은 잘츠부르크 출신으로 모차르트의 부친 레오폴트와 당시 잘츠부르크에서 활동하던 요제프 하이든의 동생 미하엘 하이든에게서 음악을 배웠다. 그는 1790년부터 비엔나에서 활동했는데, 1799년 베토벤과 피아노 경연을 한 적이 있다. 덩치도 크고 손

쇤브루너 슈트라세 309번지

도 엄청나게 컸던 그는 큰 손으로 다른 사람들은 도저히 흉내낼 수 없을 정도로 건반을 넓게 잡을 수가 있었다.

하지만 두 사람 모두 연주에 대한 열정과 감정의 깊이 및 즉흥연주 때의 악상의 풍부함에서는 도저히 베토벤을 따라잡지 못했다. 베토벤의 즉흥연주는 사람들에게 그의 재능과 미래의 발전 가능성 등 모든 것을 보증하는 것이었다. 베토벤의 연주는 아름다웠고 열정이 있었다. 그의 연주에는 단순한 아름다움이나 독창성, 음악적인 내용 이상의 무엇인가가 있었다. 청중은 종종 진한 감동의 물결에 휩싸여 눈물을 흘리곤 했다. 소리를 내며 흐느껴 울기도 했다.

비엔나에 온 사람들은 거의 쇤부른 궁전을 찾았다. 쇤부른 궁전 자체도 볼거리이지만 쇤부른 궁전의 동쪽 입구와 붙어 있는 쇤브루너

슈트라세 309번지(12. Schonbrunner Strasse 309) 집에서 베토벤이 요제프 뵐플과 피아노 경연을 벌이는 것을 감상하기 위해서였다. 지하철 U4를 타고 쇤브룬 역에서 내려 남쪽으로 두 블록 가면 쇤부른 궁전으로 들어가는 입구와 안내소가 있는데, 안내소 바로 뒤편의 노란색 건물이 바로 그 장소이다.

다니엘 스타이벨트와 겔리네크

"누가 더 잘하나?"라는 질문은 스포츠계나 기업계에서만 할 수 있는 질문이 아니다. 음악가의 후원자들은 각자 자신이 후원하는 연주자를 데리고 살롱에 와서 마치 소싸움 닭싸움 시키듯이 연주시합을 시켰다.

앞서 말한 베토벤의 후원자 로프코비츠는 유명한 피아니스트인 다니엘 스타이벨트(Daniel Steibelt, 1765~1823)를 후원하고 있었는데, 1800년 자신이 후원하는 다니엘과 리히노프스키가 후원하는 베토벤 사이에 피아노 경연을 붙였다. 경연은 합스부르크 궁전 앞 요제프플라츠 5번지(1. Josefsplatz 5)에서 열렸다. 경연 장소는 로프코비츠 대공의 저택 1층 연회실, 혹은 폰 프리스 백작(Count von Fries)의 저택이라는 주장도 있다. 이 경연에서 베토벤이 조금 우세했다.

베를린 출신 피아니스트 다니엘 스타이벨트는 전형적인 독일 예술가였다. 그는 형식을 중요시했고, 정확했으며, 예의도 발랐다. 그는 1800년 초 비엔나에 오자마자 명성을 날렸다. 그는 곧 베토벤의 경쟁상대가 되었다. 스타이벨트가 먼저 피아노 앞에 앉았다. 스타이벨트는 마치 폭풍이 일렁이듯 현란하게, 그리고 저음에서는 천둥이 치는 듯한 소리를 표현해 큰 박수를 받았다.

이번에는 베토벤 차례였다. 연회장을 꽉 채운 많은 청중들을 귀찮다는 듯이 둘러보고는 피아노 앞으로 터벅터벅 걸어갔다. 베토벤은 피아노 위에 놓인 스타이벨트가 친 악보를 한 번 보고는 청중에게 그것을 흔들어 보여주고 거꾸로 놓았다.

베토벤은 스타이벨트가 친 악보의 첫 네 소절을 따라 치고는 그 다음에는 그것을 약간 바꾸어 장식음을 달기 시작하더니 마침내 변주곡을 만들었다. 베토벤은 스타이벨트의 폭풍소리를 흉내냈고, 스타이벨트의 특정 부분들을 뽑아내 그것들을 조합하고, 개작하고, 놀려주곤 했다. 스타이벨트는 자신이 더 잘 연주하지도 못했을 뿐만 아니라, 조롱당하고 있다는 것을 깨닫고 황급히 밖으로 나가버렸다. 로프코비츠 대공이 따라 나가서 설득했으나 대공의 손을 뿌리치며 말했다.

"베토벤이 비엔나에 있는 한 나는 다시는 이곳에 발을 들이지 않겠습니다."

그 후 스타이벨트는 러시아의 알렉산더 1세 황제의 궁정에서 일했다. 베토벤이 1827년 사망했으므로 1823년에 먼저 사망한 스타이벨트는 자신의 말대로 다시 비엔나에 오지 못했다. 그러나 두 사람의 경쟁은 완전히 끝난 것이 아니었다. 1800년 두 사람이 피아노 경연을 벌였을 때, 스타이벨트가 친 첫 번째 네 소절을 나중에 베토벤이 〈영웅 교향곡〉의 주제로 삼았기 때문이다.

스타이벨트는 1814년부터는 피아노 연주를 그만두고 작곡가로 변신했고, 1820년 3월 16일 협주곡(Concerto No.8)을 발표했는데, 이 곡은 4악장이 합창으로 끝난다. 베토벤은 4년 후 〈합창 교향곡〉을 발표한다. 어쨌거나 베토벤은 1800년 개최된 다니엘 스타이벨트와의 피아노 경연에서 승리했고, 이 경연으로 베토벤은 피아니스트로서 입지를 굳혔다. 스타이벨트와의 경연에서 승리한 후 베토벤은 자신의 행동반경을 차츰 작곡가로 넓혀가게 된다.

피아노 경연은 베토벤이 비엔나에 도착한 직후부터 시작되었는데, 최초의 경쟁자들 중 한 명이 아베 요제프 겔리네크(Abbe Joseph Gelinek, (Jelinek), 1758~1825)였다. 겔리네크는 모차르트와 거의 같은 시기에 보헤미아에서 비엔나로 진출했고 또 모차르트로부터 피아노 연주실력을 인정받았다. 1793년 겔리네크는 12세나 어린 베토벤과 피아노 경연을 벌였다. 그 후 겔리네크는 카를 체르니의 부친 바클라프 체르니(Vaclav Cerny)에게 이렇게 말했다.

"나는 며칠 전 한 젊은이와 피아노 대결을 했는데, 그런 식으로 피아노를 치는 사람을 본 적이 없어요. 즉흥연주를 할 테마를 하나 던졌는데, 모차르트도 그렇게 하지 못할 정도로 매우 뛰어난 변주곡을 만들어냈어요. 건반 위에서 우리가 상상도 할 수 없는 어려운 기교를 부렸고 효과음을 냈습니다."

카를 체르니의 부친이 다시 물었다.

"그 사람 이름이 뭔데?"

겔리네크는 베토벤의 외모가 동시대 사람들에게 어떻게 보였는지를 짐작케 하는 말을 했다.

"베토벤이라고 하는 젊은인데, 리히노프스키 대공이 데려왔죠. 그는 키가 작았고, 못생긴데다 피부는 거무스레했고, 고집스러운 사람 같았어요."

겔리네크는 스타이벨트의 행보와는 달리 비엔나에서 거장 피아니스트로서, 그리고 아마추어 음악시장을 타깃으로 하는 준상업적 작곡가로 계속 활동했다.

카를 체르니

오늘날 피아노 교습과 피아노 교본의 저자로서 널리 알려져 있는 카를 체르니(Carl Czerny, 1791~1857)는 이미 신동으로 소문이 자자했는데, 비교적 늦은 나이인 10세 무렵 아버지 손에 이끌려 베토벤을 만났고, 베토벤은 체르니의 재주에 좋은 인상을 갖게 되어 곧 제자로 받아들였다.

체르니는 슈테판 폰 브로이닝, 페르디난트 리이스 등과 함께, 베토벤의 비엔나 이너서클의 한 멤버였다. 1800년 체르니는 모차르트의 곡으로 공개 데뷔를 했는데, 모차르트의 제자 훔멜이 극찬했다고 한다. 그러나 체르니는 모차르트가 아니라 베토벤의 피아노 작품의 홍보자 역할을 했다. 체르니는 1812년 2월 15일 〈피아노 협주곡 제5번, Op.73, 황제〉의 비엔나 초연을 연주했다(〈Op.73〉의 초연은 1811년 11월 28일 요한 슈나이더에 의해 라이프치히 게반트하우스에서 이루어졌다).

오늘날 체르니는 연주자로서보다는 음악교육자, 피아노 교습책의 저자, 음악이론가로 잘 알려져 있다. 체르니의 유명한 제자는 프란츠 리스트(Franz Liszt, 1811~1886)와 레세티츠키(Theodor Leschetizky, 1830~1915)를 손꼽을 수 있는데, 리스트는 리하르트 바그너(Richard Wagner, 1813~1883)의 장인이 되었고, 레세티츠키는 아르투르 슈나벨(Arthur Schnabel, 1882~1951)을 제자로 두었다.

리스트는 어릴 때 바이올린의 귀신 파가니니(Niccolo Paganini, 1782~1840)의 연주를 본 후, 자신은 피아니스트의 귀신이 되기로 결심했다고 한다. 리스트의 화려하고 기교적인 연주는 유럽을 떠들썩하게 했다. 반대로 레세티츠키는 제자 슈나벨에게 이렇게 말했다.

"너는 절대로 피아니스트는 되지 못할 것이다. 너는 음악가야."

슈나벨은 이 말을 가슴에 새겼고, 그 후 프란츠 리스트와 같은 기교파 작곡가들의 연주는 피하고 모차르트, 베토벤, 슈베르트 등 독일 고전음악을 주로 연주했다.

제5장

브룬스비크-귀차르디 가의 딸들

1800~1801

작곡가 베토벤 여기 있소!

연주자로서의 명성이 높아지자, 베토벤은 작곡도 차례로 발표하게 된다. 베토벤은 1800년 4월 2일 비엔나 부르크테아터, 즉 궁정극장에서 최초로 (일반 연주보다 입장료를 높게 책정하고 또 수입을 모두 자신이 갖는) 예약 연주회를 개최하면서 그때까지 작곡한 것들을 집대성한 〈3대의 목관악기와 4대의 현악기를 위한 7중주, Op.20〉과 〈교향곡 제1번〉 등을 초연하고 즉흥연주도 했다. 베토벤은 이 공연에서 프란츠 황제의 막내동생 루돌프 대공을 만나고, 곧 이어 〈교향곡 제2번〉의 작곡을 시작한다.

흔히 베토벤의 제1번, 제2번 교향곡은 자신만의 색깔이 없고 주제와 악기 편성에 하이든과 모차르트의 흔적이 너무 크다고들 평가한다. 그러나 베토벤이 30세에 〈교향곡 제1번〉을 썼다는 것은, 베토벤

티퍼 그라벤 8~10번지. 베토벤이 거주한 연도(1815~1817)표시는 오류이다

스스로가 피아니스트로서보다는 교향곡 작곡가로 평가받을 것임을 분명히 알고 있었다는 것을 의미한다. 드디어 "작곡가 베토벤 여기 있소!"라고 소리질렀던 것이다. 작곡 발표 이후 비엔나 음악계에서 베토벤의 평가는 한 단계 더 높아졌다.

티퍼 그라벤 8-10번지

페터스플라츠에서 보그너가세(Bognergasse)를 따라가면 길 이름은 프라이영(Freyung)으로 바뀐다. 프라이영 오른쪽 길이 티퍼 그라벤이다. 베토벤은 1800년 1월 페터스플라츠 11번지에서 나와 티퍼 그라벤 8-10번지(1. Tiefer Graben 8-10) 그라이너쉐스 하우스(Greinersches Haus) 4층으로 옮겨 1801년 봄까지 살았다. 원래 집은 없어지고 현대

식으로 개조된 집에는 명패가 붙어 있는데, 베토벤이 산 연도표시는 오류이다.

티퍼 그라벤은 문자 그대로 '더 깊은 웅덩이'를 의미한다. 실제로 이곳은 하수구 내지 도랑이었다. 티퍼 그라벤을 따라가면 길 위로 호헤 브뤼케(Hohe Brucke)라는 아름다운 다리가 있다. 다리 위에서 보면 굴뚝청소부 간판이 보이는 건물과 교량 좌우로 뻗어 있는 길인 비플링거슈트라세가 보인다. 나무를 주 연료로 사용하던 시절, 연통이 막히면 화재가 종종 일어났기 때문에, 굴뚝청소부는 매우 중요한 역할을 했다. 비엔나에서는 아침에 굴뚝청소부를 만나면 그날 하루 운수가 좋다는 전설이 전해온다.

호텔 다스 티그라

티퍼 그라벤은 음악가와 관계가 깊다. 18번지는 17세의 모차르트가 세 번째로 비엔나를 방문했을 때 1773년 7월 16일에서 9월 25일까지 묵은 여관이 있던 장소이다. 지금은 베스트 웨스턴 체인의 호텔 다스 티그라(Hotel Das Tigra)가 들어서 있다. 호텔 내외부에는 이러한 사실을 알리는 기념명판이 부착되어 있다. 20번지는 모차르트가 처음 비엔나를 여행했을 때 온 가족이 체류했던 곳이고, 19번지 홀에서는 당시 모차르트와 누이 난네를이 공개연주를 했다.

브룬스비크 백작

베토벤은 1799년에서 1800년 사이에 아름다운 처녀 셋을 만나게 된다. 둘은 친형제이고 하나는 그들의 4촌이었다. 아나톨 브룬스비크 백작(Count Anatol Brunsvik, 1745~1793)은 헝가리 귀족으로서 비엔나, 슬로바키아의 수도 브라티슬라바에서 가까운 돌나 크루파(Dolna Krupa, Korompa, 오늘날 슬로바키아 Krompachy와는 다르다), 헝가리 마르톤바자르(Martonvasar) 등지에 저택을 소유하고 있었다. 아나톨과 그의 부인 안나(Anna Seeberg, 1752~1830)에게는 네 자녀 테레제 브룬스비크(Therese, 1775~1861), 프란츠 브룬스비크(Franz, 1777~1850), 요제피네 브룬스비크(Josephine, 1779~1821), 카롤리네 브룬스비크(Karoline, 1782~1840)가 있었다. 1799년 브룬스비크 미망인은 아이들을 데리고 비엔나로 왔다.

아나톨 브룬스비크 백작의 여동생 수잔나(Susanna Guicciardi, Brunsvik)는 1783년 이탈리아 출신 프란츠 요제프 귀차르디 백작(Count Franz Joseph Guicciardi)과 결혼했다. 두 사람은 오랫동안 이탈리아에서 살다가 1800년 딸 줄리에타 귀차르디(Giulieta Guicciardi, 1784~1856)와 함께 비엔나로 왔다. 그러니까 브룬스비크의 딸과 줄리에타는 고종사촌과 외사촌간이다.

베토벤은 브룬스비크-귀차르디 가의 딸들, 그리고 아들 프란츠와 가깝게 지냈다. 프란츠와는 베토벤 중기의 걸작인 〈피아노 소나타 제23번, Op.57, 열정〉을 1804년경에 헌정할 정도로 가까운 관계였다.

베토벤은 1800년에서 1808년 사이에 브룬스비크-귀차르디 가의 초청으로 부다페스트, 마르톤바자르, 돌나 크루파를 종종 방문했다.

테레제 브룬스비크

1799년 5월, 24세 테레제 브룬스비크와 20세 요제피네 브룬스비크 두 자매는 베토벤의 제자가 되었다. 레슨은 주로 브룬스비크 가족이 머무는 호텔에서 했다. 테레제의 일기에 의하면, 두 사람이 처음으로 베토벤의 집에 레슨을 받으러 갔을 때, 베토벤은 매우 친절하고 자상하게 가르쳐주었다.

베토벤은 처음에는 자신보다 다섯 살 아래인 원숙한 테레제 브룬스비크에게 마음이 끌렸다. 베토벤은 5월 23일 괴테의 시 〈그대를 생각해(Ich denke dein)〉를 자매의 앨범에 기록하고 또 서명을 했다. 그리고 1804년 베토벤은 〈그대를 생각해〉에 곡을 붙이고 또 네 손용(두 자매용) 변주곡 〈WoO 74〉를 작곡해 두 자매에게 헌정했다.

베토벤은 솟구쳐 오르는 애정에 힘입어 1800년부터 몇 년 동안 여러 곡의 피아노 소나타와 현악4중주곡 등 많은 작곡을 했다. 차츰 테레제를 사랑하게 되었고, 두 사람은 비밀리에 결혼까지도 약속했다. 테레제와는 1806년에 약혼을 했지만 결국 신분 차이라는 이유로 두 사람의 약혼은 깨지고 말았다. 베토벤은 이렇게 고백했다.

"나는 치명적으로 귀에 병이 있으므로 결혼할 수 없다는 결론에 이르렀습니다. 나는 나 자신을 몽땅 음악을 위해 바칠 작정입니다. 제발 나의 마음을 이해하고 용서해주시오. 당신만큼 내가 깊이 사랑하는 사람은 아마 두 번 다시 나타나지 않을 겁니다."

이런 고백에 그녀의 마음은 산산조각이 나버렸지만 자신의 슬픔을 베토벤에게 절대로 보이지 않으리라 마음먹었다. 속으로 말했다.

"베토벤, 당신 아닌 다른 사람과 결혼하는 일은 내 일생을 두고 절대로 없을 것입니다."

베토벤이 사랑했던 여자들은 거의 모두가 귀족이었으므로 신분의 차이가 장애가 된 때가 많았다. 그때만 해도 음악가는 사회적 지위가 낮았기 때문이다. 테레제는 그 후로도 베토벤이 자신에게 돌아오기를 기다렸다. 베토벤의 생활에 크게 관심을 기울였을 뿐만 아니라 건강에도 무척 신경을 썼다. 그녀로서는 베토벤의 일이라면 무엇이든 중요했다. 하지만 베토벤은 전과 다름없이 그녀에 대한 애정은 표시했지만 결혼 이야기는 한마디도 하지 않았다.

신분 차이에 관한 이런 이야기도 전해진다. 가문을 끔찍하게 중히 여기고 격식을 따지는 비엔나의 어느 귀족의 딸이 아빠에게 피아노 선생을 식사에 한번 초대하자고 청했다. 아빠는 깜짝 놀라며 거절했다.

"무슨 뚱딴지같은 소리냐, 피아노 선생과 한 밥상에 앉다니!"

요제피네 브룬스비크

요제피네는 언니와 달리 두 번 결혼했다. 그리고 두 번 모두 불행을 겪었다. 1799년 요제피네는 비엔나에 온 후 곧 헤르 뮬러(Herr Müller)라는 아트 갤러리 주인을 알게 된다. 이 사람의 본명은 요제프 다임 백작(Joseph Deym von Strzitez, 1752~1804)이었는데 어떤 사람과 결투 후 피신하여 다니면서 이름을 바꾸어 불렀다.

그는 밀랍인형 박물관을 포함하여 도나우 강변 로텐투름슈트라세(Rotenturmstrasse)에서 슈베덴플라츠(Schwedenplatz)까지 연결되는 큰 건물(Müllers Gebäude, 1889년 도괴됨)의 소유자로서 겉보기에 매너 좋은 귀족이었다. 다임 백작과 요제피네는 27세의 나이 차이를 극복하고 사랑하는 사이가 되었다. 두 사람은 슬로바키아 마르톤바자르에 있는 브룬스비크 저택에서 1799년 6월 29일 결혼했다. 하지만 결혼 후 다임 백작이 가난뱅이 사기꾼인 것이 탄로났다. 요제피네의 엄마는 그 사실을 알고 길길이 뛰었고, 딸에게 약속한 결혼 지참금도 주지 않았다.

베토벤은 다임 백작에게 1800년 〈플루트 시계를 위한 소품 WoO 33〉을 작곡하여 팔았다. 어쨌든 요제피네는 아이를 4명 낳았다. 그러나 1804년 1월 22일 다임 백작이 52세로 갑자기 사망했고, 요제피네는 25세의 한창 나이에 미망인이 되었다. 요제피네는 모성애가 매우 강한 여성이었다. 그녀는 백작과의 사이에서 태어난 네 아이의 양육에 전념했다.

베토벤은 요제피네의 처지를 동정했고, 점차 동정심은 강한 애정으로 바뀌어갔다. 베토벤은 1804년 요제피네에게 〈희망에 부쳐, Op.32〉를 헌정했다. 다임 백작이 사망한 후 결합을 희망했는지도 모르겠다.

그러나 결국 이 사랑도 결실을 맺지 못했다. 요제피네는 아이들의 장래를 생각한 때문인지 1810년 비엔나 주재 러시아 대사 크리스토프 폰 슈타켈베르크 백작(Count Stackelberg, 1777~1841)과 재혼했고 베토벤의 희망은 다시 물거품이 되었다. 그녀는 남작과의 사이에서 다시 세 아들을 낳았지만 1812년 혹은 1813년 슈타켈베르크가 자신의 아이들과 함께 에스토니아로 떠나자 다시 곤궁에 처했다.

부다페스트와 마르톤바자르

베토벤은 1800년 4월부터 6월까지 브룬스비크 가의 딸들과 함께 부다페스트와 마르톤바자르로 여행을 했다. 마르톤바자르에는 베토벤 기념박물관(Beethoven Memorial Museum, Emlekmuzeum)이 있는데, 베토벤과 브룬스비크 자매 사이에 오간 편지들이 보관되어 있다. 입구에는 이름이 알려지지 않은 화가가 그린 베토벤의 초상화가 있고, 브룬스비크의 딸들이 사용하던 피아노, 베토벤의 머리카락 등이 전시되어 있다. 베토벤은 1801년과 1806년에도 한 차례 이곳에 다녀갔다.

부다페스트에서 돌아온 베토벤은 여름에는 운터되블링(19. Unter-döbling) 지역에서 지냈다.

줄리에타 귀차르디와 월광 소나타

1800년 베토벤은 자신에게서 피아노를 배우던 테레제 브룬스비크를 통해 그녀의 사촌 동생이자 귀차르디 백작의 딸 줄리에타 귀차르디를 알게 되었고, 1801년 베토벤은 그녀를 피아노 제자로 받아들였다. 베토벤은 31세, 그녀는 17세였다. 베토벤은 1801년 11월 16일 베겔러에게 쓴 편지에 줄리에타를 만난 후 느끼는 행복감을 다음과 같이 표현했다.

요즘 내가 얼마나 외롭고 쓸쓸하게 지냈는지 자네는 상상할 수 없을 걸세. 근래 들어 청력을 완전히 잃어버렸다네. 그걸 감추려다보니 갈수록 사람들로부터 멀어지게 되고, 본심은 그렇지 않지만 사람들을 싫어하는 척하게 되는군. 그런데 최근 명랑하고 사랑스러운 한 처녀가 내 삶에 큰 변화를 가져왔어. 그 처녀는 나를 사랑하고 나 역시 그 처녀를 사랑한다네. 지난 2년간 너무나 힘들었는데, 이런 기분은 실로 처음이라네. 그 아이와 결혼하면 좀 더 행복해지지 않을까 싶어. 하지만 우리는 신분이 달라.

……

오! 삶은 너무나 아름다워. …… 천 번이라도 다시 태어나 살고 싶어! 이젠 적막한 삶에 머무를 수 없어! …… 슈테판 브로이닝이 독일기사단에 들어가도록 신경 써줘. 이곳의 생활은 사람을 지치게 하는 터라 그의 건강상태로는 견디기 힘들다네.

그리고 베토벤은 자신의 음악관에 대해 이렇게 말했다.
"나의 예술은 가난한 사람들에게 가장 도움이 되어야 할 것이야."

1802년 베토벤은 그 전 해에 작곡한 〈피아노 소나타 Op.27-2〉를 줄리에타 귀차르디에게 헌정했고, 이를 〈환상곡풍의 소나타〉라는 제목으로 발표했다. 이 곡이 〈월광 소나타〉로 불리게 된 것은 독일의 음악비평가 루트비히 렐슈타프(Ludwig Rellstab, 1799~1860)가 이 곡의 제1악장이 마치 "루체른 호수의 달빛 아래 이따금 흔들리는 작은 배"를 보는 것 같은 느낌이 든다고 평을 한 데서 유래했다.

베토벤은 줄리에타에게 프로포즈를 했고, 그녀도 깊이 존경하는 베토벤에게 이끌렸다. 남자 교사와 고등학교 여학생 관계랄까? 게다가 줄리에타의 모친도 혼담에 긍정적이었다. 하지만 비엔나 궁정관리 부친은 현실적이어서 다음과 같이 꾸짖으며 두 사람의 결혼을 강력히 거부했다.

"그는 사회적 지위도 없고, 재산도 없으며, 직업도 없는데다, 성격도 까다롭고 또 허약한 사람이다. 현재의 건강마저도 유지하지 못하고 더 악화되면 궁정의 고위 음악가가 될 기회도 놓칠 것이고, 어쩌면 피아노의 대가라는 소리도 더 이상 듣지 못하게 될 것이다."

따라서 일부 음악학자는 1802년 베토벤이 '하일리겐슈타트 유서'를 줄리에타와의 결혼 실패로 연결하여 해석하기도 한다. 그 뒤 줄리에타는 1803년 11월 귀족이자 발레음악 작곡가 벤젤 로베르트 갈렌베르크(Count Wenzel Robert Gallenberg, 1783~1839)와 결혼한다. 결혼 후 두 사람은 이탈리아로 갔고 갈렌베르크 백작은 그곳에서 음악가로 성공한 후 1821년 비엔나의 궁정음악가로 돌아온다.

귀가 들리지 않는다네

1801년 이제 베토벤의 인생도 중반을 넘어서 31세가 되었다. 베토벤은 1801년 봄 자일러슈테트 15번지(1. Seilerstätte 15) 함베르크쉐스 하우스(Hambergsches Haus)로 거처를 옮겨 1802년 5월까지 그곳에서 살았다. 1801년 여름에는 쇤부른 궁전에서 가까운 헤첸도르프(12. Hetzendorf)에서 지냈다.

베토벤의 어릴 적 친구 슈테판 폰 브로이닝이 비엔나에 정착하여 우정을 새롭게 다지지만 근심은 점점 더 깊어갔다. 6월 29일 베토벤은 어릴 적 친구이자 코블렌츠에서 개업한 의사 베겔러에게 귀가 들리지 않음을 고백하고 자문을 구하는 편지를 쓴다.

염려해줘서 고맙네. …… 요즘 나의 재정상태는 그렇게 나쁘지 않네. 리히노프스키 대공이 연금 600플로린을 대준다네. 내가 적당한 지위를 얻을 때까지 …… 작곡 주문도 많고 수입도 많아 …… 이제 출판사들이 조건을 붙이지도 않아. 내가 결정하는 가격을 인정해주고 있다네. ……

악마의 질투인지, 건강이 나를 가로막고 있네. 지난 3년간 내 청각은 점점 더 악화되고 있네. …… 사람들에게 "귀가 들리지 않는다."고 말할 수 없어서 사교모임에 나가길 꺼려왔네. ……

이따금씩 내 삶을 저주하지만 …… 풀루타르코스(Plutarchos)가 쓴 영웅전은 내게 체념을 가르쳐준다네. 운명과 싸우는 수밖에 없다고 생각하면서도 …… 신의 피조물 중 가장 불쌍한 존재로 여겨지곤 하네.

아무에게도 이 이야기를 하지 말게. 부인 엘레오노레에게도 비밀로 해주길 부탁하네. 자네에게만 털어놓은 비밀이야.

슈테판 브로이닝과 거의 날마다 함께 지낸다네. 옛날로 돌아간 것 같은 기분이지. ……

우리 할아버지의 초상화는 가능한 한 빨리 보내주었으면 하네.

1800년 6월 29일 비엔나에서

7월 26일, 본에서 베토벤을 후원해주었던 막시밀리안 프란츠 선제후가 헤첸도르프 성에서 사망하자, 베토벤은 선제후에게 헌정할 예정이었던 〈교향곡 제1번〉을 고트프리트 판 슈비텐 남작에게 헌정하게 된다.

베토벤은 〈2개의 환상곡풍 소나타, Op.27〉에서 〈Op.27-2〉는 앞서 말한 대로 당시 17세 소녀 줄리에타 귀차르디에게 헌정했고, 〈Op.27-1〉는 발트슈타인 백작의 사촌인 요제피네 조피 폰 리히텐슈타인 대공비(Josephine Sophie von Lichtenstein, 1776~1848)에게 헌정했다. 리히노프스키 대공의 저택에서 알게 된 다른 많은 귀족 부인들처럼 베토벤에게 피아노를 배우던 요제피네 폰 리히텐슈타인 대공비는 육군원수인 리히텐슈타인 대공의 아내였다. 베토벤은 나중에 리이스가 군에 입대할 때 편의를 부탁하는 편지를 보낸다.

1801년 베토벤은 이탈리아 발레 작가이자 무용가였던 살바토레 비가노(Salvatore Vigano, 1769~1821)의 요청으로 16곡으로 된 발레음악 〈프로메테우스의 창조물, Op.43〉을 작곡했는데, 서곡은 〈교향곡 제1번〉과 〈교향곡 제2번〉 사이에 작곡된 것으로 모차르트의 영향을 받은 베토벤의 초기음악의 전형이다. 이 곡은 리히노프스키 대공의 부인 크리스티네에게 헌정되었다. 1793년과 1799년 두 차례 흥행에 성공한 살바토레 비가노가 당시 유행했던 하이든의 〈천지창조〉에 자극을 받아, 1801년 프란츠 2세 황제의 황후를 위해 〈프로메테우스의 창조물〉을 기획한 것으로 보이는데, 이때 신진 작곡가였던 베토벤에게 부수음악을 의뢰한 것은 비가노가 음악과 무용을 둘 다 잘 파악했기 때문이다.

페르디난트 리이스

1801년 10월에는 선제후 궁정악단의 지휘자였던 프란츠 리이스의 아들 페르디난트 리이스가 청년이 되어 비엔나로 와서 베토벤의 제자 겸 비서가 된다. 베토벤은 그를 좋아했다. 이후 페르디난트는 베토벤의 작곡, 출판, 스케줄, 그리고 청각장애에 따른 대화의 불편을 덜어주는 역할을 도맡아 했다.

그는 나폴레옹이 황제가 되었음을 베토벤에게 처음으로 알린 사람이고, 베토벤이 비엔나에서 가장 장기간 머문 파스쿠발라티하우스를 소개한 사람이었다. 베토벤이 까다롭게 굴었을 때도 리이스는 언짢은 기색을 보이지 않았다.

독일 국적이었던 페르디난트는 1805년 프랑스 군대에 맞서 징집되어 본으로 갔다. 1808년에는 잠시 비엔나에 들렀다가 1813년 런던으로 가서 음악활동을 했다. 그는 런던에서 베토벤의 작품을 널리 알렸고, 결국 〈교향곡 제9번〉을 탄생케 만든, 새로운 교향곡 작곡을 베토벤에게 의뢰하기도 했다. 1824년 독일로 되돌아간 그는 1838년 베겔러와 함께 〈베토벤 회상록〉을 펴냈다.

제6장

하일리겐슈타트 유서

1802~1803

프로부스가세 6번지

성탄절이면 부르는 노래 〈고요한 밤, 거룩한 밤〉은 영어로는 〈Silent night, holy night〉이고, 독일어로는 〈Stille Nacht, Heilige Nacht〉이다. 따라서 비엔나의 19구역 되블링에 속하는 하일리겐슈타트(Heiligenstadt)는 '거룩한 도시' 이다. 마을 이름에 '거룩한' 이라는 수식어가 붙은 이유는, 옛날 옛적에 오스트리아와 슬로베니아 지역이 고대 로마제국의 속국으로서 노리쿰(Noeicum)으로 불리던 시절 성 세베리누스(St. Severinus, 410~482)가 이 지역에서 포교활동을 했기 때문이라고 한다.

베토벤은 1802년 4월, 의사 요한 슈미트(Johann Schmidt)의 처방에 따라, 비엔나 중심부에서 북쪽으로 5킬로미터 떨어진 도나우 강변의 작은 마을 하일리겐슈타트 지역에서 휴양했다. 당시 베토벤의 청력

프로부스가세 6번지 베토벤 기념관 입구

은 실제로 다소 나아졌다고 한다.

베토벤은 프로부스가세 6번지(19. Probusgasse 6)에 부엌이 딸린 방 두개를 빌렸다. 〈교향곡 제2번〉, 〈피아노 변주곡, Op.34〉, 〈에로이카 변주곡, Op.35〉를 이곳에서 작곡했다. 그리고 10월 6일 32세라는 한창 나이에 '하일리겐슈타트 유서(Heiligenstädter Testament))'로 알려진 긴 문서를 썼다.

1970년 베토벤 탄생 200주년을 맞아 비엔나 시는 이곳을 매입하여 베토벤 기념관으로 만들었다. 그러나 오스트리아의 역사학자이며 저널리스트인 루돌프 클라인(Rudolf Klein)은 『베토벤의 오스트리아 거주지』(Beethoven-Stätten in Oesterreich, Elisabeth Lafitte, Vienna, 1970)에서 베토벤이 프로부스가세에서 살았다는 실질적인 증거는 없다고 썼다.

베토벤 기념관 안마당

또한 베토벤이 이 집에 잠시 들려 하루 이틀을 지냈을 수는 있지만 그 이상으로 살지는 않았기 때문에 프로부스가세의 집은 상징적인 기념장소일 뿐이라고 주장했다.

하일리겐슈타트 유서

'하일리겐슈타트 유서'는 악보가 아닌 것으로는 베토벤이 쓴 가장 중요한 문서일 것이다. 물론 이것 못지않게 '불멸의 연인'에게 보내는 그의 편지도 중요한 문서로 알려져 있다.

1802년 여름 어느 날 제자 페르디난트 리이스가 문병 겸 가르침을 받고자 하일리겐슈타트 프로부스가세로 베토벤을 찾아왔다. 두 사람은 산책을 나갔다. 리이스는 졸졸 흐르는 시냇물소리와 목동의 피리소리, 새들의 노랫소리가 흥겹다고 베토벤에게 말했다. 그러나 베토벤의 귀에는 아무것도 들리지 않았다. 며칠 후 베토벤은 두 동생에게 장문의 편지를 쓴다.

베토벤은 이 편지에서 자신의 귀가 들리지 않음을 처음으로 밝혔다. 내용은 귀가 들리지 않은 데 따른 침울한 감정과 만약 자신이 죽었을 때 유산처리 문제 등을 담고 있다. 그래서 음악학자들은 이 편지를 단순한 편지가 아닌 유서(遺書)라고 표현한다(하지만 동생들에게 실제로 붙이지는 않았고, 이 문서는 1827년 3월 26일 베토벤이 사망한 후 유품 속에서 발견되었다).

내 동생들, 카를과 ……

세상 사람들은 나를 보고 내가 사람들을 싫어하고, 고집 세고, 적대적이라고 생각하거나 그렇게 말들을 한다. 사람들은 그런 말이 얼마나 나를 모르고 하는 소리인지 알지 못한다. …… 나는 귀가 들리지 않아. …… 당신들이 하는 소리를 듣지 못한다는 말이야!

어릴 적부터 나의 가슴과 머리는 선의를 행하려는 고귀한 생각으로 가득 차 있었다. 언제나 위대한 일을 이루려고 하였으나 …… 지난 6년 동안 나는 회복될 기미가 보이지 않는 병을 앓아왔고, 무지한 의사들에 의해 더욱 악화되었으며, 해마다 좀 나아질 것이라는 희망으로부터 배반당했다. …… 치료하는 데 몇 년이 더 걸리거나 혹은 치료가 불가능하다고 판정이 날지도 모른다. …… 다른 사람에게 들리는 목동의 노랫소리를 나는 전혀 들을 수 없다. 그럴 때면 절망에 빠져 스스로 죽어버리고 싶은 생각밖에 들지 않는다. 오직 예술만이 나를 지탱해줄 뿐이다. …… 내가 소명받은 작곡을 마무리 하기 전에 이 세상을 영원히 떠난다는 것은 나로서는 생각할 수 없기 때문이다. …… 잘 있어라. 그리고 서로 사랑해라. …… 모든 친구들, 특히 리히노프스키 대공과 슈미트 박사에게도 고마움을 전해줘. …… 리히노프스키 공이 주신 악기들은 너희 중 하나가 보관해다오. …… 돈이 된다면 처분해도 좋다.

10월 10일 추신

이것으로 너희에게 작별을 고한다. …… 가슴이 환희로 가득 차던 때가 너무나 오래되었다. 아 언제, 아 언제, 거룩한 분이시여, 자연과 인간의 전당에서 제가 그 환희를 다시 맛볼 수 있을까요? 절대로, 절대로, 안 된다. …… 그것은 너무나 가혹하다. …… 마치 가을에 잎새들이 이울고 떨어지듯이, 그렇게 나의 삶 또한 황폐해졌다. 이 세상에 태어나자마자, 그렇게 나는 지금 간다. 아름다운 여름날 나를 들뜨게 했던 그 용기마저도 지금은 사라졌다.

하일리겐슈타트 편지의 내용은 유서라기보다는 사실상 자신의 사상을 피력하고 있다. 역설적으로 베토벤의 청각장애가 오히려 위대한 음악을 창조하는 데 공헌했다는 주장도 있다. 베토벤이 자기의 청각장애를 비로소 인식하고 실의에 빠진 이듬해에 음악사적으로 혁명적인 작품인 교향곡 제3번 〈에로이카〉가 태어났기 때문이다. 베토벤은 18세기의 틀에 박힌 음악에서 탈출하듯 이 곡을 만들었다. 이것은 질병과 고독과 시련과의 투쟁의 결과였다.

10월 말 베토벤은 하일리겐슈타트에서 쓴 편지를 동생들에게 부치지 않고 하일리겐슈타트에서 비엔나 시내로 돌아와 페터스플라츠 11번지로 이사한 뒤 1803년 4월까지 주소지로 삼았다. 하일리겐슈타트에서 절망하고만 있지 않았던 것이다. 나중에 베겔러에게 보낸 편지에 베토벤은 삶의 의지를 이렇게 표현한다.

> 내 직업이 음악가가 아니라면 이런 병쯤은 충분히 견딜 수 있어. 그러나 음악가에게는 치명적인 병이 아닐 수 없지. 나의 수많은 적들이 이 소식을 들으면 어떤 반응을 보일지 매우 두려워. ……
>
> 나는 운명의 목을 움켜쥐겠다. …… 만일 '나의 시련만 없앨 수 있다면' 나는 '온 세상을 껴안을 수 있을 것'이다.

베토벤은 평생 시련 속에 있었지만 운명의 목을 움켜쥐고 세상을 껴안는 일을 해내었다. 훗날 베토벤은 다시 하일리겐슈타트로 가서 〈교향곡 제6번〉, 즉 〈전원 교향곡〉을 작곡한다. 1807년 메모에는 이렇게 적혀 있다.

> 나의 전원 교향곡은 그림이 아니다. 그 안에는 사람들 속에 깃들인, 전원생활의 즐거움이 불러오는 감정이 표현되어 있고, 그 안에서 전원생활의 느낌 하나하나가 이름 지어졌다

예네바인가세 17번지

베토벤은 1802년 말 혹은 1803년 초 예네바인가세 17번지(21. Jeneweingasse 17)에 있는 에르되디 백작 부인의 별장에서 잠시 머물렀다.

예네바인가세 17번지 에르되디 백작 부인의 별장

에르되디 백작 가문은 브라티슬라바에서 동남쪽으로 30킬로미터 떨어진 곰바-휴비체(Gomba-Hubice)에 대규모 영지를 소유하고 있었고, 비엔나 북쪽 클로스터노이베르크(Klosterneuberg)에서 가까운 예들러제(Jedlersee)에도 큰 별장이 있었다. 뛰어난 피아니스트였던 에르되디 백작 부인(Countess Anna Marie Erdödy, 1779~1837)은 1796년 결혼했지만 1807년 남편과 별거했고, 1812년 정식으로 이혼했다.

베토벤이 에르되디 백작 부부를 처음 만난 것은 1802년 줄리에타 귀차르디와의 관계가 막을 내릴 때였다. 에르되디 부인은 첫 아이를 난산하면서 척추가 마비되어 몸이 불편한 사람이었다. 에르되디 부인은 친구들과 베토벤을 자신의 별장에 자주 초대했다. 두 사람은 한층 더 가까워졌고, 베토벤은 공공연하게 그녀를 "내 사랑, 내 사랑,

에르되디 백작 부인의 흉상 부조

내 사랑, 내 사랑"이라고 불렀다. 두 사람의 이야기는 뒤에서 이어진다.

예네바인가세 17번지는 오늘날은 비엔나 제21구역에 속하지만, 당시는 물론이고 오늘날도 교통이 불편하다. 우선 지하철 U6번의 북쪽 종점인 플로리스도르프(Florisdorf) 역에서 내려 버스 33B를 타고(버스 역은 지하철역에서 한 블록 건너가야 한다), 예네바인가세 입구에서 내려 조금 걸어가면 왼쪽으로 집이 보인다. 베토벤과 에르되디 부인의 흉상 부조가 벽에 붙어 있는 이 건물의 내부는 작은 박물관으로 꾸며져 있다.

테아터 안 데어 빈과 에마누엘 쉬카네더

1803년 1월 테아터 안 데어 빈 극장의 극장주 에마누엘 쉬카네더는 베토벤을, 링케 빈차일레 6번지(6. Linke Wienzeile 6) '비엔나 강변에 면한 극장'이라는 의미를 갖고 있는 테아터 안 데어 빈 극장(Theater an der Wien)의 작곡자로 임명했다. 베토벤은 4월부터 1804년 초까지 동생 카스파르와 함께 극장 뒤편 방에서 잠깐씩 거주했다. 베토벤은 극장 뒤편 방은 사람들을 만나는 용도로 사용했고 작곡은 대

안 데어 빈 극장

부분 다른 곳에서 했다.

베토벤은 오라토리오 〈감람산의 그리스도, Op.85〉를 2월에 완성했다. 예수가 감람산에서 기도를 드리고 체포되는 장면을 묘사한 것으로 대본은 성서에서 직접 따온 것이 아니라 시인 프란츠 후버(Franz Huber, 1760~1822)와 공동으로 작업한 것이었다.

4월 5일 베토벤은 테아터 안 데어 빈에서 〈교향곡 제2번〉을 초연했다. 〈교향곡 제2번〉을 작곡할 무렵인 1801에서 1802년 사이 베토벤은 귀가 잘 들리지 않아 하일리겐슈타트로 종종 요양을 갔다. 하지만 브룬스비크-귀차르디 가의 3명의 처녀들로 인해 베토벤의 마음은 늘 들떠 있었다. 그래서인지 〈교향곡 제2번〉과 그 무렵 작곡된 작품들은 밝고 즐거운 분위기를 갖고 있다. 〈교향곡 제2번〉은 음악 양식적으로

테아터 안 데어 빈 앞 보도에 깔린 베토벤 사인

테아터 안 데어 빈 앞 보도에 깔린 쉬카네더 사인

변화를 가져온 곡이다. 전통적으로 미뉴에트(minuet, 우아하고 약간 빠른 춤곡 형식)를 사용하던 제3악장에 스케르초(scherzo, 재미있고 익살스러운 음악적 농담 형식)를 사용한 것이다. 어찌 보면 이 곡에는 "불행에 대한 생각을 떨쳐버리는 가장 좋은 방법은 작곡에 열중하는 것"이라는 베토벤의 철학이 담겨 있는지도 모른다.

에마누엘 쉬카네더(Emanuel Schikaneder, 1751~1812)는 오페라와 연극을 공연하는 유능한 흥행사였다. 쉬카네더는 1786년 궁정으로부터 도나우강의 지류 비엔나강(Wienfluss)에 자신의 전용극장 테아터 안 데어 빈의 신축 허가를 받았지만 자금이 부족하여 실제 공사는 착수하지 못하고 있었다(이 극장은 이름처럼 비엔나 강변에 들어섰지만 현재 비엔나강은 복개돼 노천시장으로 바뀌었다).

그러다가 1791년 자신이 직접 대본을 쓴 모차르트의 〈마술피리〉가 연일 매진되면서 대박을 터트렸다. 쉬카네더는 훌륭한 바리톤으로 〈마술피리〉의 초연에서 파파게노역을 맡았고 그의 세 아들은 세 소년의 역할을 맡았다. 쉬카네더는 그렇게 번 돈으로 1798년 프란츠 야거(Franz Jager)와 요제프 라이문트(Joseph Reymund)에게 설계를 맡기

테아터 안 데어 빈 극장 정문 위 쉬카네더와 그의 아들들

고 전용극장 공사에 들어갔다. 극장 정문 위에는 파파게노 모습을 한 쉬카네더 자신과 〈마술피리〉 초연 때 함께 출연한 3명의 아들 모습을 돌로 조각하여 세웠다.

1801년 6월 13일 테아터 안 데어 빈은 프란츠 타이버(Franz Teyber, 1758~1810)의 오페라 〈알렉산더〉로 개관 공연을 했다. 쉬카네더는 극장 안에 숙소를 따로 마련해주고 베토벤이 작곡에 몰두하도록 후원했는데, 베토벤은 1803년부터 3년간 드문드문 이곳에서 살았다. 베토벤의 교향곡 〈제2번〉, 〈제3번〉, 〈제5번〉, 〈제6번〉이 이곳에서 초연되었고, 1805년 11월 20일 베토벤의 오페라 〈피델리오〉가 〈레오노레〉라는 제목으로 초연되었다.

쉬카네더의 무대는 날이 갈수록 점점 더 호화로워졌으며, 지출이 엄청나게 늘어갔다. 야망 혹은 욕심이 과했는지, 아니면 경영에 실패했는지, 쉬카네더는 1804년 이 극장을 페터 폰 브라운 남작(Baron Peter Freiherr von Braun)에게 처분하고 비엔나를 떠나 체코의 브루노(Brno), 비엔나 북쪽 스타이르(Steyr), 그리고 헝가리의 부다페스트에서 극장을 경영했다. 하지만 결국 정신이상자가 되어 가난하게 살다가 1812년 9월 21일 비엔나에서 61세로 사망했다.

그 후 테아터 안 데어 빈은 19세기에는 오페레타 극장으로 사용되었고 요한 슈트라우스의 〈박쥐〉, 레하르의 〈메리 위도〉 등이 초연됐다. 20세기에는 제2차 세계대전 중 빈 스타츠오퍼가 공습으로 파괴되자 이곳으로 무대를 옮겼고, 20세기 후반에는 뮤지컬이 공연되었다. 2006년 테아터 안 데어 빈은 모차르트 탄생 250주년을 맞아 오페라 극장으로 재탄생했고 1월 8일 플라시도 도밍고 지휘로 빈 심포니의 갈라 콘서트를 시작으로 하여 〈이도메네오〉 등 모차르트의 초기 작품을 공연했다. 나는 이 역사적 공연을 보았다.

베토벤은 1803년 쉬카네더의 요청으로 처음으로 오페라 작곡을 시도한다. 4월에 작곡을 시작한 오페라는 쉬카네더가 대본을 쓴 〈진리의 불(Vestas Feuer)〉이었는데, 작곡의 진행속도가 느려서 12월 말까지 2개의 아리아만 작곡하고 중단했다.

브릿지타워와 〈크로이체르 소나타〉

1803년 5월 24일 베토벤은 아우가르텐 공원에서, 영국의 왕 조지 3세 앞에서 자주 연주를 했던 영국 출신 유명 바이올리니스트 조지 브릿지타워(George Bridgetower, 1779~1860)와 함께 〈바이올린과 피아노를 위한 소나타 제9번, Op.47〉, 일명 〈크로이체르 소나타〉를 초연했다. 베토벤은 브릿지타워의 요청으로 이 곡을 작곡하고는 1803년 5월 24일 이그나츠 슈판치히가 주최한 아우가르텐 공원 연주회에서 연주했다.

아우가르텐(Augarten)은 17세기부터 황실 정원이었는데, 1775년 요제프 2세 황제가 시민들에게 개방했다. 정문 입구에는 "그대들의 보호자가 이곳을 그대들에게 선물한다."라는 명패가 붙어 있다. 아우가르텐에는 1782년에 만들어진 정자가 그대로 있다. 이곳에서 음악가들이 공연을 하곤 했는데, 모차르트와 슈베르트도 주요 연주자였다.

베토벤은 브릿지타워가 바이올린 파트를 연주하자 그 연주에 감명을 받아 피아노에서 일어나 브릿지타워에게 다가가서 포옹을 하고는 다시 돌아와 자신의 파트를 연주했다. 그날 청중으로는 영국 대사, 루돌프 대공, 리히노프스키, 로프코비츠 등 명사들로 가득했다. 베토벤은 이 곡의 제목을 '한 변덕스런 혼혈인을 위한 소나타(Sonata per uno mulaticco lunattico)' 로 적었는데, 그 이유는 조지가 흑백 혼혈인이었고 또 성미가 고약했기 때문이다.

원래 이 곡은 브릿지타워에게 헌정되었으나 그와 다툰 후 베토벤은 헌정의사를 포기했다. 사건의 전말은 이렇다. 어느 날 브릿지타워와 베토벤이 술자리를 함께 했는데, 브릿지타워가 베토벤이 알고 지내는 한 여인에게 나쁜 말을 하자 베토벤은 불같이 화를 내었고 악보를 돌려받아 헌정의사를 포기했다. 조지가 깊이 사과했지만 베토벤은 요지부동이었다. 그것으로 두 사람의 관계는 끝났다.

아우가르텐 입구

베토벤은 나중에 이 곡을 프랑스의 위대한 바이올리니스트 루돌프 크로이체르에게 헌정했다. 하지만 크로이체르는 이 곡을 연주불가로 취급했다. 크로이체르는 다음과 같이 말하면서 자신에게 헌정된 이 곡을 공개연주하지도 않았다.

"베토벤이라는 작자는 바이올린에 대해서 뭘 몰라!"

톨스토이의 소설 『크로이체르 소나타』: 도대체 사랑이란 얼마나 오래가는 것입니까?

베토벤이 사망한 다음해 태어난 레프 니콜라예비치 톨스토이(Lev Nikolaevich Tolstoi, 1828~1910)는 1890년 베토벤의 〈바이올린 소나타 제9번, Op.47〉의 제목을 그대로 딴 소설 『크로이체르 소나타』를 발표했다.

소설의 주인공 러시아의 귀족 포즈도누이세프는 젊음을 향락으로 탕진하다가 청순한 여자를 만나 결혼하지만, 그가 아내에게 기대하는 것은 오직 성적 쾌락뿐이다. 그는 아내에게는 일방적으로 정숙함과 가정에 대한 의무를 묵시적으로 요구하는 이중성을 지니고 있다. 아내는 다섯 명의 아이를 낳고, 정신생활이 결핍된 상태에서 주로 피아노를 치며 소일한다. 그러던 어느 날 운명의 남자인 한 바이올리니스트가 등장한다. 아내와 바이올리니스트가 베토벤의 〈크로이체르 소나타〉를 연주하는 모습을 보며 주인공은 아내를 질투하고 의심하게 된다.

며칠 후 출장을 떠난 주인공은 아내에 대한 의심으로 밤새 잠을 못 이루다가 일도 팽개치고 집으로 돌아온다. 그리고 다정한 모습으로 함께 있는 아내와 바이올리니스트를 발견한다. 결국 질투에 눈이 먼 주인공은 아내를 칼로 찔러 살해한다. 주인공은 법정에서 남녀 간의 사랑은 육욕을 정당화하는 구실에 불과하며 인간의 이상은 금욕에 두어야 한다고 주장한다. 다음은 주인공이 기차속에서 낯선 사람과 나누는 대화이다.

"사랑이란 무엇입니까?"

"사랑이란 남녀가 어떤 한 이성을 다른 사람들보다 특별히 좋아하는 것이지요."

"얼마 동안이나 좋아하는 겁니까? 한 달? 두 시간? 아니면 30분?"

"결혼은 첫째로 사랑, 이것을 서로 좋아하는 것이라고 불러도 좋은데, 그 사랑에서부터 시작되어야 한다는 것입니다. 그런 사랑이

확실히 있다면 그 경우에만 결혼은 신성함을 갖추게 됩니다. 그렇기 때문에 기본적으로 진정한 사랑이 담보되어 있지 않은 모든 결혼은 윤리나 의무를 지니지 않습니다. 내가 이해하는 게 맞습니까?"

"내 말은 그게 아닙니다. 나는 남자나 여자나 한 사람을 다른 사람보다 더 사랑하는 것에 대해 말하고 있습니다. 한 가지만 묻겠습니다. 누가 누구를 얼마 동안 더 사랑한다는 겁니까?"

"얼마 동안이냐고요? 오랫동안이죠. 때로는 평생 동안일 수도."

"그런 사랑은 소설에나 있는 것이지, 실제 인생에는 없습니다. 살다 보면 한 여자를 다른 사람보다 더 사랑하는 것은 일 년쯤 가는 경우도 드물죠. 보통 몇 달이면 끝나죠. 때로는 몇 주일 또는 며칠, 몇 시간에 끝나고 맙니다."

재판부는 아내의 불륜을 인정하고 주인공은 무죄를 선고받고 출감한다. 톨스토이는 이 소설을 통해 무엇을 말하고자 했을까? 주인공의 생각과 참회의 감정은 유효한 것일까? 〈크로이체르 소나타〉를 작곡한 베토벤은 왜 자신이 그런 상태에 있었는지 알고 있었을 것이다.

톨스토이는 인간의 본질을 추구했고 자기가 추구한 바대로 살았다. 농업경영과 농민생활 개선을 위해 노력했고 학교를 세우고 교육잡지를 간행했다. 『전쟁과 평화』, 『안나 카레니나』 등 대작을 집필하며 세계적인 작가로서의 명성을 얻었지만 1870년대 후반에 죽음에 대한 공포와 삶에 대한 회의에 시달리며 심한 정신적 갈등을 겪었다. 이후 원시 그리스도교에 복귀하여 러시아 정교회와 사유재산제도에 비판을 가하며 종교적 인도주의, 즉 톨스토이즘을 일으켰다.

직접 농사를 짓고 금주, 금연 등 금욕적인 생활을 하며 빈민구제활동을 펼치기도 한 그는 1899년 발표한 소설 『부활』에서 러시아 정교를 비판했다는 이유로 1901년 파문을 당한다. 1910년에는 사유재산과 저작권 포기 문제로 부인과의 불화가 심해지자 집을 나와 방랑길에 나섰다가 폐렴에 걸려 아스타포보역(현 톨스토이역) 역장 관사에서 82세의 나이로 숨을 거둔다.

톨스토이의 『크로이체르 소나타』에 나오는 다음의 대화 중에서 마지막 질문은 베토벤이 대답해야 할 질문이다.

"사랑이란 무엇입니까?"

"사랑이란 남녀가 어떤 한 이성을 다른 사람들보다 특별히 좋아하는 것이지요."

"얼마 동안이나 좋아하는 겁니까? 한 달? 두 시간? 아니면 30분?"

제7장

영웅을 찾아서

1804～1807

에로이카하우스

베토벤은 1803년 여름에는 바덴에 잠시 머물렀고 그 후 호프차일레 15번지(19. Hofzeile 15) 혹은 되블링거 하우프트슈트라세 92번지(19. Döblinger Hauptstraße 92)에서 지내면서 〈교향곡 제3번〉, 〈발트슈타인 소나타, Op.53〉 등을 작곡했다. 〈교향곡 제3번〉을 '영웅 교향곡'으로 부르듯이, 빌헬름 폰 렌츠는 〈발트슈타인 소나타〉를 '피아노의 영웅 교향곡' 이라고 불렀다. 베토벤의 피아노 소나타는 〈발트슈타인 소나타〉 이전까지는 유능한 아마추어 피아니스트들이라면 연주할 수 있는 것들이었다. 그러나 〈발트슈타인 소나타〉는 피아노와 연주자의 기량을 극한까지 몰고 갔고, 연주는 오케스트라와 유사한 효과를 냈다. 어떤 사람은 이 곡을 단테의 〈신곡〉에 나오는 연옥과 비유하기도 한다.

흔히 되블링거 하우프트슈트라세 92번지를 에로이카하우스(Eroicahaus)로 부르지만, 사실 〈영웅 교향곡〉을 작곡한 장소는 이곳이 아니라 호프차일레 15번지라는 주장이 있다(일부 학자들은 하우프트슈트라세 19번지라고 주장한다). 내가 호프차일레 15번지를 찾았을 때는 현대식 아파트를 짓고 있었다.

베토벤은 1803년 여름부터 1804년 여름까지 오버되블링 지역에 거주하면서 〈교향곡 제3번〉, 일명 에로이카(Eroica)를 작곡했다. 19세기 말 비엔나의 음악 애호가들은 베토벤이 살았던 집들을 추적하기 시작했는데, 베토벤이 1804년 5월에서 가을까지는 가르니존가세 9-11번지에서 살았고, 그해 여름에는 바덴에 가서 장기체류한 사실은 확인했으나 〈에로이카〉를 되블링거 하우프트슈트라세 92번지에서 작곡한 것으로 생각하고 그곳에 '에로이카하우스'라는 이름을 붙이고 베토벤이 살던 방으로 추정되는 곳에 몇 개의 원본 악보 및 서류들과 베토벤의 흉상을 전시했던 것이다.

베토벤은 1803년 5월부터 〈교향곡 제3번〉을 작곡하기 시작하여 1804년 초에 완성했다. 베토벤은 나폴레옹을 프랑스혁명 사상, 즉 자유, 평등, 박애를 구현할 영웅으로 존경한 것은 사실이지만 나폴레옹에 대한 감정은 여러 번 바뀌게 된다.

1799년 11월 9일 쿠데타를 일으켜 프랑스의 제1통령이 된 후, 나폴레옹은 프랑스혁명 기간에 교회재산을 몰수해 빚어진 프랑스 정부와 교황청과의 불화를 끝내기 위해 1801년 7월 15일에 교황 피우스 7세와 종교협약을 맺었다. 그 직후 1802년 4월 8일 라이프치히의 호프마이스터 출판사는 이를 축하하는 소나타 한 곡을 베토벤에게 주문했지만 베토벤은 이에 대해 격렬하게 거부했다.

"악마에게라도 홀렸소, 호프마이스터 씨? …… 다시 기독교가 지배하기 시작하는 이 시대에 나보고 그런 소나타를 제안하다니 …… 그런 일이라면 나를 빼주시오."

그러나 1803년 5월에는 〈영웅 교향곡〉을 스스로 작곡하여 나폴레옹에게 헌정하기로 마음을 먹는다. 그 이유는 무엇인가? 첫째, 베토벤은 나폴레옹의 이념을 다시 좋아한 것으로 볼 수 있다. 플루타르크의 정신으로 길들여진 로마적 공화주의자였던 베토벤은 '승리의 신'인 나폴레옹의 손으로 기초가 다져진 영웅적인 공화국을 꿈꾸고 있었다. 그래서 베토벤은 자신의 〈교향곡 제3번〉에 '보나파르트' 라는 부제를 달고 1804년 조금씩 다듬기 시작했다.

둘째, 베토벤은 보다 현실적이고 경제적인 판단을 했을 수 있다. 33세의 베토벤은 프랑스로 가서 나폴레옹 밑에서 직업을 구할 생각도 했을지 모른다. 베르나도트가 통로 역할을 할 수도 있었을 것이다. 음악 역사에서 그런 예는 많다. 이탈리아를 대표하는 오페라 작곡가로 모차르트에게도 영향을 주었으며, 베토벤도 그의 아리아 주제로 변주곡을 쓴 적이 있는 파이지엘로(Giovanni Paisiello, 1740~1816)는 페테르부르크, 비엔나를 거쳐 나폴리의 페르디난도 왕의 궁전에서 활동하다가 1792년 나폴레옹의 초청으로 파리에서 활동했다. 나폴레옹은 파이지엘로를 교회음악 책임자 겸 튀일리 궁정악단의 지휘자로 임명했다. 파이지엘로는 1806년에 레지옹 도뇌르 훈장을 받았다.

18세기 후반 '이탈리아의 모차르트'라고 불리었던 치마로사(Domenico Cimarosa, 1749~1801)는 1787년 예카테리나 2세의 초청으로 조반니 파이지엘로의 후임 궁정음악가로서 페테르부르크에서 활동했고,

1790년경에는 오스트리아 레오폴트 2세 황제의 초청으로 비엔나에서 활동했다. 1792년 〈비밀결혼〉이 비엔나에서 초연될 당시 앙코르 공연은 기네스북에 가장 장기간의 앙코르 공연으로 기록되어 있다. 레오폴트 2세 황제는 이 작품을 좋아하여 치마로사에게 1792년 2월 약 5,000플로린을 하사했다.

1792년 파이지엘로가 튀일리 궁정악단 지휘자로 초빙되고, 치마로사가 엄청난 포상금을 받은 소문은 이제 막 비엔나에 온 베토벤의 귀에도 들어갔다. 그로부터 10년 후 〈영웅 교향곡〉을 쓸 무렵 베토벤은, 리히노프스키를 비롯한 초기의 후원자들보다 더 힘이 있는 새로운 후원자가 필요했고 또 안정적인 직업을 원했다. 베토벤의 그런 필요를 충족시켜준 사람은 바로 루돌프 대공이었다.

오페라 레오노레

1804년 4월 테아터 안 데어 빈이 궁정극장의 감독 페터 폰 브라운 남작(Baron Peter Freiherr von Braun)에게 소유권이 이전되고, 베토벤은 테아터 안 데어 빈에서 나온다.

〈피델리오, Op.72〉는 베토벤이 완성한 유일한 오페라 작품이다. 베토벤은 9개의 교향곡, 16개의 현악4중주, 32개의 피아노 소나타 등 많은 곡을 작곡했고 또 성공했으나, 오페라는 단 1개의 작품만 썼다. 〈피델리오〉는 일종의 구원 오페라인데, 처음에는 성공을 거두지 못했다.

1804년 베토벤은 호프부르크 극장의 관리인 겸 대본가 요제프 존라이트너(Joseph Sonnleithner, 1766~1835)와 함께, 〈피델리오〉의 전신인, 〈레오노레〉를 작곡하기 시작한다. 당시는 프랑스 대혁명(1789~1799)이 막 끝난 시기였고 또 왕정에 항거하는 민중들의 해방과 자유주의 정신에 공감했기 때문에 베토벤은 통속적인 주제보다는 자유, 평등, 박애라는 프랑스 대혁명의 정신을 담을 수 있는 소재를 원했다.

베토벤은 테아터 안 데어 빈에서 나와 1804년 5월부터 6월까지 가르니존가세 9-11번지(19. Garnisongasse 9-11) 로테스 하우스(Rotes Haus)에서 살았다. 이곳은 가르니존가세, 프란크가세(Frankgasse), 로텐하우스가세(Rotenhausgasse) 사이에 있다. 이곳에서 베토벤은 〈교향곡 제5번〉도 작곡하기 시작했다.

나폴레옹 자신을 황제라 선포하다

5월 18일 페르디난트 리이스가 베토벤에게 헐레벌떡 뛰어 들어와 커다란 소리로 외쳤다.

"선생님, 무슨 일이 일어났는지 아세요? 5월 20일, 나폴레옹 보나파르트가 황제의 자리에 오르겠다고 선포했어요!"

베토벤은 무슨 말인지 잘 들리지 않아서 이렇게 말했다.

"리이스, 침착하게. 방금 한 말을 이 노트에 써보게!"

글을 읽고 난 베토벤은 화가 머리끝까지 치솟아 이렇게 소리쳤다고 한다.

"역시 나폴레옹도 한낱 보잘것없는 졸장부에 지나지 않는군! 아마 이제부터는 인간의 권리를 발밑에 깔아뭉개고 자신의 야심만 충족시키려 하겠지. 그리하여 다른 사람들보다 한층 높은 자리에서 폭군이 될 게 틀림없어!"

그렇게 말하고는 '보나파르트를 위하여' 라는 제목이 붙은 악보를 박박 찢어 바닥에 내동댕이쳤다는 이야기가 전해온다. 이 에피소드는 민주 공화주의를 원하는 한 지식인이 독재자에게 과감히 맞서는 영웅적인 모범으로 회자되고 있다.

좀 더 구체적으로 설명하면 리이스가 그 소식을 전하기 직전은 베토벤이 보나파르트에게 헌정하려던 그 악보를 프랑스 대사관을 통해 파리로 보내려고 하던 찰나였던 것이다. 그 소식을 들은 베토벤은 화가 나서 책상으로 달려가 그 위에 있던, 위쪽에는 '보나파르트에게', 아래쪽에는 '루트비히 판 베토벤' 이라고 씌어 있는 총보의 겉표지를 떼어내었고, 그 다음 악보 첫 페이지의 'Intitotula Bonaparte(보나파르트로 제목을 붙인다)' 라는 글씨를 종이가 구멍이 날 정도로 심하게 문질렀다. 박물관에 보존된 악보에는 'Intitotula Bonaparte' 라는 글자가 희미하게 보인다.

그로부터 한참 시간이 지난 뒤인 1806년 10월, 제목을 '영웅 교향곡, 위대한 인물에 대한 추억을 기리며'로 다시 정해 출판했다. 이를 간단히 〈영웅 교향곡〉이라고 부른다.

〈교향곡 제3번〉이 〈영웅 교향곡〉으로 불리게 된 데는 우여곡절이 있었다. 베토벤은 1804년 8월 26일 〈교향곡 제3번〉을 출판사에 보낼 때 편지에 "작품의 표제는 사실 '보나파르트'예요"라고 썼다. 그 사이에 로프코비츠 대공이, 이 곡을 자신에게 헌정하고 반년 동안 독점 연주권을 주면 베토벤에게 400두카트를 주겠다고 제안을 한 것이다. 베토벤은 이 곡을 나폴레옹에게 헌정한다 해도 당장 어떤 자리가 보장되는 것이 아니므로 우선 단기적인 실익을 확보하기 위해 곡을 로프코비츠에게 헌정하기로 한다. 그러나 나중에 출판을 할 때는 작품의 이름을 'Bonaparte Symphony'로 할 작정이었다. 그러니까 나폴레옹이 황제가 된 후에도 베토벤은 같은 제목을 고수했던 것이다. 2년 후 출판할 때 곡의 이름을 〈영웅 교향곡(Sinfonia Eroica)〉으로 바꾼 한 가지 이유는 베르나도트 장군이 그렇게 제안을 했기 때문이라는 설이 있다. .

슈테판 폰 브로이닝

1804년 5월에서 6월까지 로테스하우스에서 슈테판 폰 브로이닝과 함께 하숙을 하던 베토벤은 6월 말 슈테판과 대판 싸우고 나온다. 베토벤은 이 일과 관련하여 심경을 고백하는 편지를 페르디난트 리이스에게 띄웠다.

> 브로이닝과 다툰 일 때문에 아마 자네는 놀랐겠지. …… 내 성질이 폭발한 것은 예전부터 브로이닝 때문에 언짢았던 일이 쌓이고 쌓이다 마침내 터진 거야. ……
>
> 1804년 7월 24일 바덴에서 페르디난트 리이스에게

1806년 슈테판은 존라이트너가 쓴 〈레오노레〉의 대본을 수정하여 두 번째 판본을 만들었다. 1808년 베토벤은 슈테판에게는 자신의 유일한 〈바이올린 협주곡〉을, 그의 부인 율리 페링(Julie Vering)에게는 피아노곡을 헌정했다. 율리 페링은 베토벤 주치의의 딸이었으나 결혼 다음해 사망했고, 슈테판은 나중에 콘스탄체 루스코비츠

(Constanze Ruschowitz)와 재혼했다. 슈테판은 베토벤의 까다로움, 괴팍함, 변덕, 오해 등을 잘 받아준 진정한 의미의 최고의 친구였다. 슈테판은 베토벤이 사망하고 두 달 후에 죽었다. 그는 원래 간이 좀 나빴는데 베토벤이 사망한 후 상실감에 힘들어하다가 베토벤의 유품 경매에 참석한 후 쓰러져 다시는 일어나지 못했다.

베토벤은 슈테판과 싸우고 로테스하우스에서 나와 7월과 8월 사이에는 호프차일레 15번지 혹은 되블링거 하우프트슈트라세 92번지에서 거주했다. 베토벤은 여름이면 비엔나에서 남쪽으로 18마일 떨어져 있는 오스트리아의 주요 온천지역인 바덴에 자주 갔다. 바덴은 비엔나를 제외하면 베토벤이 가장 자주, 그리고 오래 머물렀던 곳이다. 베토벤은 1804년 여름부터 시작하여 1825년까지 17번이나 바덴으로 갔으며, 그곳에서도 주소를 7번이나 바꾸었다.

바덴의 헬레넨슈트라세(Helenenstrasse)를 따라가면 헬렌탈(Helenenthal) 마을이 나오고 슈베하트(Schwechat) 강이 흐른다. 헬렌탈에는 베토벤이 산책하다가 잠시 쉬었다는 베토벤 바위가 있다. 강 양쪽으로는 높은 산과 깊은 숲이 있다. 꼭대기에는 13세기의 성터 부르크 라우헤네크(Burg Rauheneck)와 중세시대의 라우헨슈타인 성터(Burg Rauhenstein)가 있는데, 베토벤이 조카 카를과 자주 산보를 가던 곳이다. 길 입구에 베토벤 산책길(Beethovenweg)이라는 팻말이 있다.

파스쿠발라티하우스

베토벤은 바덴에서 돌아와 1804년 8월부터 1808년까지 주소지를 묄커 바스타이 8번지(1. Mölker Bastei 8) 파스쿠발라티하우스(Pasqualatihaus) 5층으로 정했다. 페르디난트 리이스가 물색한 집이다. 이곳에서 큰길 건너 바로 내려다보이는 건물이 비엔나 대학이다. 묄커 바스타이라는 말은 이곳은 지대가 높아 과거에는 비엔나 왕궁을 방어하는 거대한 방어벽이 있었고 또 포대(砲臺)가 있었기 때문이라고 한다.

베토벤이 비엔나에서 활동한 기간(1792~1827)은 약 35년이다. 비엔나에서만 주소지가 30군데를 넘는다. 멋대로 집을 고쳐 집주인과 싸우고, 세수를 할 때는 똑바로 선 채로 물을 뒤집어써 아래층으로 물이 새고, 까다롭게 굴어 이웃과 다투고, 한밤중에 두들기는 피아노 소리에 옆방 사람이 항의하는 등 집을 옮기는 이유는 셀 수 없이 많았다. 베토벤은 하일리겐슈타트, 바덴, 뫼들링, 헤첸도르프 등 여름이면 비엔나 근교도시로 장기간 피서를 갔기 때문에 이런 것까지 합하면 베토벤의 거주지 목록은 70군데가 넘는다. 그중에서 베토벤이 가장 좋아했던 거처는 묄커 바스타이에 있는 파스쿠발라티 남작(Baron Johann Pasqualati, 1777~1830) 소유 파스쿠발라티하우스 5층이었다. 방이 두 개인 이 숙소에서 당시에는 멀리 북쪽에 있는 비엔나 숲을 볼 수 있었다.

언젠가 베토벤은 동쪽으로 보이는 프라터 공원을 보기 위해 집주인의 허가도 받지 않고 구멍을 뚫고 창문을 냈다. 집주인 파스쿠발라티 남작은 말할 것도 없고 모든 세입자들이 불평을 했다. 베토벤은 적반하장 격으로 자신이 집의 구조를 멋지게 개선했으니 고마워해야 한다고 되받았다. 베토벤은 여름철이면 두 달씩 장기간 피서를 갔는데, 파스쿠발라티 백작에게 다른 사람에게 방을 세주지 말라고 요청했고, 백작은 그의 요청을 들어줬다. 베토벤은 이곳에서 1804년 8월부터 1808년 가을까지, 1810년 말부터 1814년 2월까지, 그리고 1814년 6월부터 1815년 봄까지 살았다. 그러니까 1804년 가을부터 1815년 봄까지 살면서 두 차례 장기간 비워두었다. 엘리베이터가 없던 시절 베토벤은 손님들이 5층까지 수고스럽게 올라오는 것을 개구쟁이처럼 즐겨했다. 특히 뚱보 슈판치히가 씩씩거리며 불평하는 것을 놀려주곤 했다(오늘날 이 집은 기념관으로 사용되고 있는데 방문객들은 슈판치히의 심정을 알 것이다. 기념관 내부에는 베토벤 조부의 초상화(복제품이고 진본은 비엔나 역사박물관에 소장)와 베토벤이 사용하던 악기, 악보 초고 등이 전시되어 있다. 방과 방 사이의 푸른색 방문은 베토벤이 사망한 슈바르츠스파니어하우스에서 떼어온 것이다).

베토벤은 이 집에서 〈교향곡 제4번〉, 〈교향곡 제5번〉, 〈교향곡 제7번〉, 〈피델리오〉, 〈3개의 현악4중주, Op.59, 라즈모프스키〉, 〈현악4중주 제11번, Op.95, 세리오소〉 등 많은 작품을 썼다. 1814년 베토벤은 파스쿠발라티 백작 부인의 3주기를 맞아 〈비가, Op.118〉을 작곡했고, 그 다음해 백작에게 신년 선물로 카논 〈새해를 축하합니다, WoO 165〉를 헌정했다. 1827년 베토벤의 병이 깊을 때 백작은 여러 음식을 보냈고, 베토벤은 호의에 고마워했다.

1804년 10월 베토벤은 미망인이 된 요제피네 브룬스비크를 다시 만난다. 그리고 그녀를 위해 크리스토프 티트케(Christoph Tiedge, 1752~1814)의 시 〈희망이여, 고통으로 일그러진 죽음에 직면한 남자를 구해주오〉를 바탕으로 〈희망에 부쳐, Op.32〉를 작곡 헌정한다.

파스쿠발라티 하우스

비엔나대학 입구 계단

나폴레옹의 황제대관식

같은 해 12월 2일 나폴레옹이 노트르담 대성당에서 황제대관식을 거행했다는 소식을 듣고 베토벤은 식음을 전폐할 정도로 화를 냈다. 대관식을 거행할 때 교황 피우스 7세가 황제관을 나폴레옹의 머리에 씌우려 하자 그는 황제관을 낚아채 자신의 머리에 썼다. 1년 후, 나폴레옹은 밀라노에서 이탈리아 왕임을 선포하면서 말했다.

"황제관은 주님께서 내게 하사하신 것이다. 그러니 인간의 손에 맡길 수 없다."

1798년 비엔나 주재 프랑스 대사였던 장 밥티스트 베르나도트에 따르면, 베토벤은 몇 년 전부터 나폴레옹에게 헌정할 교향곡을 구상하고 있었다. 나폴레옹은 프랑스혁명의 민주주의 이념과 공화주의 이상을 상징하는 인물이었다. 따라서 베토벤은 자신을 나폴레옹과 같은 부류라고 생각하고 동일시했다. 자수성가, 그것은 바로 베토벤과 나폴레옹의 공통점이었다. 나폴레옹은 자신의 재능과 개인적인 야심으로 군대의 최고 통수권자 자리에 오를 수 있었다. 그 점은 베토벤도 마찬가지였다. 뛰어난 피아노 실력, 하이든과 모차르트를 초월하는 작곡 능력이 베토벤의 재산이었다.

그러나 1804년 12월 2일 거행된 나폴레옹의 황제대관식을 보고 베토벤은 분노했다. 황제대관식은 혁명가의 배신을 의미했다. 프랑스 시민들이 목숨을 바쳐서 획득한 그 권리를 나폴레옹은 빼앗아갔던 것이다. 나폴레옹은 첫 번째 부인 조세핀과의 이혼을 선언했다. 이혼사유는 조세핀이 자식을 낳지 못한다는 것이었지만 속셈은 오스트리아의 프란츠 황제의 딸 마리 루이즈와 결혼하고 싶었던 것이다. 마리 루이즈는 나폴레옹과 결혼한 해에 임신했다. 이것 또한 왕정을 타파한 혁명세력을 배신하는 것이었다.

영웅 교향곡 초연

베토벤은 1804년 12월 말 다시 테아터 안 데어 빈 극장으로 되돌아갔고 1805년 가을까지 머물면서 레오노레 작곡에 매달렸다.

1805년 4월 7일 베토벤은 〈영웅 교향곡〉을 직접 지휘하며 공개적인 초연을 했다. 〈교향곡 제3번〉은 역사상 유례없이 뜨거운 피가 흐르는 혁명적인 곡이었다. 점잖고 우아한 하이든과 감미로운 모차르트 스타일에서 벗어나 운명처럼 강하고 역동적인 음악이 새롭게 탄생한 것이다. 〈교향곡 제3번〉은 교향곡 장르의 변혁이다. 베토벤은 〈교향곡 제3번〉을 통해, 장대하고 건축적이며 강력한 자신만의 독특하고도 새로운 창작 영역을 구축했다. 모차르트의 마지막 교향곡 〈교향곡 제41번, 주피터, K.551〉의 연주시간이 약 30분이고, 베토벤의 〈교향곡 제1번〉이 26분, 〈제2번〉이 36분인 데 비해 〈제3번〉은 약 50분이나 된다. 1악장은 15분이 넘는데, 교향곡의 1악장 길이로서는 가장 길다.

제1악장 알레그로 콘 브리오(allegro con brio, 씩씩하고 생기 있게)는 대담하고 우렁차며, 마치 말발굽 소리처럼 격정적이고 박진감이 넘치고, 영웅의 등장을 강렬하게 예고하는 듯한 분위기를 드러낸다.

제2악장 장송행진곡풍의 아다지오 아사이(adagio assai, 대단히 느리게)는 북소리가 인상적인데, 고뇌와 후회와 회환이 느껴지는 선율로 영웅의 모습을 그렸다.

제3악장 스케르초 알레그로 비바체(allegro scherzo vivace, 빠르고 생기 있게)에서는, 전쟁에서 승리한 군대가 개선문을 통해 도심으로 행진하고 시민들이 그들을 향해 축하의 꽃을 뿌리는 장관을 연상할 수 있도록 템포가 빨라진다.

제4악장 피날레의 알레그로 몰토(allegro molto, 매우 빠른 속도로)는 다시 자유와 기쁨에 들뜨고, 목표를 눈앞에 둔 아슬아슬한 심정과 결국 이루어낸 환희의 감격이 정점을 이룬다. 이는 군중을 이끌고 혁명을 주도하는 나폴레옹의 모습이 웅장한 선율 속에 새겨졌기 때문인지도 모른다.

베토벤은 〈제1번〉(1800)에서 〈제8번〉(1813)까지 8개의 교향곡을 13년에 걸쳐 작곡했으나 〈제9번〉(1824)은 〈제8번〉을 쓴 지 12년 만에 완성되었다. 〈제5번〉이 발표된 이후인 1813년 ,누군가 베토벤에게 물었다.

"선생님, 8개 교향곡들 중 어느 곡이 가장 마음에 듭니까?"

그는 내심 〈제5번〉이라고 하지 않을까 생각했는데, 베토벤은 질문자의 예상을 깨는 답변을 했다.

"당연히 에로이카이지요. 이 곡이 8개 중 가장 좋습니다."

음악계 선배들의 영향을 받아 모방적인 음악을 만들던 시기를 벗어난 베토벤의 첫 작품으로 평가되는 〈제3번〉은 강한 개성과 힘이 균형 잡힌 곡이다. 나중에 리하르트 바그너는 베토벤의 진정한 모습이 이 곡 안에 다 있다고 말하면서 〈에로이카〉의 4개 악장을 각각 '활동', '비극', '정적(靜寂)', '사랑'이라고 평했다.

피델리오 초연

베토벤은 6월에서 9월까지는 헤첸도르프에서 지내면서 〈열정 소나타, Op.57〉, 〈피델리오〉(제1판)를 완성했고, 가을에는 다시 묄커바스타이 8번지로 되돌아와 1807년 여름까지 거주했다.

페터 폰 브라운 백작이 새로 추천한 〈레오노레〉의 연극 대본은, 프랑스 대혁명 당시 투르(Tours) 지방에서 한 자코뱅 당원이 투옥되자, 그의 아내가 남자로 변장하여 남편을 구출한 실화에 바탕을 두고 있다. 그런 점에서 〈레오노레〉는 베토벤의 의도가 충실히 반영된 작품이다. 아내가 남자로 변장했을 때 사용한 이름 〈피델리오〉(Fidelio)는, '신앙주의'를 의미하는 이탈리아어 fideismo(fidare)에다 남성 이름의 어미(語尾) io를 붙여 만든 것으로, 배우자에게 충실한 '지조 있는 남자'라는 조어(造語)이다.

〈레오노레〉 대본은, 1798년 장 니콜라스 부이(Jean-Nicolas Bouilly, 1763~1842)의 희곡 〈레오노레 혹은 결혼한 사랑(Leonore, ou L'amour conjugal)〉을, 프랑스의 작곡가 피에르 가보(Pierre Gaveaux, 1761~1825)가 오페라로 만들어 성공시킨 것이었다. 피에르 가보는 케루비니의 오페라 〈메디아(Medee)〉에 출연한 테너 가수이기도 했다. 장 니콜라스 부이는 베토벤이 존경했던 케루비니(Luigi Cherubini, 1760~1842)의 대표적인 오페라 〈이틀간의 사랑(Les deux Journees)〉의 대본도 썼다.

〈피델리오〉는 가장 힘들게 완성한 작품으로 베토벤 스스로도 '슬픔의 자식'이라고 불렀다. 베토벤의 오페라 〈피델리오〉는 3개의 판본과 4개의 서곡이 있다. 〈피델리오 혹은 결혼한 사랑(Fidelio oder die eheliche Liebe)〉은 요제프 존넨라이트너가 장 니콜라스 부이의 원작을

3막짜리 독일어 대본으로 만든 것이다(오늘날 〈피델리오〉는 2막짜리이다). 이 오페라는 결혼한 여자(레오노레)가 감옥에서 일하는 소년(피델리오)으로 분장해서 감옥에 갇힌 남편(플로레스탄)을 구출하는 내용이다.

베토벤은 이 대본으로 1805년 여름에 작곡을 완성했는데, 프랑스 혁명 당시 실제 사건과 인물을 바탕으로 영원히 변하지 않는 애정을 지닌 이상적인 여성상을 그리려 했다. 그러나 〈레오노레〉는 검열에 걸려 9월에 테아터 안 데어 빈에서 공연을 하지 못한다는 결정이 내려졌다. 10월 5일 공연금지가 해제되고 11월 20일 객석 대부분을 프랑스군 장교들로 채워진 상태에서 초연의 막이 올랐다(베토벤은 '피델리오' 라는 말 대신에 원작과 같이 '레오노레'를 선호했다).

그러나 비엔나는 11월 13일 나폴레옹 군대에게 점령당했고 비엔나의 시민들은 피난을 가야 했다. 당연히 객석은 빈 자리가 많았다. 게다가 청중들은 독일어를 알아듣지 못하는 프랑스 군대 장교들이 대부분이었기 때문에 공연의 평은 좋을 수가 없었다. 베토벤 자신도 곡에 불만이 많았으므로 3차례 공연 후 막을 내렸다(그러나 이때 공연한 〈레오노레 서곡 Op.72a 제1판〉은 4개의 서곡 중 가장 우수하다는 평을 듣는다).

리히노프스키와 그의 아내는 이미 모차르트의 오페라에 익숙해 있었던 사람들이어서 비엔나 청중들이 좋아할 오페라에 대해 식견이 있었다. 그들은 베토벤에게 〈피델리오〉를 개작하도록 조언했다. 특히 극적이지 못하면서 연주시간이 긴 제1막을 수정하도록 충고했다. 게다가 리히노프스키는 과부가 된 요제피네 다임과 베토벤 사이에 또다시 싹트는 사랑에 대해서도 환영하지 않았다. 리히노프스키의 그런 충고는 항상 좋은 결과를 낳은 것은 아니었다. 베토벤은 그 무렵 그들과의 종속적인 유대관계에서 벗어나고자 했다.

설상가상이랄까 스승 살리에리마저 악평을 했다. 살리에리는 베토벤이 비엔나에 도착한 직후 몇 년 동안 베토벤에게 오페라와 성악 작곡법을 가르쳤다. 베토벤은 살리에리에게 1797~1798년에 작곡한 〈3개의 바이올린 소나타, Op.12〉와 피아노 소나타를 몇 곡 헌정했다. 그러나 살리에리가 〈피델리오 혹은 결혼한 사랑〉에 대해 악평을 늘어놓자 두 사람의 관계는 멀어졌고, 1809년 베토벤은 살리에리가 자신의 적임을 공개적으로 선언했다.

"살리에리는 철천지원수이며, 내 과거를 망쳐놓은 자다."

〈피델리오 혹은 결혼한 사랑〉이 실패하자 베토벤은 침울해졌고, 리히노프스키 대공은 베토벤을 달래기에 바빴다. 베토벤과 슈테판 폰 브로이닝은 대본 전체를 다시 검토하고 연기의 속도를 빠르게 하고 활기를 부여하는 식으로 개작에 들어갔다.

피델리오의 여러 판본들

이야기가 너무 빨리 진행되기는 하지만, 여기서 오페라 〈피델리오〉의 완성 과정을 잠시 살펴보자. 1805년 11월 20일 초연된 〈피델리오 혹은 결혼한 사랑〉은 〈피델리오〉의 제1판이다.

제2판 〈레오노레 혹은 결혼한 사랑의 승리(Leonore oder der Triumph der ehelichen Liebe)〉는 슈테판 폰 브로이닝의 주도로 개작한 2막짜리 대본으로 1806년 3월 29일 초연되었다. 1807년 프라하에서 다시 이 작품을 올릴 수 있는 기회가 생길 것 같아서 베토벤은 또 새로운 서곡(〈레오노레 서곡 Op.72〉)을 쓰게 되는데, 어쩐 일인지 이번 서곡은 4

개의 서곡 중 가장 먼저 작곡된 것으로 간주되어 '레오노레 서곡 1번' 으로 불린다. 그 후 프라하 공연 계획은 취소되었다.

제3판(결정판) 〈피델리오〉는 1814년 완성되었다. 1814년 〈레오노레 혹은 결혼한 사랑의 승리〉가 다시 무대에 올려지기로 결정되자, 베토벤은 호프부르크 극장 감독이자 시인인 게오르크 트라이츠케(Georg Friedrich Treitschke, 1776~1842)와 협력하여 대본을 고치고, 아리아 몇 개를 빼고, 레오노레와 플로레스탄의 아리아를 늘렸다. 초연은 1814년 5월 23일, 당시 이미 귀가 잘 들리지 않았음에도 베토벤 자신의 지휘로 케른터너토어테아터(Karntnerortheater)에서 개최되었다. 베토벤은 제3판을 위해 서곡(〈피델리오 서곡, Op.72〉)도 작곡했지만 개막 때까지 완성되지 못해 5월 23일 초연에서는 1811년에 작곡된 〈아테네의 폐허, Op.113〉의 서곡으로 시작했고, 최종 서곡은 5월 26일 공연 때 사용되었다.

베토벤은 제3판의 절반 이상이 새로 작곡됐기 때문에 앞선 판본들과는 다르다고 했다. 요즘 지휘자들 대부분은 제3판 〈피델리오〉를 연주하지만, 베토벤이 사망한 직후 일부 지휘자들은 1805년 판 〈피델리오 혹은 결혼한 사랑〉을 선호했다. 1841년 오토 니콜라이(Otto Nicolai)는 〈레오노레 서곡 3번〉을 2막 시작 직전에 연주했고, 1849년 카를 안슈츠(Carl Anschutz)와 1904년 구스타프 말러(Gustav Mahler, 1860~1911)는 〈레오노레 서곡 3번〉을 2막의 마지막에 연주했다. 고트프리트 바그너(Gottfried Wagner)와 유리에 류비노프(Jurij Ljubinov)는 각각 1977년 본과 1986년 스투트가르트에서 〈레오노레 서곡 3번〉을 오페라가 끝난 다음에 연주했다.

아우스테를리츠 전투

1805년 11월 13일, 프랑스 군대가 비엔나에 다시 진격하고 쇤부른을 점령, 사령부로 사용했다. 12월 2일 나폴레옹은 체코 브루노(Brno) 근방 아우스테를리츠(Austerlitz, 오늘날 체코의 Bitva u Slavkova)에서 오스트리아-러시아 연합군을 격파한다. 그것이 세계사에서 말하는 세 황제의 전투로 알려진 아우스테를리츠 전투(Battle of Austerlitz)이다.

나폴레옹은 한 달 전 벌어진 해전에서는 패배했으나 아우스테를리츠 전투에서 프란츠 2세의 오스트리아와 알렉산더 1세의 러시아 연합군을 대파하고 유럽을 손아귀에 넣었다. 아우스테를리츠 전투는 1804년 3월 나폴레옹이 자신의 암살을 꾀하는 독일 공작을 납치하여 처형한 데서 비롯되었다. 영국의 윌리엄 피트 수상은 나폴레옹의 행동에 분노한 유럽왕가를 선동했고 오스트리아와 러시아 황제를 끌어들여 대프랑스 연합전선을 구성한다. 1805년 가을, 선수를 친 것은 오스트리아였다. 황태자 페르디난드(Ferdinand I, 1793~1875)가 이끄는 7만 2,000명의 대군은 프랑스 지배 하에 있던 지금의 독일 바이에른 지방을 침공했다. 나폴레옹은 반격하여 10월 15일 울름(Ulm)에서 오스트리아 군대를 격멸했다.

프랑스 군대는 비엔나와 오스트리아의 대부분을 점령한 뒤 체코로 진격하여 아우스텔리츠에서 오스트리아-러시아 연합군과 대치했다. 오스트리아 황제 프란츠 2세와 러시아 황제 알렉산더 1세가 직접 군대를 지휘했다. 이렇게 해서 아우스테를리츠 전투는 '세 황제의 전투(三帝會戰)'로 불리게 되었다.

나폴레옹 군대는 7만 3,000명 병력에 대포 139문을 가졌고, 오스트리아-러시아 연합군은 병력 8만 5,000명에 대포 278문을 보유했다. 전력은 연합군이 우세했으나 지휘체제가 이원화되어 혼란을 겪었다. 결전이 시작된 12월 2일 새벽은 안개가 끼고 추웠다. 나폴레옹은 연합군의 우익이 프랑스 군대를 포위하려는 것을 알아차리고 연합군의 취약 지점인 우중앙을 돌파하여 적군을 늪지대로 몰아넣는 전술을 성공시켰다. 연합군이 얼어붙은 호수를 건너서 달아나자 나폴레옹은 빙판을 향해서 포격했다. 연합군 대포 38문과 수많은 병력이 꺼진 얼음 밑으로 수장되었다. 9시간 동안 치열하게 벌어졌던 전투는 오후 2시경 나폴레옹의 승리로 결판이 났다(19세기 말 이 호수가 말랐을 때 130마리분의 말뼈가 발굴되었다). 프랑스 군대는 약 9,000명의 사상자를 냈고, 연합군은 1만 5,000명의 사상자와 함께 1만 2,000명이 포로로 잡혔다.

이 전투에서 러시아 군대를 지휘했던 사람은 미하일 쿠투초프 장군(MikhailGolenishchev-Kutuzov, 1745~1813)이었는데, 그는 퇴각하면서 "내 생애 이렇게 참패한 것은 처음이다."라고 중얼거리며 나폴레옹이 볼 수 있도록 다음과 같은 팻말을 남겼다.

"남겨진 병사들의 처우를 부탁하오. 잘 대해주기 바랍니다."

쿠투초프는 8년 뒤 1812년 나폴레옹이 러시아를 쳐들어오자 방어전을 지휘하여 프랑스 육군에게 최초의 대패를 안겨주었다. 그러니까 아우스테를리츠는 나폴레옹의 정점이자 내리막길이었던 것이다. 오스트리아 프란츠 2세 황제는 나폴레옹에게 휴전을 제의했다. 프란츠 2세 황제는 신성로마제국의 황제이자 오스트리아의 왕이었는데, 1804년 12월 나폴레옹이 황제로 즉위하자, 프란츠 2세는 오스트리아도 국가의 명칭을 제국으로 선언하고 자신도 오스트리아의 황제가 되었다. 1806년 나폴레옹은 신성로마제국을 해체하고, 그 비슷한 체제로 라인연방을 만들어 독일 남부를 지배하게 된다. 따라서 프란츠 2세는 신성로마제국 최후의 황제가 되었다.

피델리오 제2판

베토벤은, 슈테판 폰 브로이닝이 〈피델리오 혹은 결혼한 사랑〉의 대본을 개작하여 만든 〈레오노레 혹은 결혼한 사랑의 승리〉 대본에 맞춰 새로운 서곡(〈레오노레 서곡 Op.72a 제2판〉)을 작곡한 뒤 1806년 3월 29일, 테아터 안 데어 빈에서 초연했다. 제2판 초연은 호평을 받았고 4월 한 차례 더 공연되었다. 그러나 베토벤은 대본에 만족하지 않았고 흥행도 실패하여 페터 폰 브라운 백작과 언쟁이 일어났다. 결국 베토벤은 극장주 페터 폰 브라운 백작이 공연료를 제대로 계산하지 않는다고 고소했다.

카스파르 카를과 요한나 라이스

5월 25일 베토벤의 첫째 동생 카스파르 카를이 요한나 라이스(Johanna Reiss, 1786~1868)와 결혼했다. 이 결혼은 베토벤의 인생사에서 중요한 사건이었다. 카스파르 카를 판 베토벤(Caspar Carl van Beethoven (1774~1815))은 1794년 형이 있는 비엔나로 왔다. 그는 피아노에 약간 재능이 있었기 때문에 형의 이름을 팔아서 피아노 교습을 하며 겨우 생계를 꾸렸다. 1800년 초 그는 작곡도 하여 발표를 했고 한동안 베토벤의 에이전트 노릇도 했다. 그러다가 자신의 작품을 베토벤의 이름으로 출판하려는 계획이 탄로나면서 형에게서 쫓겨났다.

두 사람 사이에는 늘 갈등이 있었다. 테아터 안 데어 빈의 뒷방에서 함께 기거하면서 말다툼이 끊이지 않았다. 1806년 카스파르가 비엔나의 한 가구점 딸과 결혼하려고 하자 두 사람 사이의 갈등은 절정에 달했다.

'베토벤 가문의 우두머리' 로서 베토벤은 그 옛날 자신의 조부처럼 판단하여, 요한나의 평판이 나쁘므로 동생의 아내로 적합하지 않다고 생각하고 결혼에 동의하지 않았다. 그러나 그녀는 카스파르의 아이를 임신하고 있었고 그 사실을 안 베토벤은 기절초풍했다. 카스파르는 형의 반대에도 불구하고 5월에 결혼해 그해 9월 4일 조카 카를을 낳았다. 나중에 베토벤의 그 결혼에 대해 이렇게 썼다.

"동생의 결혼은 그의 어리석음만큼이나 그의 부도덕성을 증명하는 것이었다."

요한나는 비엔나에서 가구점을 운영하는 부유한 집안의 딸이었다. 그녀의 모친은 오스트리아의 한 지방도시 시장이자 와인제조업자의 딸이었다. 그녀는 유산으로 적잖은 돈과 비엔나 외곽 알저포어슈타트(Alservorstadt)에 있는 집도 한 채 물려받았다. 베토벤이 요한나를 반대한 것은 그녀의 집안 때문이 아니라 그녀의 행실에 대한 소문 때문이었다. 그녀는 혼전에 남자들에게 쉽게 몸을 허락하는 편이었고, 결혼 후에도 마찬가지였다. 베토벤은 요한나의 평판과 행실에 기겁했고, 그녀를 모차르트의 오페라 〈마술피리〉에 나오는 악녀에 비유하여 '밤의 여왕' 이라고 부르면서 그녀에게 편지로 또 말로 타일렀다.

두 사람 사이의 결혼생활은 베토벤이 예상했던 대로 처음부터 불행했다. 1811년 카스파르는 요한나가 자신 몰래 돈을 빼돌린다고 그녀를 경찰에 고소했고, 경찰은 이유 있다고 판단하여 그녀를 1개월 동안 가택연금시켰다. 카스파르는 그녀의 손을 찔러 칼자국을 내기도 했다.

음악 직업을 포기한 카스파르는 오스트리아 재무성의 하급관리가 되었지만 차츰 승진하여 형편이 나아질 무렵 그의 모친과 마찬가지로 결핵을 앓게 되었고, 병세가 심해지자 사망 직전 유언으로 베토벤에게 9세 된 아들 카를의 후견인이 되어줄 것을 요청했다. 그의 유언은 베토벤이 동생에 대해 갖고 있던 악감정을 누그러뜨렸다.

하지만 카스파르가 사망하기 직전에 작성한 유언은 그 후 베토벤과 요한나 사이에 지루한 소송을 촉발시키는 계기가 된다.

라인 연방

1806년 7월 17일 나폴레옹이 라인 연방(Confederation of the Rhine, 1806~1813)을 결성했다. 내용은 오스트리아와 프로이센을 제외한 모든 독일 국가들이 연방이 되어 나폴레옹 1세의 후원을 받으며 협력한다는 것이었다. 독일 지역에는, 1871년 오토 폰 비스마르크(Otto Eduard Leopold von Bismarck, 1815~1898) 수상의 주도로 도이칠란트(Deutschland)라는 이름의 단일 국가가 등장하기 전까지, 독일 민족(German)은 존재했으나 통일된 국가 독일(Germany)은 존재하지 않았다.

라인 연방을 통해 프랑스는 나폴레옹이 몰락할 때까지 독일을 통합하고 지배할 수 있었다. 라인 연방 결성에 앞서 프랑스는 1792년부터 독일을 침략하기 시작했고, 라인강 서쪽 영토를 완전히 합병한 다음에 이를 굳건히 하기 위한 첫 단계로, 수백 개가 넘는 독일의 소규모 지역국가들 중 별로 중요하지 않은 국가들을, 규모가 큰 독일 국가들(프로이센, 바이에른, 뷔르템베르크, 하노버, 올덴부르크)에게 떼어줌으로써 그런 국가들이 라인강 서쪽에서 잃은 영토를 보상해주었다.

1803년이 되자 독일 지역 국가의 수는 크게 줄었으며, 1806년 7월 나폴레옹은 바이에른, 뷔르템베르크, 헤센, 다름슈타트, 나사우, 웨스트팔리아 등을 라인 연방으로 통합했다. 1807년 작센 공국이 왕국으로 승격하면서 연방에 가입했고, 1807년 프로이센은 틸지트 조약(Treaties of Tilsit)에 따라 엘베강 서쪽 영토를 연방에 넘겨주었다. 나폴레옹은 2개의 주요 독일 국가인 오스트리아와 프로이센을 견제할 목적으로 라인 연방을 구성했으나 오히려 연방이 만들어낸 결속력은 독일 내의 오랜 장벽을 무너뜨려 19세기 말, 비스마르크가 독일을 통일할 때 유익했다.

나폴레옹은 웨스트팔리아(베스트팔렌) 왕국에 동생 제롬 보나파르트((Jerome-Napoleon Bonaparte, 1784~1860)를 왕좌에 앉혔다. 영토는 대부분 베저강과 엘베강 사이, 프로이센과 하노버 공국과 헤센 선거후 영지로 이루어져 있었고 수도는 카셀(Kassel)이었다. 그러나 1814~1815년 비엔나 회의의 결정으로 웨스트팔리아 지역의 대부분은 프로이센에 돌려주었다. 2년 후 1808년 10월 제롬 보나파르트는 베토벤에게 연봉 600두카트(약 3,400플로린)로 카셀 궁정의 악장직을 제의한다.

나폴레옹을 존경한 헤겔

헤겔(G.W.F Hegel, 1770~1831)은 베토벤과 같은 해인 1770년 8월 27일 독일 슈투트가르트에서 태어났다. 괴테와 마찬가지로 헤겔은 프로이센의 부패한 관료제도를 싫어했기 때문에 나폴레옹이 예나 전투(1806. 10. 14. 예나-아우어슈테트 전투)에서 프로이센 군대에게 승리를 거둔 것을 환영했다. 예나 전투 직전, 당시 예나 대학의 강사였던 헤겔은 친구 니트함머에게 보낸 편지에서 나폴레옹을 '세계정신(Weltgeist)'을 대변하는 사람으로 칭송했다.

"나는 (나폴레옹) 황제가, 즉 '세계정신' 이 주변 지역을 정찰하기 위해 말을 타고 시가지를 지나가는 것을 보았다네. 그와 같은 인물을 보니 정말로 신비스런 느낌이 들었어."

헤겔은 나폴레옹이 자유와 민족주의를 전파한다고 보고 높이 평가했는데, 같은 시대에 살고 있던 베토벤이 나폴레옹을 위해 〈에로이카〉를 작곡한 것과 같은 맥락이다.

말을 타고 예나 시내를 지나가는 나폴레옹을 쳐다보는 헤겔

오퍼스도르프 백작, 교향곡 제4번과 제5번을 주문하다

베토벤은 1806년 8월에서 10월까지 리히노프스키 대공과 함께 체코 오파

바(Opava) 근처에 있는 그레츠(Grätz)의 리히노프스키 대공 영지에서 휴양을 했다. 두 사람은 그레츠로 가던 도중 오버글로가우(Oberglogau, 지금은 폴란드 Glogowek)에서 리히노프스키의 친구 오퍼스도르프 백작의 저택에 잠시 들렀다. 그곳에서 베토벤은 오퍼스도르프 백작 소유의 오케스트라로 〈교향곡 제2번〉을 연주했다.

백작은 베토벤에게 새로운 교향곡을 6개월 동안 전용으로 사용한다는 조건으로 500플로린을 제공했는데, 그 작품이 바로 1806년 10월 완성한 〈제4번 교향곡〉이다. 베토벤은 〈제4번 교향곡〉을 1808년 출판하면서 오퍼스도르프 백작에게 헌정했다.

리히노프스키 대공의 친구 오퍼스도르프 백작(Count Oppersdorff, 1778~1818)은 체코 상부 실레지엔 지역 오버글로가우에 대규모 토지를 보유한 지주로서 음악 애호가였다. 오퍼스도르프 백작은 다음해인 1807년 〈교향곡 제5번〉을 500플로린에 주문하고, 우선 선수금으로 200플로린을 지급했다. 베토벤은 1808년 〈교향곡 제5번〉을 완성한 뒤 11월에 악보를 오퍼스도르프 백작에게 건네주고 잔금을 받았다. 하지만 〈제5번 교향곡〉은 라즈모프스키 백작과 리히노프스키 대공에게 헌정되었다.

세상에 귀족은 많아, 하지만 베토벤은 나 하나뿐이야!

과연 우리가 인간의 행동을 이해하고 예측할 수 있는 것인가? 이러한 CEO의 질문에 도움을 줄 만한 한 가지 사건이 그레츠 영지에서, 후원자 리히노프스키와 작곡가 베토벤 사이에 일어났다. 이 사건은 베토벤의 인생에 중요한 전환점이 되었다.

1806년 8월 리히노프스키는 베토벤을 데리고 체코에 있는 자신의 영지 그레츠 성으로 휴양을 갔다. 당시 베토벤은 오페라 〈피델리오〉 공연에 실패하고, 동생 카스파르 카를이 요한나 라이스라는 행실이 좋지 못한 여자와 결혼하면서 몹시 침울해 있었다.

베토벤은 여전히 보호자인 척하며 고압적인 리히노프스키의 태도에 내심 불쾌해했다. 게다가 그 당시 체코 지역은 프랑스 군에 점령당했는데, 마침 그날 리히노프스키가 일단의 프랑스군 장교들을 저녁식사에 초대하고는 베토벤에게, 당시 베토벤이 작곡을 완료한 〈열정 소나타, Op.57〉의 연주를 부탁했다. 하지만 나폴레옹에 대한 배신감 때문이었는지, 아니면 베토벤의 신경을 건드리는 리히노프스키의 가부장적인 지시 때문이었는지, 베토벤은 프랑스 장교 앞에서의 연주를 거부하고 예의 그 불같은 성격을 못 참고 큰소리쳤다(뉘앙스 차이인데, 프랑스 장교가 즉흥연주를 요청했고, 리히노프스키는 그 요청에 응해달라고 간청했다는 설도 있다).

"대공, 당신은 우연한 출생으로 대공이 되었지만, 나는 내 스스로 내가 되었소. 세상에 대공은 쌔고 쌨어요, 앞으로도 그럴 거고요. 하지만 베토벤은 나 하나뿐이오!"

베토벤은 당시 몸이 좋지 않았지만 큰소리를 치며, 대문을 박차고 나와 비가 내리는 날임에도 불구하고 오파바까지 걸어가서 마차를 타고 비엔나로 되돌아와버렸다(이런 연유로 이 악보의 원본은 빗방울 얼룩이 남아 있다. 이 곡은 테레제 브룬스비크의 남동생 프란츠 브룬스비크에게 헌정되었다). 비엔나로 돌아온 베토벤은 그래도 분이 풀리지 않은 듯 묄커 바스타이에 있는 아파트에 들어서자마자 리히노프스키가 선물

오파바 외곽 리히노프스키 대공의 그레츠성

로 준 리히노프스키의 석고흉상을 바닥에 던져 박살을 내버렸다. 그 후 리히노프스키가 사과하고 또 달랬으나 베토벤은 이전의 절친했던 관계를 회복하지 않았다.

리히노프스키는 나폴레옹에 반대하는 러시아 편에 있었기 때문에 나폴레옹 전쟁 말기에는 거의 파산지경이 되었고, 비엔나 시내 중심의 조그만 아파트에서 살았다. 리히노프스키는 간혹 쿠발라티하우스 5층까지 올라가 베토벤의 피아노 연주소리를 문밖에서 들었다. 어느 날 리히노프스키는 베토벤의 방으로 들어가는 가정부에게, 자신은 그냥 가만히 앉아서 연주만 듣겠으니 방에 들어갈 수 있도록 허가해달라는 말을 전했다. 하지만 베토벤은 그를 방에 들이지 않았다.

영국의 사전 편찬자 사무엘 존슨(Samuel Johnson, 1709~1784)은 후원자(patron)에 대해 다음과 같이 정의를 내렸다.

"예술 후원자는 일반적으로 거드름을 피우며 지원하고, 피후원자로부터 알랑거림으로 보답 받는 비열한 자이다."

사무엘 존슨의 정의대로 리히노프스키는 거드름을 피우며 지원할 줄 알았다. 하지만 베토벤은 알랑거리며 보답하지 못했다.

진실은 무엇인가?

애석하게도 그레츠 사건의 현장을 직접 본 사람은 당사자인 베토벤과 리히노프스키 외에는 없었다. 이 이야기는 1832년 지휘자 겸 작곡가 이그나츠 리터 폰 자이프리트(Ignatz Ritter von Seyfried, 1776~1841, 1805년 〈레오노레〉 초연 지휘)가 출판한 회고록에 처음 언급되었지만, 관련된 사람의 이름과 장소와 일자가 빠졌다. 1837년 12월 페르디난트 리이스가 베겔러에게 보낸 편지에도 이 사건이 잠깐 언급되었다. 1873년 8월 31일 리히노프스키의 주치의 안톤 바이저(Anton Weiser)의 손자 프란츠 크사버 보흐(Franz Xaver Boch)는 기고문(Aus Beethoven's Leben, Wiener Deutsche Zeitung)을 통해, 그것은 사건 다음 날 오파바에서 자신의 조부가 베토벤에게 직접 들은 이야기였다고 발표했다.

"대공, 세상에 대공은 쎄고 쐈어요, 하지만 베토벤은 나 하나뿐이오!"

이 말을 진정 베토벤이 했을까? 사실 이런 식의 표현은 개혁을 원하는 18~19세기 지식인들이 흔히 사용하는 진부한 관용구였다. 그것은 보마르셰(Pierre-Augustin Beaumarchais, 1732~1799)의 연극 〈피가로의 결혼〉에서 하인 피가로가 알마비바 백작에게 대들면서 한 말이었고, 루이 16세기의 검열로 삭제된 것이었다. 다른 예로, 모차르트의 사회생활이 문란하다고 한 시종이 요제프 2세 황제에게 고자질하자, 모차르트의 능력을 인정한 황제는 이렇게 말했다고 한다.

"장군이라면 나는 매일 한 명씩 발굴할 수 있어, 하지만 모차르트가 없다면 그를 대체할 인간은 단 한 명도 없어."

마태복음 26장에 사람은 각자 역할이 있음을 강조하는 다음과 같은 구절이 있다.

> 예수께서 베다니 문둥이 시몬의 집에 계실 때에, 한 여자가 매우 귀한 향유 한 옥합을 가지고 나와서 식사하시는 예수의 머리에 부으니, 제자들이 보고 분하여 가로되 무슨 의사로 이것을 허비하느뇨? 이것을 높은 값에 팔아 가난한 자들에게 줄 수 있겠도다 하거늘. 예수께서 아시고 저희에게 이르시되 "가난한 자들은 항상 너희와 함께 있거니와, 나는 항상 함께 있지 아니하리라."

이 사건에 대해 베토벤의 조가 카를이 다녔던 잔타나시오 기숙학교 교장의 딸 파니는 1857년 메모에 이렇게 썼다.

"어떻게 그 한 가지 사건으로 절친했던 두 사람이 그렇게 쉽게 헤어질 수 있습니까?"

베토벤의 상처받은 자존심 외에도 두 사람 사이가 벌어지게 된 다른 원인으로, 베토벤의 사생활에 대한 리히노프스키의 과도한 간섭, 작곡가와 후원자 사이의 갈등, 베토벤의 자각과 자립의지 등을 들 수 있겠지만, 어쨌거나 두 사람의 갈등에는 여러 복합적인 이유가 있었을 것이다.

1807년이 되자 리히노프스키 대공의 8형제들이 가족의 유산 중 자신의 몫을 달라고 졸라댔고, 리히노프스키의 재정상태는 점차 궁핍해졌다. 베토벤은 1807년부터 지속적이고도 안정적인 수입을 보장하는 직업을 찾기 시작했고, 한 가지 대안으로 궁정 작곡가가 되기를 바랐다.

교향곡 제4번 초연

1807년은 베토벤의 일생에 큰 변화가 없는 해였다. 2월에는 〈열정 소나타〉를 출판했고, 3월에는 로프코비츠 대공 저택에서 개최된 예약 연주회에서 베토벤의 지휘로 〈교향곡 제4번〉을 초연했다. 4월에는 영국에서 활동하던 피아니스트 겸 흥행사 무치오 클레멘티(Muzio Clementi, 1752~1832)가 베토벤의 작품을 영국에서 출판하는 조건으로 200파운드를 제공한다.

〈교향곡 제4번〉을 작곡할 무렵인 1806년은 베토벤에게 어려운 시절이었다. 그러나 작품은 고뇌에 찬 신중한 것이 아니라 물 흐르듯 그냥 써내려간 듯 부드럽고 낭만적인 분위기가 넘친다. 〈제4번 교향곡〉은 〈제3번 교향곡〉에서 한 발 뒤로 물러서서 과거의 음악양식을 완전히 소화하고 있다. 또 규모도 작고 심각하지 않다. 그래서 〈제4번 교향곡〉은 교향곡 역사상 기념비적인 〈제3번 교향곡〉과 〈제5번 교향곡〉 사이에 잠깐 즐기는 휴식이라고 평하는 사람도 있다. 로베르트 슈만(Robert Schumann, 1810~1856)은 〈제4번 교향곡〉을 이렇게 평했다.

"베토벤의 제4번 교향곡은 제3번 교향곡과 제5번 교향곡이라는 북유럽의 두 개의 거인들 사이에 있는 갸날픈 그리스 소녀이다."

아이젠슈타트

1807년 6월 비엔나가 더워지기 시작하자 베토벤은 바덴으로 가서 요하네스바트가세 12번지(Johannesabdgasse 12)인 요하네스호프(Johanneshof)에서 8월까지 머물렀고, 9월 13일 아이젠슈타트(Eisenstadt)로 가서 에스테르하지 대공의 궁전에서 〈C장조 미사곡, Op.86〉을 초연 지휘했다. 9월 하순에는 하일리겐슈타트로 갔다. 〈교향곡 제5번〉도 계속 보완했다.

겨울이 가까워 오자 베토벤은 비엔나로 돌아와 1808년 여름 직전까지 크루거슈트라세 10번지와 묄커 바스타이 8번지를 오가며 지냈다.

궁정 작곡가

1807년 초부터 리히노프스키가 약속한 연금 600플로린이 들어오지 않자 베토벤은 가을에 호프부르크 극장의 궁정 작곡가 지위를 바라는 공식적인 제안서를 냈다. 호프부르크 극장은 로프코비츠 대공, 요제프 요한 슈바르첸베르크(Joseph Johann Schwarzenberg, 1769~1833) 대공, 니콜라우스 에스테르하지 대공 등이 감독위원회를 구성하고 있었으므로 베토벤은 그들이 쾌히 허락할 것으로 짐작했다. 베토벤은 연금 2,400플로린을 보장해주면 매년 오페라 한 곡 및 그 밖의 다른 작품들을 작곡할 수 있다고 제안했다. 1787년 사망한 궁정 작곡가 글루크가 받은 연봉이 2,000플로린이었으므로 베토벤의 제안이 그다지 과한 것은 아니었다. 그러나 이 제안은 받아들여지지 않았다. 제안서에는 만약 호프부르크 극장에서 이를 거절할 경우 베토벤은 비엔나를 떠날 수밖에 없음을 암시하는 내용이 있었다. 이것은 베토벤이 유럽의 다른 여러 국가의 궁정악단에도 동일한 제안서를 보냈을 가능성이 있다는 것을 짐작하게 해준다.

제8장

운명이란 무엇인가

1808~1810

린츠

1806년 첫째 동생의 결혼으로 골치를 앓았던 베토벤은 1808년에는 둘째 동생과 갈등을 겪는다. 베토벤이 둘째 동생 니콜라우스 요한에 대해 가진 감정은 첫째 동생 카스파르 카를에 대한 감정보다 더 나빴다. 1802년 베토벤이 '하일리겐슈타트 유서'를 썼을 때 동생의 이름 니콜라우스 요한에서 '요한'이라는 이름을 뺐다. 그것은 부친의 이름 요한에서 느끼는 불편한 감정 때문이었는지도 모른다.

니콜라우스 요한 판 베토벤(Nikolaus Johann van Beethoven, 1776~1848)은 1795년 비엔나로 왔다. 니콜라우스는 본에서 약사 공부를 했고 비엔나에 와서는 정식으로 약사가 되었다. 1808년 3월 니콜라우스는 린츠로 가서 린츠 중앙광장과 도나우 브리지 중간에 있는 약국을 운영했으나 자금난에 시달렸다(약국은 1872년 도괴되었고, 근처에 새로운 약국이 들어섰다).

집값이 무려 2만 5,000플로린으로 분에 넘치는 것이었다.

그는 약국이 딸린 커다란 저택의 일부를 한 의사에게 세를 주었다. 그리고 테레제 오버마이어라는 가정부를 고용했는데, 그녀는 이미 딸을 한 명 두고 있었다. 테레제 오버마이어의 본명은 테레제 발트만(Therese Waldmann)이었지만, 발트만이라는 성 대신에 자신의 대모의 이름을 따 카테리나 오버마이어(Katherina Obermeyer)라고 불렀다. 예측하는 바대로, 두 사람의 관계는 차츰 깊어져 갔다.

니콜라우스 요한은 좀 더 수입을 늘리기 위해, 창문에 다는 놋쇠격자 등을 취급하는 가게도 열었으나 역시 재미를 보지 못했다. 하지만 그 뒤 니콜라우스에게 두 가지 행운이 따랐다. 하나는 선반 위의 항아리와 단지들이 영국산 주석으로 만든 것이었는데, 나폴레옹이 전쟁 도중 대륙봉쇄령을 내려 영국과의 교역을 금지했기 때문에 항아리와 단지의 가격이 치솟았다. 니콜라우스는 이것들을 팔아 흙으로 된 항아리와 단지를 구입하고도 많은 차익을 남길 수 있었다.

두 번째 행운은 1809년 나폴레옹이 비엔나를 공략하면서 린츠에 본거지를 두었을 때 왔다. 이때 니콜라우스는 부상병을 위한 약제를 공급하고 돈을 끌어 모았다. 하지만 주변 사람들은 니콜라우스가 적과 내통했다 하여 그를 싫어했다.

전원 교향곡

1808년 4월 베토벤의 친구이자 헌신적으로 뒤를 돌보아주는 슈테판 폰 브로이닝이 율리 페링과 결혼했다. 여름이 되자 베토벤은 하일리겐슈타트 지역 그린칭거 슈트라세 64번지(19. Grinzinger Straβe 64)에

방을 얻어서 〈교향곡 제6번〉, 〈피아노 트리오, Op.70, 일명 유령〉 등을 작곡했다.

〈교향곡 제6번〉은 표제음악(標題音樂)의 선구적 작품으로 '전원(Pastoral)' 이라는 표제는 베토벤 스스로 붙였다. 귓병으로 하일리겐슈타트에서 요양하면서 그곳의 자연에 감명을 받아 작곡했기 때문이다. 이 곡은 대부분의 교향곡처럼 4악장이 아니라, 5악장으로 구성된 교향곡으로 베토벤은 각 악장마다 자신이 표현하고자 했던 '시골에 사는 즐거움' 과 '시골 풍경의 모습' 을 별도의 제목으로 표현했다. 특히 제2악장 '시냇가의 정경' 에서는 플루트, 오보에, 클라리넷이 한데 어울려 각종 새소리를 내도록 했다.

1악장 – 시골에 도착했을 때 일깨워지는 즐거운 감정(Erwachen heiterer Empfindungen bei der Ankunft auf dem Lande)

2악장 – 시냇가의 정경(Szene am Bach)

3악장 – 시골사람들의 즐거운 모임(Lustiges Zusammensein der Landleute)

4악장 – 천둥, 폭풍우(Gewitter, Sturm)

5악장 – 목가, 폭풍 뒤에 느끼는 즐겁고도 감사하는 마음(Hirtengesang. Frohe und dankbare Gefühle nach dem Sturm)

그릴파르처

같은 집 다른 방에 기거했던 17세의 프란츠 그릴파르처(Franz Grillparzer, 1791~1872)는 어머니와 함께 살고 있었다. 그는 그곳에서 처음으로 베토벤을 만났다. 그릴파르처의 어머니는 음악을 좋아하여 베

베토벤과 그릴파르처가 살았던 그린칭거 슈트라세 64번지

토벤이 피아노를 치는 날이면 베토벤의 방문 밑 계단에 조용히 앉아 감상을 했다. 어느 날 베토벤이 그 사실을 알고는 매우 화를 냈다. 그릴파르처의 모친이 다시는 엿듣지 않을 것이고 출입문도 반대쪽으로 하겠다고, 베토벤의 하인을 통해 말했으나, 베토벤은 그릴파르처의 모자가 이 집에서 비엔나로 중심으로 이사를 갈 때까지 피아노를 치지 않았다.

베토벤은 집주인은 물론 이웃들과도 원만히 지내지 못했기 때문에 자주 이사를 해야 했고, 따라서 피아노를 제외하면 가재도구도 거의 없었다. 베토벤은 사는 집은 물론이고 하인이나 가정부들을 여러 번 바꾸었다. 조금만 마음에 들지 않으면 소리치고 내쫓았다. 베토벤은 하인들에게 곧잘 격렬하게 화를 내곤 했는데, 그 상태가 오래 지속되지는 않았다. 화를 내고 난 후에는 돈을 주어 이를 보상하곤 해서, 충실한 늙은 가정부는 이렇게 받은 돈을 모아두었다가 필요할 때 그를 도왔다.

1823년 유명한 극작가가 된 그릴파르처는 베토벤과 만나 오페라 작곡에 대해 논의를 했다. 하지만 작품은 성사되지 않았다. 베토벤이 사망할 당시 그릴파르처는 오스트리아의 대표적 극작가가 되어 있었고, 베토벤의 장례식을 위해 송시를 썼다.

에르되디 백작 부인

베토벤은 여름에는 하일리겐슈타트에서 머물면서도 바덴으로 가서 바일부르크슈트라세 11-13번지(Weilburgstraße 11-13) 알터 자우어호프(Alter Sauerhof)에서 지냈다. 여름을 하일리겐슈타트와 바덴에서 보내고 비엔나로 돌아온 베토벤은, 가을부터 크루거슈트라세 10번지(1. Krugerstraße 10) 에르되디 백작 부인의 비엔나 저택에서 1809년 3월까지 살았다. 사실상 동거였다.

크루거슈트라세 10번지에서 발피쉬가세 9번지(Krugerstraße 10/Walfischgasse 9)에 걸쳐 있는 에르되디 백작 부인의 비엔나 저택은, 1802년 니콜라우스 에스테르하지 대공(Prince Nikolaus Esterhazy)이 건축가 카를 폰 모로(Karl von Moreau)에게 의뢰하여 지은 것으로 원래 에스테르하지 궁전(Palais Esterhazy)이었는데, 후에 에르되디 백작이 구입하여 에르되디 궁전(Palais Erdödy)으로 불리었다. 1808년은 베토벤에게 음악적으로 전성기였다. 이 무렵 에르되디 부인은 베토벤에게 음악적으로도 삶에 있어서도 중요한 역할을 했다. 베토벤은 그녀를 '고백 신부' 라 부르면서 온갖 이야기를 다 들려주었다. 베토벤은 1808년

크루거슈트라세 10번지 에르되디 백작 부인 저택 자리 원래건물은 도괴 되었음

가을과 겨울에는 헝가리에 있는 에르되디 부인의 집에서 살았다.

그러다가 어느 날 베토벤은 우연히 에르되디 백작 부인이 은밀하게 베토벤의 하인과 친하게 지내면서 많은 용돈을 주는 것을 알고는 대판 싸우고 1809년 중반 거처를 옮겼다. 옮긴 곳이 발피쉬가세 11 번지(Walfischgasse 11)인지, 크루거슈트라세 10번지의 다른 방인지, 혹은 아카데미슈트라세 22번지(1. Akademiestraβe 22a)인지는 불분명하다. 이곳에서 1809년 7월까지 살았고, 8월에서 1810년 초까지는 타인팔트슈트라세 8-8번지(1. Teinfaltstraβe 8-8a, 혹은 Schreyvogelgasse 1)에서 지냈다.

에르되디 부인은 그 용돈이 심부름을 시킨 대가였다고 베토벤에게 설명하고 오해를 풀었다. 하지만 용돈의 진실에 대해 연구자들은 다양하게 설명한다. 이 무렵 베토벤은 〈피아노 협주곡 제5번, Op.73,

황제〉를 작곡한다. 베토벤은 에르되디 부인에게 셰익스피어의 비극 『맥베드』에서 영감을 받은 좀 신비한 느낌이 드는 〈2개의 피아노 트리오 제5번, Op.70, 일명 유령〉과 나중에 작곡한 〈2개의 첼로 소나타, Op.102〉를 헌정한다.

카셀 궁정의 악장직을 제의받다

나폴레옹의 동생으로서 라인강 북쪽과 독일의 서부지역을 아우르는 라인 연방의 웨스트팔리아 지역의 왕이었던 제롬이 연봉 약3,400 플로린을 제의하면서 베토벤을 카셀 궁정의 악장으로 초빙했다.

나폴레옹의 부친 카를로(Carlo Maria Buonaparte, 1746~1785)는 모두 11명의 자식들을 낳았는데, 8명이 장성했다. 3남 나폴레옹이 전 유럽을 석권하자 그의 남동생들은 나폴레옹 휘하의 왕국의 왕이 되었고, 여동생들은 왕비가 되었다. 제롬은 나폴레옹의 막내동생이었다.

베토벤이 제롬 나폴레옹으로부터 카셀 궁정 악장직을 제의받았다는 소식은 당시 동거를 하던 에르되디 백작 부인을 통해 금방 비엔나의 귀족사회에 퍼져나갔고 큰 충격을 주었다.

미국의 피아니스트, 작곡가, 작가, 배우, 코미디언이었던 오스카 레반트(Oscar Levant, 1906~1972)는 대중매체에서 뛰어난 위트로 인기를 모았다. 그에게 어떤 사람이 이렇게 질문했다.

"피아니스트로서 성공하려면 무엇이 필요할까요?"

오스카 레반트는 즉각 다음과 같이 대답했다.

"절대로 빼놓을 수 없는 다섯 가지가 있어요. 재능, 창조적 정신, 정력, 강인한 의지, 그리고 마지막으로 돈 많은 아내."

오스카 레반트가 제시한 다섯 가지 요소 중 앞의 4개는 베토벤에게는 넘치는 것이었다. 하지만 마지막의 것, 즉 돈 많은 아내는 없었다. 해서 베토벤은 돈 문제로 걱정이 많았다.

국민적 명사가 된 시벨리우스가 어느 연회에 초대받아 갔는데, 그 연회에는 음악가라고는 한 사람도 없었다. 거기 참석한 사람들 중 시벨리우스를 잘 아는 한 사업가가 다가와서 물었다.

"음악가는 한 명도 없고 사업가들만 있는 이런 모임에 자넨 뭣하러 왔어?"

시벨리우스는 이렇게 대답했다.

"그들에게 음악 이야기 좀 해주려고."

그 친구가 되물었다.

"사업가들에게 음악 이야기를? 그건 음악가들이 모여 하는 것 아닌가?"

시벨리우스는 간단히 말했다

"음악가들 모임에는 돈 이야기밖에 안 해."

운명 교향곡과 전원 교향곡 초연

1808년 12월 22일 베토벤은 테아터 안 데어 빈에서 예약연주회를 개최하고 〈교향곡 제5번, 운명〉과 〈교향곡 제6번, 전원〉을 초연했다. 두 곡 모두 로프코비츠 대공과 라주모프스키 백작에게 헌정되었고, 헌정 표시는 1809년 4월 출판된 악보에 기재되었다. 〈제6번〉이 〈제5번〉 직후에 작곡이 완료되었지만 초연 일자는 같다. 초연될 당시에는 〈제5번〉이 제6번 교향곡으로, 〈제6번〉이 제5번 교향곡으로 번호 순서가 바뀌어져 있었지만 출판 때에는 원래대로 돌아왔다. 당시 프로그램은 다음과 같다. 이날 베토벤은 〈코랄 판타지아〉의 피아노 도입부를 직접 연주했고, 이 곡은 바이에른의 왕 막시밀리안 1세 요제프(Maximilien 1st Joseph of Bavaria, 1756~1825)에게 헌정되었다.

1. 제6번 교향곡
2. 메타스타시오의 시에 의한 세냐와 아리아 〈오, 믿지 못할 사람이여, Op.65〉(Ah, perfido)
3. 〈C장조 미사, Op.86〉 글로리아 부분
4. 4개의 피아노 협주곡(played by Beethoven himself) 휴식
5. 제5번 교향곡
6. 〈C장조 미사, Op.86〉 상투스, 베네딕투스
7. 베토벤의 즉흥곡 8. 코랄 판타지아

프로그램에서 세냐(scena)는 오페라에서 일반적으로 아리아에 앞서 극적으로 박력있게 부르는 독창을 말하는데, 극창(劇唱)으로 번역된다. 아리아만큼 영탄적(詠嘆的)이지도 않고 또 레치타티보(敍唱)만큼 서술적이지도 못하다.

운명 모티프의 진실은 무엇인가?

어떤 사람들은 〈교향곡 제5번〉을 교향곡 역사상 가장 유명한 교향곡으로 간주한다. 그러나 초연 때는 연습이 덜 되고 해서 그리 좋은 반응이 아니었다. 〈교향곡 제5번〉 첫 마디의 4개 음표, 즉 3개의 8분

음표와 페르마타가 붙은 2분 음표 '따따따, 따(short-short-short-long)'는 주제(theme)라기보다는 에너지가 농축된 주도동기로서 흔히 운명 모티프(fate motif)라고 한다. 운명 모티프는 〈운명 교향곡〉 전체를 관통하는데, 이런 스타일은 베토벤이 처음으로 시도했다. 짧은 음 3개와 긴 음 하나가 두 번 되풀이되는 첫 두 마디 멜로디로 시작하는 〈운명 교향곡〉은 5년에 걸쳐 고치고 다듬으며 심혈을 기울인 걸작이다.

다시 말하면, 〈교향곡 제5번〉은 〈교향곡 제3번〉을 완성한 직후 착수했지만, 베토벤은 이 작업을 일시 중단하고 〈교향곡 제4번〉을 먼저 완성한 후 다시 작곡을 계속했기 때문에, 〈교향곡 제5번〉의 작곡 기간은 1804년부터 1808년 초까지 5년이 걸린 셈이다.

〈교향곡 제5번〉이 〈운명 교향곡(Schicksalssymphonie)〉으로 불리고 있지만, 베토벤은 그런 제목을 붙이지 않았고, 그 유래에 대해서도 다양한 가설이 있다. 비엔나에서 초연된 후 한참 뒤에 1828년 파리에서 병사들을 위한 음악회에 이 곡이 연주되었는데, 연주가 끝나자마자 군복을 입은 한 노병이 "황제 만세!(Vive l' Empereur!)"라고 외치면서, 프랑스에서 이 곡은 한동안 '황제 교향곡'이라는 부제목이 붙게 되었다. 운명 모티프에 대한 여러 설을 정리하면 다음과 같다.

첫째, 가장 자주 인용되는 설이다. 누군가 베토벤의 비서였던 안톤 쉰틀러에게 질문했다.

"첫 마디 4개 음표 '따따따, 따' 가 갖는 의미가 무엇입니까?"

쉰틀러는 이렇게 대답했다.

"나 역시 베토벤 선생에게 그 질문을 했지요. 그랬더니 선생이 '운명이 나의 문을 그렇게 두들겼어.'라고 대답했습니다."

페르디난트 리이스가 베토벤에게 쉰틀러의 해석을 들려주자 베토벤은 시큰둥한 반응을 보였다고 한다. 그러나 어쨌든 이 곡은 지금도 〈운명 교향곡〉이라고 불린다.

둘째, 일부 음악학자들은 쉰틀러의 주장은 신빙성이 없다고 폄하한다(쉰틀러가 쓴 베토벤의 삶에 대한 모든 기록은 전문가들에게는 중요하게 평가되지 않고 있다. 그것은 쉰틀러가 베토벤을 낭만적 관점으로 사실을 왜곡했기 때문이다. 요컨대 쉰틀러의 주장은, 베토벤의 말이라기보다는 쉰틀러가 꾸며낸 이야기라는 것이다). 그 대신 1900년대 지휘자 겸 평론가로서 베토벤의 작품을 세 시기로 나눈 베토벤 전기작가 빌헬름 폰 렌츠(Wilhelm von Lenz, 1809~1883)가 "〈제5번 교향곡〉은 세계의 비극무대를 위해 쓰여진 운명이다."라고 평을 한 데서 그러한 제목이 유래했을 것이라고 본다.

셋째, 카를 체르니에 따르면, 베토벤은 어느 날 프라터 공원을 거닐 때 들은 노랑 촉새(yellowhammer)가 지저귀는 소리를 듣고 스케치북에 기록해두었다가 그것을 운명 모티프로 삼았다고 한다.

넷째, 첫 마디 4개 음표는 물방울이 "똑똑똑, 또옥" 소리를 내며 떨어지는 것을 듣고 베토벤이 영감을 받은 데서 나온 것이라는 설이 있다.

다섯째, 덴버의 메트로폴리탄주립대학(Metropolitan State College of Denver) 교수 엘리자베스 슈바름 글레스너(Elizabeth Schwarm Glesner)는, 베토벤은 평소 사람들이 자신의 작품에 대해 이런저런 평을 하고 표제

노랑촉새

를 달았기 때문에 아예 사람들이 뭐라 해도 개의치 않았다는 것이다. 다시 말해 모두 베토벤의 말이 아니라는 것이다.

여섯째, 〈교향곡 제5번〉에 붙은 '운명'이라는 별칭은 베토벤이 만든 것은 아니지만, 당시 자신의 귓병을 운명의 앙갚음이라고 생각하던 베토벤이 작곡 노트 여백에 "내 운명의 목을 내 스스로 조르고야 말겠다."라고 썼다는 데서 유래했다는 설이 있다. 어쨌거나 '운명'이라는 단어는 베토벤이 이 곡을 통해 자신의 타고난 불운을 정복했다는 의미로 해석할 수 있는 멋진 비유이다.

이그나츠 모셀레스

1808년 무렵 프라하 출신 작곡가 이그나츠 모셀레스(Ignaz Moscheles, 1794~1870)는 비엔나에서 활동하고 있었다. 그는 그해 12월 22일 베토벤의 교향곡 〈제5번〉과 〈제6번〉, 그리고 〈코랄 판타지아, Op.80〉이 초연되는 날 객석에 있었다. 그 후 모셀레스는 베토벤을 찾아와 배움을 청했다. 그는 오페라 〈피델리오〉를 피아노곡으로 편곡했으며, 나중에는 베토벤의 피아노곡들을 편곡했다. 1821년 영국으로 떠난 그는 런던 필하모닉 소사이어티에서 페르디난트 리이스와 함께 활동하면서 베토벤의 음악을 널리 알렸고, 베토벤이 사망할 때까지 계속 연락을 했다. 모셸레스는 베토벤의 용모에 대해 이렇게 표현했다.

"그가 웃음을 띠며 사람들과 이야기할 때 이따금 다정스러운 모습을 보이기도 했다. 그러나 소리 내어 웃을 때에는 귀에 거슬리는 거친 소리를 내며 얼굴을 찌푸렸다. 그나마 언제나 짧게 끊어져 버리는 웃음이었다."

나폴레옹 제롬을 물리친 루돌프 대공

1809년 1월 7일 베토벤은 카셀 궁정의 악장직을 수락한다. 베토벤으로부터 이 사실을 들은 이그나츠 글라이헨슈타인과 에르되디 백작부인은 비엔나 귀족사회에 소문을 내고 루돌프 대공에게도 즉각 알렸다. 루돌프 대공은 로프코비츠와 킨스키, 그리고 리히노프스키 등 베토벤의 후원자들을 설득하여 대안을 제안했다.

루돌프 대공은 레오폴트 2세 황제의 막내아들이자 프란츠 2세 황제의 막내동생이었다. 그는 베토벤의 큰 후원자가 되어 베토벤을 황실과 궁정 고위 귀족들에게 소개했으며, 베토벤의 창작의욕을 북돋워주었다. 루돌프 대공은 왕궁 내 아말리엔호프(Amalienhof)에서 살았다. 루돌프의 주선으로 베토벤은 왕궁에 무상출입을 했다. 하이든과 모차르트도 그렇게 하지는 못했다. 오늘날 왕궁은 오스트리아 대통령의 공식 관저이다.

2월 26일 베토벤의 후원자들은, 베토벤이 남은 일생 비엔나를 떠나지 않는 조건으로, 제롬이 제안한 금액보다 더 많은 4,000플로린을 매년 제공하겠다고 제안을 했다. 루돌프 대공은 1,500플로린, 킨스키 대공은 1,800플로린, 로프코비츠 대공은 700플로린을 분담했다. 리히노프스키는 형편상 분담하지 못했다. 베토벤은 이에 동의했다. 3월 1일 베토벤은 첫 번째 연금을 받았고, 카셀 궁정악장직을 거절하는 연락을 취했다. 그런 사실을 몰랐던 라이프치의 독일음악신문은 1809년 3월 3일자에 다음과 같은 글을 실었다. "베토벤은 베스트팔리아의 수상 발트부르크 백작을 통해 궁정악장직을 받아들였다." 베토벤은 4월 5일 라이프치히의 브라이트코프 & 헤르텔 출판사에 보내는 편지의 추신에 이렇게 썼다.

> "앞으로 저를 '궁정악장님' 이라 부르는 것을 잊지 말아주십시오. 저는 그 호칭을 웃어넘기지만, 그런 호칭을 즐겨 써먹는 방법을 아는 불쌍한 사람들이 있는 법이지요."

하지만 앞날의 약속은 알 수가 없는 법. 1811년 프랑스와의 전쟁이 심화되어 오스트리아 통화가치가 5분의 1로 떨어지고, 킨스키 대공은 1812년 말에서 떨어져 죽고, 로프코비츠 대공은 거의 파산하여 비엔나에서 피신했다. 루트비히 놀(Ludwig Nohl)이 편집한 『베토벤의 편지: 1790~1826』(London: 1866)에 따르면, 킨스키가 사망하자 베토벤은 1812년 말 킨스키 대공 부인에게 분담금을 지급해줄 것을 요청했고 또 소송까지 했다. 상황이 이렇게 되자 루돌프 대공은 베토벤을 붙들어두기 위해 차츰 자신의 몫을 늘렸다. 그 결과 베토벤은 〈피아노 협주곡 제4번, Op.58〉, 〈피아노협주곡 제5번, Op.73 황제〉, 〈피아노 소나타 제26, Op.81 고별〉, 〈바이올린 소나타 Op.96〉, 〈피아노 소나타 제29번, Op.106 해머클라비어〉, 〈피아노 3중주 제7번,

Op.97 대공 트리오〉, 〈장엄미사, Op.123〉, 〈현악4중주, 대푸가, Op.133〉 등 수많은 곡들을 루돌프 대공에게 헌정하게 된다.

4월 9일 오스트리아는 프랑스에 대해 선전포고를 했고, 5월 4일 프랑스 군대의 침공으로 루돌프 대공을 포함하여 황실 가족이 비엔나에서 탈출했다. 이때 베토벤은 〈피아노 소나타, Op.81a, 고별〉을 작곡한다.

고별 소나타

〈고별 소나타〉는 1809년 5월 초 프랑스 군대의 비엔나 진입을 앞두고 오스트리아 황실이 피신을 갈 때 작곡한 것이다. 베토벤은 제1악장 표지에 고별(Das Lebewohl)이라고 쓰고 그 밑에 "1809년 5월 4일 비엔나에서 존경하는 루돌프 대공이 떠나는 것에 붙임"이라고 썼다. 나중에 고별은 이별(Der Abschied)로 고쳐 썼고, 루돌프 대공이 떠난 후에 쓴 제2악장의 표지에는 대공이 비엔나에 없다는 의미인 부재중(Die Abwesenheit)으로 되어 있다.

베토벤은 루돌프 대공이 비엔나로 귀환하지 않으면 제3악장 재회(Das Wiedersehen)를 쓰지 않겠다고 했는데, 다행히 대공은 1810년 무사히 귀환했고 베토벤도 곡을 마무리했다.

5월 10일 프랑스 군대는 비엔나를 포위 공격했고, 다음날 비엔나는 함락되었다. 베토벤은 발가세 4번지(1. Ballgasse 4)에 있는 동생 카스파르 카를의 집 지하실에 피신하여, 포성에 귓병이 더 악화될까봐 방석 등으로 귀를 막고 작곡을 했다. 5월 12일 비엔나는 또다시 항복했고, 프랑스 군대가 비엔나를 세 번째로 함락하여 11월 20일까지 주둔했다.

5월 23일 베토벤은 영국 스코틀랜드 출판업자 조지 톰슨(George

발가세 입구

Thomson)이 요청한 44개의 영국 민요(WoO 108, 153, 157)를 편곡했다. 조지 톰슨은 과거 이그나츠 플라이옐(Ignaz Pleyel)과 레오폴드 코젤루흐(Leopold Kozeluch)에게 그랬던 것처럼, 베토벤에게 스코틀랜드 민속음악에 기초한 소나타를 작곡해달라고 요청한 것이었다. 이때 받은 보수는 베토벤에게 적잖은 소득을 안겨주었다.

하이든 타계하다

1809년 5월 31일 하이든은 77세라는 장수를 누리고 숨을 거두었다. 한 해 전 1808년 3월 31일 하이든의 76회 생일을 기념하는 공연이 비엔나 대학 강당에서 열렸다. 노환의 하이든은 다른 사람들의 부축을 받아 귀족들이 앉는 곳에 함께 앉았다. 연주에 앞서 생일을 기념하는 시가 낭

송되었고, 이어 하이든의 오라토리오 〈천지창조〉가 연주되었다. 박수갈채가 연주회장을 뒤흔들었다. 하이든이 참석자들에게 작별 인사를 하고 떠나려 하자 제자 베토벤이 무릎을 꿇고 스승의 손에 입을 맞추었다. 이날은 하이든이 참석한 최후의 공개연주회였다

발가세 4번지에 있는 베토벤 동생집

비엔나 전체가 나폴레옹 군대의 포격을 받았고, 하이든의 집(6. Haydngasse 19) 근처에도 포탄이 떨어졌다. 나폴레옹은 보초들로 하여금 하이든의 집 둘레를 경비하도록 했다. 한 프랑스 장병은 하이든의 집을 방문하여 그와 그의 음악에 대해 경의를 표하고 〈천지창조〉에 나오는 아리아 한 곡을 불렀다. 노래를 들은 하이든은 기쁨의 눈물을 흘렸다고 전해진다. 하이든의 장례 행렬에는 비엔나의 유지들은 물론이고 프랑스 군대의 장교들과 군인들이 열을 지어 따라 걸으며 경의를 표했다. 베토벤은 1815년 메모에 이렇게 기록했다.

"방 안에 있는 헨델, 바흐, 글루크, 모차르트, 하이든의 초상들이 내게 힘을 더해줄 것이다."

바그람 전투

1809년 7월 비엔나 북동쪽 30킬로미터 지점에 있는 도이치바그람

(Deutsch-Wagram)에서 오스트리아 군대와 나폴레옹의 군대가 맞섰다. 각각 1만 5,000명의 병력을 가졌으므로 감히 어느 쪽도 먼저 공격하지 못하고 팽팽한 긴장감만 돌았다.

이때 돌연 프랑스군 쪽에서 돌격 명령이 떨어지더니 말을 탄 한 장군이 오스트리아군을 향해 질주하기 시작했다. 적군을 향해 먼저 달려가는 총사령관을 보고 엎드려 있을 병사는 없었다. 모든 병사들이 뒤따라 돌격했다. 그 지휘자는 나폴레옹이었다. 오스트리아 군대는 바그람 전투(Battle of Wagram, 1809. 7.5~7.6)에서 처참하게 패배했다.

11월 13일 나폴레옹 군대는 아무런 저항도 받지 않고 비엔나에 진격했다. 비엔나의 시장 스테판 폰 볼레벤은 며칠 전 베네치아의 총독처럼 굴욕적으로 고개를 조아리며 나폴레옹에게 도시의 열쇠를 양도했다. 나폴레옹은 쇤부른 궁전을 점령했다.

안토니 브렌타노의 귀향

베토벤은 1809년 여름에는 에르되디 백작 부인과 함께 헝가리 여행을 한 차례 다녀왔고, 곧 바덴으로 가서 바일부르크슈트라세 11-13번지에서 지냈다.

10월 중순, 안토니 브렌타노(Antonie Brentano, 1780~1869)가 오스트리아의 고위 관료인 부친 요한 멜키올 비르켄슈토크(Johann Melchior von Birkenstock, 1738~1809)의 임종을 앞두고 비엔나 친정집으로 온다. 10월 30일, 부친이 사망하자 유산처리 문제 때문에 안토니는 3년 동안 비엔나에 머물게 된다. 안토니 브렌타노는 비엔나에서 태어나 자란 외교관의 딸이었다. 그녀의 모친은 그녀가 8세 때 사망했고, 그 후 그녀는 기숙사가 딸린 학교에서 7년간 공부했다. 1798년 18세 때 그녀는 부친의 주선으로 15년 연상의 프란츠 브렌타노(Franz Brentano, 1765~1844)와 결혼한 뒤, 곧 남편을 따라 프랑크푸르트로 간다. 프란츠 브렌타노는 프랑크푸르트의 상인 정도가 아니라 당시 유럽 최고 금융가 중 한 명이었다.

프란츠, 안토니, 그리고 프란츠의 여동생 베티나가 베토벤을 만난 것은 1809년 말에서 1810년 초 사이로 짐작된다. 베토벤이 궁정관료였던 그녀의 부친과 아는 사이였기 때문에 안토니도 시집을 가기 전 한창 이름을 날리던 베토벤의 이름 정도는 알고 있었을 것이다. 베토벤과 프란츠 브렌타노 부부가 처음 만난 것은, 장인의 사망 때문에 비엔나에 온 프란츠 브렌타노와 안토니가 베토벤을 방문했기 때문인 것으로 추정된다. 당시 베토벤은 젊은 여류 문인으로 이름을 날리던 프란츠 브렌타노의 여동생 베티나(Bettina Brentano, 1785~1859)와는 좀 더 일찍 알고 지냈던 사이였다. 베티나는 금방 베토벤의 재능에 매료되었고 그에 대한 감상을 이렇게 메모했다.

“처음 베토벤을 만났을 때, 세계가 온통 사라져버린 느낌이 들었다. 어떤 제왕이나 임금이라도 그처럼 자기의 힘을 실감하는 사람은 없다.”

베토벤은 1810년 초에서 여름까지는 묄커 바스타이 8번지에서 지냈고, 여름에는 바덴 바일부르크슈트라세 11-13번지에서, 그리고 가을에는 묄커 바스타이로 돌아와 1813년 여름까지 지냈다. 베토벤은 1815년 봄까지 묄커 바스타이 8번지를 주소지로 삼았다. 1810년 5월 28일 베티나는 괴테에게 다음과 같이 편지를 썼다.

“괴테 선생님, 있잖아요, 베토벤은요, 사는 곳이 세 군데나 되요. 시골에 하나, 시내에 하나, 그리고 묄커 바스타이에도 아파트가 있어요."

안토니 브렌타노는 몸이 허약했다. 비엔나에 와서 장기간 몸져누워 있자 베토벤이 종종 위로차 그녀의 비르켄슈토크 저택을 방문하여 거실에서 말없이 피아노를 치고 되돌아갔다고 한다. 하지만 그 소리가 너무 시끄러워 안토니의 딸 막시밀리아네(Maximiliane)가 베토벤에게 물을 끼얹었다는 일화도 있다. 참고로 비르켄슈토크 저택은 란트슈트라세에서 가까운 에르트베어가세 98번지(Erdbeergasse 98)에 있었는데, 오늘날 비엔나 지도에는 표시가 없다. 가장 유사한 도로명은 에르트베르크슈트라세(Erdbergstrasse)이다.

베토벤은 안토니를 위해 요제프 루트비히 스톨(Josef Ludwig Stoll, 1778~1815)의 시 〈사랑하는 이에게〉(An die Geliebte, WoO 140)에 곡을 붙였다. 나중에 슈베르트도 이 시에 곡을 붙였다. 베토벤은 안토니의 딸 막시밀리아네를 위해 〈피아노 3중주, WoO 39〉를 작곡 헌정했다.

그 뒤에도 안토니에게 〈디아벨리 변주곡, Op.120〉을 헌정했고, 〈피아노 소나타 Op.109〉를 막시밀리아네에게 헌정했다. 마지막 두 피아노 소나타 〈Op.110-111〉도 헌정하고 싶어했다. 연가곡 〈멀리 있는 연인에게, Op.98〉(An die ferne Geliebte)도 그녀를 생각하며 만들었지만 이 곡은 로프코비츠 대공에게 헌정되었다.

나폴레옹, 합스부르크제국 공주와 결혼하다

1810년, 베토벤의 주변에서 많은 변화가 일어났다. 1월 30일 루돌프 대공은 비엔나로 귀환했고, 앞서 말한 대로 베토벤은 〈고별 소나타〉 제3악장 재회(Das Wiedersehen)를 마무리했다. 2월 13일 요제피네 다임이, 베토벤과의 만남을 청산하고 그녀 자식들의 후견인 슈타켈베르크 남작과 재혼했다.

앞서 잠깐 언급한 적이 있지만, 프란츠 2세 황제의 큰딸 마리 루이즈 공주는 나폴레옹이 오스트리아를 침공할 때 쇤부른 궁전에서 두 번씩이나 쫓겨났기 때문에 나폴레옹은 무섭고 증오할 남자라고 배웠고, 나폴레옹이라는 이름을 붙인 인형을 괴롭히며 자랐다. 공주는 오스트리아를 위해 정략적으로 자신이 나폴레옹과 결혼하지 않으면 안 될 처지가 되자 결혼식 때까지 계속 울었다. 원래 합스부르크 가문은 혼인을 통해 국제정치를 요리하는 전통이 있었다.

1810년 4월 2일 나폴레옹과 마리 루이즈 공주는 루브르궁의 예배당에서 정식 결혼식을 올렸고 피로연도 베풀었다(두 사람은 3월 11일 대리인을 내세워 결혼식을 올렸다). 나폴레옹은 41세, 마리 루이즈는 19세였다.

결혼 후 나폴레옹이 마리 루이즈에게 매우 상냥하게 대했기 때문에, 마리 루이즈도 마음을 열고 나폴레옹을 사랑하게 되었다. 1811년 3월 20일, 마리 루이즈는 나폴레옹 2세(Napoleon II, Napoleon Francis Joseph Charles, 1811~1832)를 출산했다. 이때 심한 난산으로 의사가 모자 중 어느 한쪽밖에 구할 수 없다고 말했을 때, 나폴레옹은 주저하지 않고 말했다.

"어머니를 구해라!"

나폴레옹은 아들을 매우 귀여워했지만, 마리 루이즈는 이 아이에게 관심을 별로 표하지 않았다고 한다. 나폴레옹 2세는 병약했고 1832년 21세로 후사가 없이 죽었다.

토스카니니와 푸르트벵글러와 BBC

〈교향곡 제5번〉은 오늘날 가장 자주 연주되는 곡들 중 하나이지만, 1808년 12월 22일 초연되었을 때 반응은 시원찮았다. 그로부터 1년 반이 지나 1810년 7월, 당대 유명한 평론가 호프만(E. T. A. Hoffmann, 1776~1822)이 베를린의 음악잡지(Allgemeine musikalische Zeitung)에 격찬의 감상문을 게재했다.

"1804~1808년 사이에 작곡된 교향곡 중 〈교향곡 제5번〉이 우리 시대에 가장 중요한 작품이다."

이 논평은 베토벤이 전 유럽에 걸쳐 높은 명성을 구가하는 데 큰 영향을 끼쳤고, 낭만주의자 음악가들이 베토벤에게 관심을 갖게 하는 계기가 되었으며, 유럽의 악단들은 〈교향곡 제5번〉을 자주 연주하기 시작했다.

독일 음악사학자 폴 베커(Paul Bekker, 1882~1937)는 〈교향곡 제5번〉의 각 악장마다 별도로 1악장 몸부림, 2악장 희망, 3악장 의심, 4악장 승리라는 표제를 붙였다. 그러나 〈교향곡 제5번〉 전체와 각 악장에 제목이 있다고 해서 이 곡이 표제음악은 아니다. 토스카니니(Arturo Toscanini, 1867~1957)는 〈교향곡 제5번〉 1악장 알레그로 콘 브리오(allegro con brio)에 대해 이렇게 말했다.

"남들은 그것을 운명이니 뭐니 하지만, 나에게는 알레그로 콘 브리오일 뿐이다."

토스카니니는 작곡가가 쓴 악보를 존중해야 하며 그 이상이나 이하의 해석은 없다고 말한 것이다. 토스카니니의 이런 태도는 푸르트벵글러(Wilhelm Furtwangler, 1886~1954)와 대조적이다. 푸르트벵글러는 즉흥성, 즉 악보에 충실하기보다는 연주의 1회성을 대단히 중요하게 생각하여 같은 곡이라도 연주할 때마다 길이나 강약이 달랐다. 반대로 토스카니니는 즉흥성을 완전히 배제해버리고 같은 곡을 다른 장소에서 연주할 때에도 메트로놈으로 잰 듯이 시간이 같다(토스카니니 본인은 이 말을 싫어했다고 한다).

푸르트벵글러는 토스카니니와 함께 20세기 지휘사에 양대 산맥을 이루었다. 푸르트벵글러와 지휘 스타일 등 여러 가지 면에서 비교되던 토스카니니는 푸르트벵글러보다 19세가 더 많았다. 두 사람 사이에는 독일인과 이탈리아인이라는 기질 상의 차이도 있었다. 푸르트벵글러의 음악은 시대의 고뇌를 한 몸에 짊어진 듯 깊고 화성적인 음악이었다. 반면 토스카니니는 거짓말이라곤 못하는 성격에다 도덕의식이 강했으며, 반파시스트주의자이자 반나치주의자였다.

제2차 세계대전 당시 영국의 BBC는 레지스탕스를 포함하여 자유를 추구하는 프랑스 사람들에게 모스부호로 메시지를 보낼 때 운명 모티프처럼 점, 점, 점, 선(··· —)으로 시작했는데, 이는 모스부호에서 V를 의미하며, 처칠은 V를 Victory의 의미로 사용했다.

테레제 말파티를 위하여

이야기를 좀 거슬러 올라가서 1809년 2월 19일, 베토벤의 주치의 슈미트 박사가 사망하자, 베토벤은 이그나츠 글라이헨슈타인의 소개로 이탈리아 출신 의사 조반니 말파티(Giovanni Malfatti, 1775~1859)를 알게 된다. 당시 말파티는 두 조카딸 테레제 말파티와 안나 말파티와 함께 살고 있었다. 친딸이라는 문헌은 오류이다. 말파티 자매의 부친은 야콥 말파티 폰 로흐렌바흐(Jacob Malfatti von Rohrenbach, 1769~1829)이다. 말파티는 곧 베토벤의 주치의 노릇을 했고, 말파티의 조카딸들은 베토벤에게서 피아노를 배우기 시작했다. 베토벤은 조반니 말파티를 위해 칸타타 〈즐거운 축배의 노래, Op.103, Un Lieto brindisi〉를 작곡하여 헌정했다.

1810년이 되자 베토벤은 의사 조반니 말파티 가족과 친해졌고, 피아노를 배우러 오는 테레제 말파티(Therese Malfatti, 1792~1851)와는 더더욱 친해졌다. 그해 봄날, 베토벤은 케른터너슈트라세에 있는 말파티 가의 저택에서 개최되는 연회에 초청을 받았다. 그날 베토벤은 테레제를 위해 가벼운 피아노 〈바가텔〉을 한 곡 작곡하여 가져갔다. 베토벤의 내심은 그 곡을 여러 사람들 앞에서 연주한 뒤 프로포즈할 생각이었다. 베토벤은 40세, 테레제는 18세였다. 이번에도 선생과 제자 사이의 로맨스였다.

그날 함께 참석했던 글라이헨슈타인에 따르면, 말파티 백작이 손님을 위해 연회에 내놓은 오색주의 알코올 도수가 매우 높았고 베토벤은 그것을 매우 많이 마셨다. 그 결과 취해버린 베토벤은 피아노 연주를 할 수 없었고, 물론 구혼의 말도 하지 못했다. 그러자 테레제는 베토벤에게 그 곡의 표제에 자신의 이름을 넣어달라고 했다. 베토벤은 〈바가텔〉의 표지에 글씨를 거의 알아볼 수 없게 '테레제를 위해'라고 썼다. 1816년 테레제 말파티는 헝가리의 귀족 요한 빌헬름 폰 드로스딕 백작(Johann Wilhelm von Drosdick, 1771~1859)과 결혼했다.

제9장

괴테와 브렌타노 가의 사람들

1811~1812

화폐개혁

1811년 베토벤은 41세가 되었다. 이 한 해 동안 베토벤은 경제적, 신체적, 정신적으로 어려움을 겪는다. 오스트리아는 자국의 통화가치를 대폭 절하했고, 베토벤의 경제사정은 크게 궁핍해졌다.

1811년 3월 15일 오스트리아 화폐는 공식적으로 5분의 1로 평가절하되었다. 따라서 루돌프 대공 등이 베토벤에게 지급하는 연금 4,000플로린은 새로운 비엔나 화폐(Wiener Währung, WW)로 800WW가 되었다. 베토벤은 화폐가 평가절하되어도 후원자들이 새로운 화폐로 4,000WW를 지급해주길 기대했다. 그러나 그것은 기대로 그쳤다. 루돌프 대공은 자신의 몫 1,500플로린을 1,500WW로 지급했으나, 킨스키 대공은 자신의 부담금 1,800플로린을 360WW로 환산하여 주겠다고 했다. 킨스키는 또 다른 후원자와는 달리 연금을 1819년 7월 31일부터 지급했다. 오스트리아 정부는 9월 13일 베토벤의 연금계약을 검토하고는 평가절하 비율을 5분의 1 대신에 2.48대 1로 재평가해주었다. 하지만 킨스키는 8월 말 이후로는 베토벤에게 연금을 한 푼도 지급하지 않았다. 로프코비츠의 경우 자신의 몫 700플로린을 700WW로 지급하기로 약속했으나 재정 형편상 1815년까지 지급하지 못했다.

괴테에게

5월 28일 베토벤의 비서 역할을 하던 이그나츠 글라이헨슈타인은 테레제 말파티의 동생 안나 말파티(Anna Malfatti)와 결혼한 뒤 프라이부르크로 떠났다. 경제적으로 어려워지고 친구는 떠나는 그런 어수선한 한 해가 되지만, 음악적으로 베토벤은 〈대공 트리오, Op.97〉과 〈교향곡 제7번, Op.92〉를 작곡하기 시작한다.

베토벤은 어릴 때 괴테의 작품을 읽으면서 예술적 영감을 얻었다. 게다가 베토벤은 1811년 베티나를 통해 괴테에 대한 말을 많이 들었다. 베토벤은 괴테의 시에 대해 베티나에게 이렇게 말했다.

"괴테의 시는 내용뿐 아니라 운율까지도 매혹적이오. 괴테의 언어를 접하면 저절로 마음이 움직여 작곡을 하지 않고선 도저히 못 견디겠소. 그의 언어는 마치 영혼을 거쳐서 나오는 것이라도 되는 것처럼, 그야말로 고상한 체계로 구성돼 조화의 비밀을 간직하고 있어요."

베토벤은 괴테의 시 "마르지 말라, 사랑의 눈물이여"로 시작되는 〈슬픔의 기쁨(Wonne der Wehmut)〉, 〈그리움(Sehnsucht)〉, 〈색칠한 리본을 달고(Mit einen gemalten Band)〉 등에 곡을 붙였다. 이것이 〈괴테의 시에 의한 3개의 노래, Op.83〉이다.

베토벤은 또 스페인 군대에 점령당한 조국의 독립을 위해 목숨을 바친 플랑드르 귀족 에그몬트 백작을 주제로 한 괴테의 희곡 『에그몬트』에도 서곡과 9개의 노래를 붙였다. 그것이 〈에그몬트, Op.84〉이다. 1810년 베토벤은 〈에그몬트〉를 위해 부수음악을 만들면서 마음속으로 괴테를 한층 더 깊이 존경했다.

부수음악은 연극, 영화, 발레, 라디오, 텔레비전 등의 매체에서 연기자들의 행위나 분위기를 보조하고 또 강조하기 위해 사용하는 극음악이다. 막과 막 사이에서 사건의 진행을 나타내거나 극 전체의 시작이나 끝을 알리는 역할을 한다. 극적 효과를 높이기 위한 음악이므로 거의 대중으로부터 관심의 초점이 되지 않는다. 그러나 괴테 극에 붙인 베토벤의 〈에그몬트〉, 셰익스피어 극에 붙인 멘델스존의 〈한여름 밤의 꿈(A Midsummer Night's Dream)〉, 알퐁스 도데 극에 붙인 조르주 비제의 모음곡 〈아를의 여인(L' Arlésienne)〉, 헨리크 입센 극에 붙인 에드바르드 그리그의 〈페르귄트(Peer Gynt)〉 등과 같이 독자적인 가치를 인정받아 독립연주를 하기도 한다.

베토벤이 괴테에게 새로 작곡한 〈에그몬트 서곡〉을 바치겠다는 편지를 보낸 것은 1811년의 일이다. 이 편지는 현재 독일 바이마르의 괴테 문헌 보관소에 남아 있다.

위대한 분께

저처럼 당신을 존경하는 한 친구가 급히 그곳으로 떠나는 길이 있기에 그에게 부탁하여 감사의 글을 보냅니다.

베티나 브렌타노 양은 당신이 저를 친절하게 받아주실 것이라고 했지만 제가 어찌 감히 그런 환대를 기대할 수 있겠습니까? 제가 작곡한 〈에

그몬트 서곡〉 악보를 곧 받게 되실 것입니다. 당신의 평가를 기대합니다. 어떤 비판도 최상의 찬사와 마찬가지로 저와 저의 예술에 도움이 되오니 즐겁게 받아들이겠습니다.

비엔나 1811년 4월 12일

당신의 숭배자, 루트비히 판 베토벤

괴테는 베토벤에게 답장을 보냈다.

당신의 편지를 받고서 아주 기뻤습니다. …… 저는 당신의 작품이 다른 연주자에 의해 연주되는 것을 들을 때마다 당신이 직접 피아노 연주를 하는 것을 보게 되기를 소망해왔습니다.

베티나 브렌타노는 당신에 대해 애정 어린 말을 했고, 당신과 보낸 시간이 인생에서 가장 행복했던 때였다고 하더군요.

이제 고향에 돌아가게 되면 당신의 〈에그몬트 서곡〉을 받아볼 수 있겠지만 미리 감사를 드립니다. …… 감사합니다.

괴테

옛 친구와 새 친구

베토벤은 1811년 8월부터 9월 중순까지 체코 테플리체(Teplice, Teplis) 하르페 바트가세(Harfe Badgasse)에 있는 '황금 하프'라는 뜻의 즐라타 하르파(Zlata Harfa)에서 머물렀고, 그 다음 9월 18일 그레츠로 가서 리히노프스키 영지에서 지내다가 묄커 바스타이로 돌아왔다.

보헤미아는 지금은 체코의 서쪽 한 부분이지만 베토벤 당시는 독립

공국이었다. 보헤미아의 서쪽 지방은 칼스바트(Karlsbad, 오늘날 카를로비 바리Karlovy Vary), 프란첸스바트(Franzensbad, 오늘날 프란티슈코비 라즈네 Frantiskovy Lazne), 마리안스케 라즈네(Marianske Lazne) 등 온천이 솟아나는 휴양지가 많았는데, 로마시대부터 합스부르크제국 시대까지 귀족이나 부유한 부르주아들이 즐겨 찾는 곳이었다. 그 가운데서도 테플리체는 '유럽의 응접실'로 불릴 만큼 유럽의 왕과 귀족들이 즐겨 휴양을 왔다. 베토벤도 1811년 테플리체에서 여러 사람들을 만났고 그 다음해에는 이곳에서 베토벤의 일생에서 매우 중요한 사건들이 일어난다.

테플리체는 작은 온천마을로서, 독일-체코 국경선을 따라 평균너비 40킬로미터로 160킬로미터나 뻗어 있는 에르츠게비르게(Erzgebirge, 현지어 Krusne Hory) 산맥 아래쪽 바위투성이의 지맥에 자리 잡고 있다. 이곳 방사성 온천은 섭씨 28~46도인데, 멀리 로마인들에게까지 알려졌으며, 8세기 보헤미아 전설에서도 언급되었다. 이곳의 물이 총상치료에 효과가 있다고 해서 19세기에 오스트리아와 독일 지역 국가들은 이곳에 장애자를 위한 광천시설을 확보했다. 목재가공업, 금속세공업, 유리, 도자기, 직물 제조업 등의 공업이 발달했던 이 지역은 1879년 지하 온천이 갈탄 광산에 흘러들어 산업 및 휴양시설이 피해를 입은 후 칼스바트를 비롯한 서부 보헤미아의 온천마을의 그늘에 가려졌다. 오늘날에는 다시 활기를 띠고 있다.

베토벤은 상습적으로 불평을 하는 사람이었다. 대부분 대화의 내용은 불만을 토로하는 것이었기 때문에 베토벤은 자기의 불평 토로를 다른 사람이 들어주지 않거나 이해해주지 않으면 낙심했고 더더욱 불평했다. 8월에 이곳에 온 베토벤은 클라리 알드리겐스 궁전(Clary-Aldringens

Palace)에서 옛 친구와 새 친구들을 만나 즐거운 시간을 보냈다.

옛 친구는 이미 구면이 된 프란츠 브렌타노, 프란츠의 동생 베티나, 그리고 독일의 시인 아힘 폰 아르님(Achim von Arnim, 1781~1831) 등이었다. 베티나와 아힘 폰 아르님은 그해 이곳에서 결혼식을 올렸다. 새 친구는 아말리에 제발트(Amalie Sebald, 1787~1846)였다.

아말리에 제발트는 베를린 출신 가수로서 1811년 이곳에서 베토벤을 처음 만났다. 그녀는 당시 모친과 함께 온천수를 마시고 있다가 옆으로 지나가던 베토벤을 알아보고 인사를 했다. 그리고 두 사람은 1812년에도 만났다.

테플리체에서 베토벤이 몸져누웠을 때 그녀는 베토벤을 극진히 간호했다. 따라서 아말리에가 불멸의 연인이라고 주장하는 사람도 있다. 베토벤은 제발트에게 다음과 같은 내용의 편지를 썼다.

> 폭군?! 제가 당신의 폭군이라고! 그건 오해요. 당신이 내게 호의를 갖지 않으니까 그런 판단이 나오는 거요. 그렇다고 당신을 탓하진 않겠소. …… 어제는 아주 몸이 불편했는데 오늘 아침에는 더 심해졌다오. ……
>
> 안녕, 친애하는 아말리에. 오늘 밤 달이 해보다 더 밝게 비춰주면, 당신은 작고 작은 존재들을 보게 될 거요.

나폴레옹, 러시아를 침공하다

베토벤의 연대기에서 1812년은 1811년에 이어 의사의 권유에 따라 두 번째로 테플리체에서 휴양을 취하고, 〈교향곡 제8번〉 작곡을 시작하고, 둘째 동생 때문에 마음고생을 하는 시기였다. 베토벤은 6

월에 바덴으로 가서 바일부르크슈트라세 11-13번지에서 지냈고, 6월 하순에는 프라하, 테플리체, 칼스바트, 프란첸스바트, 린츠로 간다. 베토벤은 1812년 이후로는 비엔나와 그 외곽을 떠나지 않았다.

유럽 역사를 보면 1812년은 커다란 전환의 시기이다. 1805년쯤 되면 나폴레옹은 유럽 대륙의 모든 나라들을 격파하게 되고, 유럽은 오스만 터키와 영국을 제외하고는 모두 굴복했다. 바다 건너 영국이 계속 저항을 하자 나폴레옹은 산업혁명이 한창이어서 원재료 교역이 필요했던, 영국으로 가는 모든 물자를 막기 위해 1806년 11월 21일 대륙봉쇄령을 내렸다.

하지만 영국은 이미 아메리카 식민지가 있었고 오히려 대륙의 국가들만 경제적으로 곤경에 처했다. 우여곡절 끝에 러시아가 영국과 밀무역을 했고 이것을 알아챈 나폴레옹이 1812년 6월 24일 러시아를 정벌하러 갔다. 그러나 일찍 다가온 겨울 추위와 쿠투초프가 지휘한 러시아 군대가 벌인, 물자를 모두 태워버리고 도망가는 청야작전(青野作戰) 때문에 나폴레옹 군대는 결국 퇴각하고 만다.

프라하에서의 재회

1812년 6월 29일 바덴에서 돌아온 베토벤은 프라하로 떠나 7월 1일 도착했다. 7월 2일 베토벤은 킨스키 대공을 만나 연금문제를 논의했다. 킨스키는 1,800플로린을 1,800WW으로 전환하고 밀린 연금도 모두 지급하기로 약속했다. 그러나 11월 2일 사냥 중 낙마하여 사망했고 유족은 연금지급을 거절했다. 그러자 베토벤은 12월 킨스키의 미망인을 상대로 소송을 제기했다.

7월 3일 브렌타노 가족(프란츠, 안토니, 딸 파니)은 카를로비 바리로 가던 중 프라하에 도착했다. 이날 저녁 베토벤과 안토니가 만났을 것으로 추정된다. 프라하는 아름다운 도시다. 옛날부터 백탑의 도시, 황금의 도시, 마법의 도시 등 별명이 많은데, 밀란 쿤데라는 "세상에서 가장 에로틱한 도시"라고 했다. 두 사람의 만남이 에로틱했을까?

7월 4일 베토벤은 프라하에서 테플리체로 떠났다. 7월 5일 브렌타노 가족은 프라하를 떠나 칼스바트로 갔다.

테플리체 사건

베토벤은 7월 5일 오후 테플리체에 도착했고 '황금 태양'이라는 뜻을 가진 즐라테 슬룬체(Zlate Slunce)에 투숙했다. 7월 17일 테플리체 시가 중심에 있는 자메카 자흐라다(Zamecka Zahrada) 공원에서 베티나의 소개로 요한 폰 괴테를 처음 만났다. 베토벤은 42세 괴테는 63세였다. 베토벤으로서는 무척 고대했던 순간이었다. 테플리체 시 당국은 두 사람이 처음 악수한 곳이라고 짐작되는 곳에 '베토벤, 1812, 괴테'라고 쓴 기념명패를 나무숲 바닥에 깔아두었다.

그 즈음 괴테의 『파우스트』 제1부가 출판되었다. 베토벤과 괴테는 『파우스트』에 대해 의견을 나누었다. 누군가가 베토벤에게 괴테의 『파우스트』를 주제로 작곡을 하면 어떻겠냐고 묻자 베토벤은 사양하면서 이렇게 말했다.

"그런 위대한 작품을 감히 어떻게 음악으로 대체하겠습니까?"

그렇게 말할 정도로 베토벤은 괴테를 사모했다. 베토벤이 괴테에게 이렇게 말했다.

"귀하의 시는 내가 고민하고 있을 때도 나에게 행복을 주었습니다."

괴테가 말했다.

"나는 그 이상으로 당신의 음악에서 기쁨과 용기를 얻고 있습니다."

처음에 두 사람은 서로 존경하며 지냈다. 그 후 몇 가지 사건이 벌어졌다(사진은 '테플리체 사건'이라는 제목의 그림이다).

에피소드 1

베토벤과 괴테가 산책을 하고 있을 때 몇 명의 귀족들이 시종들을 거느리고 지나갔다. 괴테는 길옆으로 비껴서며 모자를 벗고 그들에게 공손히 인사를 하였다. 그러나 베토벤은 그들 가운데를 뒷짐을 진 채 거리낌 없이 지나치며 아무런 예의도 표하지 않았다. 괴테가 베토벤에게 물었다.

"어찌하여 귀족들에게 예의를 표하지 않았는가?"

베토벤은 퉁명스러운 말씨로 대답했다.

"그까짓 귀족들! 수도 없이 많지요. 하지만 진짜 귀족은 우리 두 사람뿐이지요!"

에피소드 2

1812년 7월에 일어난 일이다. 합스부르크제국의 황제 프란츠 2세는 결혼을 네 번 했는데, 세 번째 부인인 황후 마리아 루도비카(Maria Ludovika of Modena, 1787~1816)와 프란츠 2세의 막내동생 루돌프 대공이 테플리체로 휴양을 왔다.

베토벤과 괴테가 테플리체 중심에 있는 클라리 알드리겐스 궁전

시성(詩聖) 괴테와 악성(樂聖) 베토벤과 귀족

뒤 공원을 거닐 때 황후가 시종들을 거느리고 건너편에서 걸어왔다. 괴테는 베토벤의 옷소매를 이끌고 서둘러 황후 앞에 가서 고개를 깊이 수그렸다. 그러나 베토벤은 자신의 실크해트를 더 눌러 쓰고 팔을 등 뒤로 돌려 손을 잡고는 빳빳하게 서서 앞으로 걸어갔다. 일부러 황후 옆으로 스쳐지나갔던 것이다.

괴테는 그 모습을 보고 기겁을 했고, 그로써 두 사람 사이의 우정은 맺어지기도 전에 끝이 났다. 두 사람은 다시 만나지 못했다. 이런 일이 있은 후 베토벤은 괴테를 만난 이야기를 베티나에게 편지로 전했다.

친애하는 베티나!

어제 괴테와 함께 산책하다가 집에 돌아오는 길에 황실의 행차를 보았소. …… 괴테는 함께 가다가 길가로 비켜섭디다. …… 나는 모자를 푹 눌러쓰고 외투 단추를 채우고는 팔짱을 끼고 그냥 지나갔소. …… 황후께서 먼저 내게 인사를 건넸고 …… 나는 루돌프 대공을 향해 모자를 벗었소. …… 그들은 다 나를 알아보았소. …… 괴테는 길가에서 그대로 모자를 손에 들고 황송한 듯 몸을 굽히고 서 있지 않겠소. …… 나는 그를 맹렬히 비난했소. ……

1812년 8월

이 편지의 진위 여부는 확실하지 않다. 베티나가 문학적으로 고쳐 썼을 가능성이 높다고 한다. 괴테와 베토벤의 관계가 귀족과 평민, 궁정관리와 민중예술가 혹은 예술가와 망상가의 대결 구도로 설정하는 것은 극단적인 추론이다. 베토벤의 연주를 듣고 감동하는 괴테의 반응을 보고 베토벤이 오히려 괴테를 비예술적이라고 비난했다는 이야기 등은 베티나가 꾸며낸 허구라는 것이다.

에피소드 3

베토벤과 괴테 두 사람은 서로에 대해 좋은 인상을 갖지 못했다. 괴테는 부인 불피우스(Johanna Christiana Sophie Vulpius, 1765~1816)에게 베토벤을 이렇게 평했다.

"베토벤은 철저히 제멋대로 행동하는 사람이었소."

그 반면 베토벤은 자신과 거래하는 한 출판사 사장에게 괴테를 다음과 같이 평했다.

"괴테는 궁정 사람들에게 지나치게 굽실거리더군."

1812년 괴테는 친지에게 보낸 편지에서 베토벤에 대해 다음과 같이 평했다.

"그는 정말 놀라운 재능의 인물이다. 하지만 그 사람 정말 못 말리는 성격이야! 아주 야성적이지! 그렇지만 그게 잘못되었다는 것은 아니야! 그 사람의 태도가 맘에 들진 않지만 그건 그 사람을 이해하지 못해서 그래! 베토벤의 마음에는 천재성이라는 밝은 빛이 넘쳐 있어! 그 사람은 천재성의 빛을 인간들에게 비추고 있지! 그에 비하면 우리는 그저 어둠 속에 앉아 있는 사람들일 뿐이야! 우리는 아침을 밝히는 빛이 어느 방향에서 나타나는지도 모르는 사람들일 뿐이야!"

시성(詩聖) 괴테와 악성(樂聖) 베토벤의 만남은 몇 번의 대면과 몇 번의 편지가 전부였다. 베토벤이 사과하는 모양새로 괴테에게 다시 접근했으나 괴테는 더 이상 응대하지 않았다. 그 후 베토벤은 괴테의 시 〈조용한 바다와 즐거운 항해(Meeres Stille und glückliche Fahrt)〉를 칸타타로 만들어 1815년 12월 15일 레도텐잘에서 초연하고, 1822년 2월 〈Op.112〉로 출판할 때 '불멸의 시인 괴테에게, 존경하는 마음으로 헌정함'이라는 헌사를 붙여 괴테에게 송부했다. 괴테가 이에 대해 어떻게 반응했는지에 대한 기록은 없다. 다만 괴테의 일기(1822년 5월 21일)에 "베토벤이 보낸 악보"라는 말이 나올 뿐이다.

베티나와 브렌타노 가의 사람들

여기서 베티나라고 하는 인물을 유심히 볼 필요가 있다. 두 거장의 만남에는 이 여인이 자리 잡고 있다. 로맹 롤랑은 괴테와 베토벤을

카를로비바리, 퓌프 호텔 베토벤과 친구들이 투숙한 호텔

한데 묶어 전기를 썼는데, 그것은 베티나의 존재 때문에 가능했다. 베티나는 괴테와 베토벤 둘 다 정념에 들뜨게 했던 여인이다. 베티나는 아름다웠고, 사랑스러운 도발과 자애로움을 겸비한 매력을 지녔다고 한다.

괴테는 1807년 베티나를 처음 만났다. 괴테는 58세, 베티나는 22세였다. 게다가 베티나는 괴테가 연모했던 막시밀리아네 폰 라로슈(Maximiliane von La Roche, 1756~1793)의 딸이었다. 폰 라로슈는 젊은 시절 괴테와 사귀었고 그녀 역시 작가였으며 『젊은 베르테르의 슬픔』의 한 모델이었다. 괴테는 1786년 이탈리아 여행을 떠나는데, 그 몇 년 전 막시밀리아네 폰 라로슈 부인과 연애를 하면서 그녀로부터 인간적, 예술적 완성에 큰 영향을 받았다. 그 후 폰 라로슈는 6명의 자식을 둔 프랑크푸르트의 거상 페터 안톤 브렌타노(Peter Anton Brentano, 1735~1797)와 결혼하여 딸 베티나를 낳았다. 그러니까 괴테는 모녀를 사랑한 것이다.

베토벤의 일생에 중요한 영향을 끼친 집안들이 많다. 본에서 어릴 때 폰 브로이닝 가족은 베토벤으로 하여금 교양과 문학에 눈을 뜨게 했고 슈테판과는 평생 우정을 유지했다. 그 다음으로는 헝가리 출신 귀족 가문인 브룬스비크-귀차르디 가족이다. 베토벤은 테레제 브룬스비크, 요제피네 브룬스비크, 그리고 그들의 4촌인 줄리에타 귀차르디와 친하게 지냈다. 마지막으로 중요한 가족은 브렌타노 일가이다.

페터 안톤 브렌타노는 첫째 부인 파울라(Paula Maria, 1744~1770) 사이에 6명의 자식을 두었는데 프란츠 브렌타노가 장남으로 가업을 이었다. 페터 안톤 브렌타노는 두 번째 부인 막시밀리아네 폰 라로슈와 결혼하여 자식을 무려 12명이나 더 낳았다. 그중 클레멘스 브렌타노(Clemens Brentano de La Roche, 1778~1842)는 처음에는 아버지와 같은 상인이 되었으나 어머니를 닮아 감수성이 풍부한 유명한 시인이 되었다. 딸 베티나도 1991년 구독일 마르크화 중 5마르크짜리 지폐에 그녀의 초상이 들어 있을 정도로 유명한 소설가였다.

앞서 말한 대로 베티나의 이복 오빠 프란츠는 1798년 32세에, 비엔나의 외교관 폰 비르켄스톡의 18세 된 딸 안토니와 결혼했다. 프란츠 브렌타노는 사려가 깊었고 부인을 사랑했으며, 1809년 장인이 사망하자 부인 안토니가 비엔나의 친정으로 가서 장기간 머물도록 배려했다. 비엔나에서 안토니는 건강이 좋지 않았고 자주 병석에 누웠다. 이때 베토벤은 종종 안토니의 집에 가서 피아노를 치며 위로했다. 베티나는

1811년 또 다른 독일의 유명작가 아힘 폰 아르님과 결혼했다. 베티나와 폰 아르님과 베토벤은 마치 어릴 때 엘레오노레와 베겔러와 베토벤처럼 지냈다. 베티나는 안토니 부부와 괴테를 베토벤에게 연결시켰다.

칼스바트, 프란첸스바트, 테플리체

7월 5일 브렌타노 가족은 칼스바트에 도착했다. 칼스바트는 테플라강을 끼고 있는데, 테플라(Tepla)는 '따뜻한'이라는 뜻으로, 이곳이 한때 화산활동이 활발했고 인근 지역에는 온천이 많고 다양한 광물들이 형성되었음을 알 수 있다. 현재 사용중인 12개 이상의 온천 가운데는 섭씨 72도나 되는 뜨거운 물이 간헐적으로 11미터 높이까지 솟아오르기도 한다.

칼스바트는 1358년경 신성로마제국의 황제 카를 4세에 의해 개발되었고 1370년 자유도시로 칙허를 받았다. 이곳의 알칼리성 유황천들은 소화불량과 간질환 치료에 효과가 뛰어난 것으로 알려져 중세시대에는 왕과 귀족들이 많아 찾아왔다. 1569년부터는 방명록이 마련되어 베토벤, 쇼팽, 브람스, 스메타나 등 음악가들과 괴테, 실러, 푸쉬킨 등 시인들, 그리고 러시아의 표트르 대제 등이 다녀갔다는 서명을 남겼다. 칼스바트는 오늘날 필름 페스티벌이 열리는 곳으로 유명하다.

7월 25일 베토벤은 테플리체를 떠나 칼스바트로 와서 안토니 가족이 묵고 있는 그랜드 호텔 푸프(Grand Hotel Pupp)에 투숙했다. 8월에는 안토니 가족과 함께 프란첸스바트 나로드니 거리 7번지(Narodni 7)에 있는 두 마리의 황금 사자(Zwei goldenen Löwen)에서 머물렀다. 프란첸스바트(Franzensbad)는 프란츠(Franz)의 온천(bad)이라는 뜻인데, 실제로 1793년 프란츠 2세 황제의 이름을 따서 만든 황실 전용 인공 온천 도시이다. 프란츠 2세는 할머니 마리아 테레지아 여제와 성격도 정책도 비슷했는데, 프란첸스바트를 만들 때 건물들을 할머니가 좋아했던 합스부르크 옐로로 칠했다. 지금도 이 도시는 온통 노란색이다.

8월 하순 안토니 가족은 프랑크푸르트로, 베토벤은 테플리체로 되돌아갔다. 그 후 베토벤과 안토니 두 사람이 다시 만났다는 증거는 없다. 1812년 9월 16일 베토벤은 테플리체로 되돌아와 아말리에 제발트를 다시 만났고, 제발트는 몸이 아픈 베토벤을 친절하게 돌보아 주었다. 베토벤은 제발트에게 다음과 같은 편지를 썼다.

> 오늘은 약간 기분이 좋아졌습니다. 친애하는 A, 당신이 혼자서 저를 방문해도 괜찮다고 여기신다면 정말 제게 큰 기쁨을 베풀어주시게 될 것입니다.

니콜라우스 요한과 테레제 오버마이어

1812년 9월 말 혹은 10월 초쯤 베토벤은 둘째 동생이 가정부 테레제 오버마이어(Therese Obermayer, 1787~1828)와 결혼할 것이라는 소식을 듣고 이를 막기 위해, 요양중이던 테플리체에서 나와 곧바로, 미국의 맥주 브랜드 버드와이저(Budweiser)의 본고장인 부트바이스(Budweis, 오늘날 체스케 부데요비츠(Ceske Budejovice))를 거쳐 린츠로 달려간다. 베토벤은 린츠에서 약 1개월 머물면서 결혼을 반대했다.

물론 니콜라우스 요한은 베토벤의 말을 듣지 않았다. 그러자 베토벤은 그 지방의 주교를 찾아가 테레제 오버마이어가 이미 딸 하나를 둔 여자라는 사실을 고하고, 이 결혼이 성사될 수 없음을 강조했다. 하지만 주교는 베토벤의 주장을 받아들이지 않았다.

베토벤은 그러고도 물러서지 않고 이번에는 시청에 달려가 테레제 오버마이어를 린츠에서 추방하도록 요청했다. 하지만 시 당국은 아무런 조치를 취하지 않았다. 두 형제는 끝내 대판 싸움을 벌였고 베토벤은 비엔나로 떠났다.

그런 도중에 베토벤은 한 가지 수확도 있었다. 베토벤이 린츠에 도착하자 신문에서 그를 유명인사로 취급하여 크게 다루었고, 10월 베토벤은 린츠의 궁정악장 글뢰글(Franz Xaver Glöggl, 1764~1839)을 위해 〈4대의 트롬본을 위한 3개의 에쿠알레, WoO 30〉을 작곡해 그에게 헌정했다.

슈테판 폰 브로이닝의 아들 게르하르트의 회고에 따르면, 니콜라우스 요한은 베토벤의 작품이 연주되는 콘서트에 젠체하는 옷차림으로 객석 제일 앞좌석에 앉아 음악을 감상했고, 매우 큰 소리로 브라보를 외쳐대어 다른 사람들의 이맛살을 찌푸리게 만드는 속물 같은 행동을 했다고 한다.

11월 8일 베토벤의 둘째 동생 니콜라우스 요한은 테레제 오버마이어와 결혼식을 올렸다. 그러나 이 결혼도, 카스파르 카를과 요한나 사이의 결혼과 마찬가지로 불행으로 끝났다. 두 사람 사이에는 자식이 없었다. 메이너드 솔로몬은 베토벤 3형제는 전혀 결혼생활을 할 수 없는 사람들로 분석했다. 결혼 후 테레제 오버마이어는, 혼전에 베토벤이 자신에게 적대적인 태도를 취했음을 알고 있었지만, 그 후 베토벤에 대해 어떤 악의적 행동을 한 증거는 없다.

제10장

회의는 춤춘다

1813~1814

돈

1813년 베토벤의 수입이 갑자기 줄어들었다. 그의 후원자인 세 명의 귀족 친구들 중에서 킨스키 대공이 1812년 11월 2일 사냥중 낙마하여 사망했고, 7월에는 로프코비츠 대공이 재정적으로 파산하여 비엔나를 떠났다. 루돌프 대공이 여전히 돈을 대주기는 했지만 액수가 많이 줄어들었다. 설상가상으로 동생 카스파르 카를이 병에 걸려 그의 가정까지 베토벤이 돌봐줘야 할 입장이 되었다. 베토벤은 막막했다.

마침내 베토벤은 돈을 벌기 위해 영국으로 갈 결심을 한다. 그러나 카스파르 카를의 건강이 매우 나빴으므로 영국으로 출발하지 못한다. 8월 12일 오스트리아는 쇠락해가는 나폴레옹에게 선전포고를 했다.

과연 누구의 딸인가?

3월 8일 안토니는 아들 카를 브렌타노를 출산했고, 4월 8일에는 요제피나 슈타켈베르크, 즉 요제피나 브룬스비크가 딸을 출산했다. 요제피나의 출산은 한동안 비엔나의 가십거리가 되었다.

그 이유는 1812년 요제피나의 남편 슈타켈베르크가 자신의 아이들과 함께 에스토니아로 떠났기 때문이다. 그 후 혼자 살던 요제피네는 미노나(Minona)라는 이름의 딸을 낳았는데, '미노나'는 익명(anonim)이라는 단어를 거꾸로 쓴 것이어서, 미노나가 베토벤의 딸이라는 소문이 한동안 비엔나에 퍼졌다. 요제피네가 베토벤의 '불멸의 연인'이라는 설이 제기되기도 했다. 실제로 요제피네는 '미노나'가 베토벤의 딸이라고 말하고 다니기도 했는데, 당시 요제피네가 정신질환을 앓고 있었기 때문에 그녀의 말은 신빙성이 없었다고 한다.

요제피네는 비엔나에서 1821년 42년의 생애를 마쳤다. 요제피네가 사망했을 때 미노나는 일곱 살이었다. 미노나는 평생 결혼을 하지 않았고 궁핍하게 살다가 1896년 83세에 사망했다.

4월 12일 베토벤의 첫째 동생 카스파르 카를은 아들 카를을 베토벤에게 맡겼다.

요한 네포묵 멜첼 형제

1813년 6월 21일 웰링턴 장군이 스페인 비토리아 전투에서 나폴레옹 군대를 물리쳤다. 천하의 나폴레옹도 1805년 트라팔가에서는 넬슨(Horatio Nelson, 1758~1805)에게, 1813년 스페인 전쟁과 1815년 워털루 전쟁에서는 웰링턴(Arthur Wellington, 1769~1852)에게 패배하고 만다.

1812년 초 발명가 멜첼 형제는 비엔나에 와서 자신들이 만든 자동기계악기로 흥행을 하면서 베토벤을 알게 된다. 형 요한 멜첼(Johann Mälzel, 1772~1838)은 박자측정기 메트로놈의 발명자로 잘 알려진 사람이었고, 동생 레오나르드 멜첼(Leonard Mälzel, 1783~1855) 역시 발명가로서 트럼펫을 가공하여 보청기를 만들어 베토벤에게 주었다. 이 보청기는 어느 정도 효과가 있었으나 베토벤의 증세가 심해지면서 무용지물이 되었다(보청기를 요한 멜첼이 만들었다고 하는 문헌도 있는데, 오류이다).

1813년 6월 말 웰링턴이 승리한 직후 요한 멜첼은 비토리아 전투의 승리를 기념하여, 자신이 만든 자동기계악기 판하모니콘(panharmonicon)에 사용할 곡을 베토벤에게 의뢰했다. 이 곡이 바로 〈웰링턴의 승리 혹은 비토리아 전투(Wellingtons Sieg, oder Die Schlacht bei Vittoria, Op.91)〉이다. 이 작품은 오케스트라 소리를 내는 합주용 자동기계악기에 사용하기 위해 만든 것이었지만, 나중에 관현악곡으로 편곡하여 〈전쟁 교향곡〉이라 불렀다.

1813년 후반 멜첼이 〈전쟁 교향곡〉을 뮌헨에서 두 차례 연주한 뒤 런던으로 가서 연주할 계획을 하고 있음을 전해 들은 베토벤은 지적 소유권을 주장하면서 즉각 멜첼을 고소했다. 물론 멜첼도 맞섰다. 결국 작품이 베토벤의 소유로 인정받았으나, 멜첼이 비엔나를 떠남으로써 소송사건은 결말이 흐지부지되었다. 이 사건은 '비토리아 전투를 둘러싼 전투'로 불린다.

멜첼은 자동기계악기를 들고 여러 나라에서 연주를 했다. 1838년 미국 일주 연주를 하던 중 필라델피아로 배를 타고 가다가 돛단배가 침몰하는 바람에 그는 기계악기와 운명을 같이 했다.

라이프치히 전투

베토벤은 1813년 여름을 바덴에서 지냈고, 가을에는 비엔나로 돌아와 묄커 바스타이 8번지에서 살았다. 8월 28일 슈테판 폰 브로이닝의 두 번째 부인이 게르하르트 폰 브로이닝을 낳았다.

나폴레옹 군대는 1812년 러시아에서 퇴각한 후, 1813년 독일에서 새로이 공격을 개시했다. 그러나 그의 군대는 베를린 점령에 실패하고 엘베강 서쪽으로 철수해야 했다. 오스트리아, 프러시아, 러시아, 스웨덴 동맹군이 라이프치히를 통과하는 나폴레옹 군대의 병참선을 위협하자 나폴레옹은 라이프치히에 병력을 집결했다. 동맹군은 약 32만 명, 나폴레옹 군대는 약 18만 5,000명이었다. 오스트리아 군대는 카를 필리프 슈바르첸베르크 장군이, 프로이센 군대는 게프하르트 레베레히트 블뤼허(Gebhard Leberecht von Blucher, 1742~1819) 장군이, 러시아 군대는 레온티 레온티에비치 베니히센(Leonty Leontyevich von Bennigsen, 1745~1826) 장군이, 그리고 스웨덴 군대는 베토벤이 1798년 만난 적이 있는 베르나도트 장군이 지휘를 했다. 10월 16일 동맹군은 나폴레옹 군대를 상대로 라이프치히 전투(Battle of Leipzig, the Battle of the Nations, 1813. 10. 16~10. 19)를 벌여 승리를 거두었다. 이 전투는 독일과 폴란드에 남아 있던 프랑스 병력을 완전히 격파시킴으로써 나폴레옹에게 결정적인 패배를 안겨주었다.

전쟁 교향곡, 그리고 교향곡 제7번과 제8번

1813년 12월 8일,요한 멜첼이 주최한 '하나우 전쟁 상이용사들을 위한 자선음악회'가 비엔나대학 강당에서 베토벤의 지휘로 연주되었다. 프로그램은 〈전쟁 교향곡〉과 〈교향곡 제7번〉이었다.

〈전쟁 교향곡〉은 2부로 된 일종의 전쟁 표제음악인데, 분류상 이 곡이 교향곡인지 아니면 교향시인지 논란이 있다. 북과 신호나팔, 전투나팔, 그리고 포격소리까지 동원된다. 초연은 대성공이었는데, 연주회의 성격상 애국적인 기세가 높았던 이유도 있었다. 베토벤은 〈전쟁 교향곡〉을 자신의 작품들 중 가장 졸작이라고 평했으나 작곡료 및 악보출판 등 수입은 짭짤했다.

〈전쟁 교향곡〉이 〈교향곡 제7번〉보다 더 큰 박수를 받았지만, 〈교향곡 제7번〉도 호평이었다. 제2악장은 앙코르를 받아 한 번 더 연주했다. 두 곡 모두 너무 인기가 높아서 4일 뒤인 12월 12일 재공연되었고 이듬해 1월과 2월에도 계속 연주회가 열렸다. 그때마다 제2악장은 앙코르 연주되었다. 그 후 제2악장은 단독으로도 자주 연주되었다.

〈교향곡 제7번〉은 1811년 테플리체에서 요양하면서 구상하여 1812년에 완성한 것이고, 〈교향곡 제8번〉은 1811~1813년 사이 완성했다(두 곡 모두 1813년 4월 20일 루돌프 대공의 사저에서 비공개로 함께 초연되었다). 〈교향곡 제8번〉의 규모가 작아서 그랬는지, 베토벤은 7번 교향곡을 〈장대한 교향곡 A장조(Gross Symphony in A major)〉라는 제목으로 출판했다.

내가 이 부분을 쓸 때는 2010년 1월이었고 나의 집 앞 구러시아 공사관 유적과 덕수궁은 눈으로 뒤덮여 있었다. 나는 1812년 작곡된 〈교향곡 제7번〉의 제2악장을 들으며 나폴레옹이 모스크바의 한겨울 추위, 눈보라, 세찬 바람을 이기지 못하고 퇴각하는 장면을 떠올렸다.

1814년은 베토벤에게도 오스트리아에게도 승리를 안겨주는 한 해였다. 그러나 수년간 전쟁을 겪은 후 비엔나는 영광의 시간을 되찾았으나 그것도 잠시였다. 오스트리아 경제는 곧 침체하고 비엔나는 오랫동안 유럽의 쇠락하는 도시가 되고 말았다.

베토벤의 최고 후원자이자 아직 생존해 있던 두 후원자 리히노프스키 대공과 라즈모프스키 대공도 변고를 맞는다. 4월 15일 베토벤 최대 후원자 리히노프스키 대공이 53세로 사망했고, 12월 31일에는 라즈모프스키 대공의 저택이 큰 화재로 소실되고 대공도 건강을 잃고 은둔하게 된다.

베토벤은 2월부터 6월까지 묄커 바스타이 10번지 2층 바르텐슈타인쉐스하우스(Bartensteinsches Haus)에서 지냈다. 베토벤은 새해 1월부터 게오르크 트라이츠케에게 새로운 대본을 의뢰하여 〈레오노레〉를 〈피델리오〉라는 이름으로 개작하였다.

베토벤은 비엔나 황실 도서관 레도텐잘((Imperial Redoutensaal)에서 자신의 지휘로 〈교향곡 제8번〉을 공개 초연했다. 그는 〈교향곡 제8번〉을 〈소규모의 교향곡 F장조(Kleine Synphonie in F)〉라고 불렀고, 같은 제목으로 출판했다. 〈교향곡 제4번〉이 〈교향곡 제3번〉과 〈교향곡 제5번〉 사이에 낀 휴식이었듯이, 〈제8번 교향곡〉(약25분)도 〈제7번 교향곡〉(약35분)과 〈제9번 교향곡〉(약69분) 사이에서 잠시 한 걸음 물러난 휴식의 작품이라고 봐도 된다. 이 곡은 1812년 두 번째로 테플리체에 체류하면서 작곡한 것으로 베토벤의 작품으로서는 드물게 밝고 명랑한 작품이다. 앞서 말한 것처럼 〈제7번〉과 〈제8번〉은 비공개로 함께 초연되었는데, 당시 청중들은 〈제7번〉에만 관심을 표시했고, 〈제8번〉에는 냉담한 반응을 보였다. 베토벤은 이렇게 말했다.

"〈교향곡 제8번〉이 냉대를 받는 것은 다른 작품보다 더 훌륭하기 때문이다."

베토벤 전기작가이자 노벨상 수상작가 로맹 롤랑은 이렇게 말했다.

"〈교향곡 제8번〉이야말로 베토벤의 감정을 가장 잘 표현한 교향곡이다."

베토벤에게는 행복한 시간이 그리 오래도록 허용되지 않았다. 그는 〈제8번 교향곡〉 작곡을 완료한 후 둘째 동생의 결혼으로 불편해진 심사로 린츠로 달려갔다.

엘바섬과 피델리오 결정판

1814년 4월 11일 체결된 퐁텐블로 조약(Treaty of Fontainebleau)에 의해 나폴레옹은 황제라는 칭호를 사용할 자격 외에 모든 권한을 내놓고 엘바섬으로 유배되었다. 이날 나폴레옹은 퐁텐블로 슈발 블랑(Cheval Blanc) 광장에서 자신의 근위대 병사들과 마지막 작별인사를 나누었다. 이로 인해 '백마의 광장'이라는 의미를 지닌 슈발 블랑 광장은 이별의 광장(Courtyard of Goodbyes)으로 불리기도 한다. 나폴레옹은 엘바섬에 도착하고 며칠 후 이렇게 말한다.

"나의 영토가 이렇게 작군."

나폴레옹이 지중해 엘바섬으로 유배되고, 비엔나 궁전에서는 나폴레옹 이후의 유럽에 대해 논의하기 위한 비엔나 회의가 열렸다. 비엔나 회의가 열리기 몇 달 전인 1814년 5월 23일에는 〈피델리오〉 결정판이 공연되었다. 제1막이 끝난 뒤 관중들은 엄청난 박수로 베토벤을 무대 위로 불러냈고 10월 9일까지 16회 공연이 이루어졌다. 비엔나 시민들은 〈피델리오〉를 한 여인이 남편을 구원한 내용으로만 생각하지 않고 연합군이 유럽 시민들을 나폴레옹의 압제에서 구원한 의미로까지 해석했는지도 모른다.

그러나 1806년 3월 29일 〈피델리오〉 제2판이 대중들로부터 별다른 호응을 받지 못하자 베토벤은 화가 나서 "나는 대중을 위해 작곡하지 않소!"라고 소리쳤었다. 하지만 그때 이미 베토벤은 대중을 위해 작곡하는 순간 확실히 더 나은 음악이 나온다는 것을 알고 있었다.

비엔나 회의

1814년 9월 1일에서 1815년 8월 9일까지 열린 비엔나 회의는 나폴레옹 전쟁의 결과를 수습하기 위해 오스트리아의 재상 클레멘스 폰 메테르니히(Klemens Wenzel von Metternich, 1773~1859)의 주도 하에 영국, 프로이센, 오스트리아, 러시아 등이 모여 논의한 회의이다. 회의의 표면상 목적은 나폴레옹 전쟁의 혼란을 수습하고 유럽의 상태를 전쟁 전으로 돌리려는 것이었지만, 실질적으로는 부르봉 왕가를 프랑스에 복귀시키고, 스페인에는 합스부르크 가를 복귀시키고, 유럽 각국에는 다시 왕정체제를 복구시켜 프랑스가 또다시 강국이 되지 못하도록 하려는 것이었다. 보수적 성격을 가진 비엔나 회의의 결과 만들어진 것은 비엔나 체제 혹은 유럽 협조 체제(Concert of Europe)였다. 비엔나 회의는 유럽 열강들 사이에 세력균형 체제를 형성했고 19세기 중엽까지 유럽 정치의 밑그림이 된다.

비엔나 회의는 회의 개최국으로서 오스트리아 외무상 메테르니히가 회의를 진행했고, 영국에서는 외무상 캐슬레이 자작과 웰링턴 공작이, 프로이센에서는 프리드리히 빌헬름 3세와 재상 하르덴베르크 공작이, 러시아에서는 알렉산더 1세 황제가 대표로 참석했다. 베토벤의 후원자 라즈모프스키 백작은 통역과 의전활동에서 큰 역할을 했다. 라즈모프스키 백작은 이때의 공로로 대공이 된다. 패전국 프랑스에서는 외무상 탈레랑(Charles-Maurice de Talleyrand-Perigord, 1754~1838)이 대표로 참석했다. 5대 강국 외에도 유럽 각국이 사절단을 파견했다.

비엔나 회의는 메테르니히와 탈레랑의 무대였다. 탈레랑은 패전국의 대표로서 승전국들의 온건한 처분을 구걸해야 할 처지였다. 그러나 승전국들이 바르샤바 대공국과 작센의 분할을 둘러싸고 분열하자 이를 놓치지 않고 줄타기 외교를 함으로써 프랑스의 협상지위를 높였다.

모든 국제회의가 다소간 그렇지만, 비엔나 회의 도중 각국 대표들은 밤에는 무도회, 낮에는 썰매타기와 등산에만 정신을 팔고 회의의 진전은 왈츠 춤처럼 빙빙 돌기만 했다. 사절단에 참가한 대표들이 너무 많아 전체 회의를 할 수도 없었다. 물론 그렇게 된 데에는 메테르니히의 계략도 숨어 있었다. 비엔나에서 발간되는 신문의 만화는 각국 대표들의 모습을 다음과 같이 풍자했다.

> 러시아 황제는 모든 사람을 대신하여 연애를 하고, 프로이센 왕은 모든 사람을 대신하여 사색하고, 덴마크 왕은 모든 사람을 대신하여 떠들고, 바이에른 왕은 모든 사람을 대신하여 술 마시고, 뷔르템베르크 왕은 모든 사람을 대신하여 퍼먹고, 오스트리아 황제는 모든 사람들을 위하여 돈을 치른다.

그래서 유명한 말이 회자되었다.

"회의는 전진하지 않는다. 오직 춤출 뿐이다."

비엔나 회의 결과, 노예무역이 인도주의에 반함을 선언하고, 라인강을 자유항행 하천으로 정하는 등 국제회의에서 논의할 문제들도 해결했지만 메테르니히와 탈레랑의 외교술로 오스트리아와 프랑스의 이익이 가장 많이 확보되었다.

오스트리아는 1806년 해체된 구신성로마제국의 제후국들을 정리하여 38개의 연방국가를 모아 독일 연방을 창설했는데, 연방의 의장은 오스트리아 황제가 맡게 된다. 그 결과 남독일과 남부 네덜란드를 포기하는 대신에 오스트리아는 이탈리아 북부지역, 베네치아, 티롤, 잘츠부르크, 달마티아 지방의 라구사(오늘날 두브로브니크), 토스카나 대공국과 모데나 공국을 비롯한 중부 이탈리아의 군소 제후국들에게 합스부르크 왕가의 군주들을 모두 복귀시켰다.

프랑스는 1792년의 국경을 유지할 수 있게 되었다. 탈레랑은 나폴레옹의 100일 천하 동안 비엔나에 머무름으로써 나폴레옹과 연계되는 것을 피했고, 루이 18세가 복귀하자 외무상의 지위를 유지하였다(프랑스는 나폴레옹의 100일 천하로 인해 1790년의 국경으로 후퇴하게 된다). 러시아는 바르샤바 대공국의 대부분을 차지했고 핀란드를 계속 보유하게 된다.

피아니스트 베토벤의 은퇴 공연

1814년 4월 11일 렌가세 1번지(1. Renngasse 1) 춤 뢰미쉐 카이저 호텔(Zum römische Kaiser)에서 베토벤이 피아노를 맡고 슈판치히가 바이올린을 맡아 일명 '대공 트리오'로 알려진 〈피아노 3중주 제7번, Op.97〉을 공개 초연했다. 당시에는 실내악을 공연할 전용 연주홀이라는 개념이 없었기 때문에 호텔이나 음식점의 홀에서 사적인 축하 연주뿐만 아니라 신곡의 초연도 종종 개최되었다. 이날 연주는 베토벤의 청력 부족으로 실패했고 그 후 베토벤은 공개적으로 피아노 연주를 하지 않았다. 그러니까 1814년 4월 11일은, 1778년 3월 26일 쾰른에서 나이를 두 살 낮추어 데뷔한 베토벤이 피아니스트로서 36년간의 연주경력을 끝내는 은퇴공연이었던 셈이다.

베토벤은 9월에 바덴으로 가서 바일부르크슈트라세 11-13번지에서 지냈다. 9월 26일에는 〈피델리오〉가 비엔나 회의에 참석한 각국의 대표들 앞에서 공연되었다. 베토벤은 비엔나 회의 개최를 축하하는 작곡을 했다. 10월과 11월 사이 알로이스 바이센바흐(Alois Weissenbach)의 가사에 곡을 붙여 칸타타 〈영광의 시간, Op.136〉을 작곡했고, 11월 29일 초연에 대본가 바이센바흐와 함께 참석했다. 그 무렵 베토벤은 파리에서 프랑스 군대가 항복하는 것(1814년 3월 31일)을 기념하여 〈게르마니아, WoO 94〉를 작곡했고, 비엔나 회의에 참석한 연합군 대표들을 위해 〈연합 군주에 부치는 합창, WoO 95〉도 작곡했다. 비엔나 회의 개최를 축하한다는 것은 결국 나폴레옹의 패배를 축하는 것이므로, 서민으로 출발하여 영웅이 된 인간 나폴레옹을 베토벤의 머리와 가슴에서 영원히 지우는 순간이었다. 베토벤은 11월에 묄커 바스타이 8번지 5층으로 돌아왔고 1815년 봄까지 그곳에서 지냈다.

제11장

소송-누구를 위해, 무엇 때문에

1815~1818

100일 천하

1815년은 역사에서 말하는 3월 혁명(1848년 3월) 이전의 시대(Vormärz, 1815~1848)가 시작됐고, 비엔나 회의 결과 독일 연방이 생겼고, 유럽에서 오스트리아와 프러시아가 새로운 맞수로 등장했고, 메테르니히의 장기간 통치가 시작됐고, 비엔나 중산층이 탄생하는 격동의 해였다.

나폴레옹은 황제라 불리면서 엘바섬에서 9개월 21일 동안 머물렀다. 1815년 2월 26일 나폴레옹은 영국군의 감시를 피해 엘바섬을 탈출하여 같은 해 3월 20일 파리에 입성했다. 다시 군대를 모은 나폴레옹은 워털루에서 영국-프로이센 연합군과 맞서 싸웠다. 영국의 웰링턴 장군의 지휘로 연합군은 프랑스 군대를 격파했다. 3월 20일부터 6월 18일까지는 100일이었다. 이로 인해 나폴레옹의 '100일 천하'는 끝났고 그는 다시 대서양의 세인트헬레나로 유배되었다.

낭만기

1815년은 베토벤의 연대기에서 창작활동의 세 번째 단계인 낭만기로 들어서는 시기이다. 베토벤은 "아름다운 음악을 만들기 위해서라면 파괴하지 못할 것은 아무것도 없다."라고 생각했다. 베토벤을 낭만주의 음악의 선구자로 보는 것은 새로운 음악 양식을 끊임없이 추구하는 그의 도전정신 때문이다. 그는 교향곡에 처음으로 스케르초를 삽입하고, 동일한 리듬의 주제를 전곡에 걸쳐 전개하고, 합창을 도입했다. 협주곡에 독주 악기의 카덴차도 사용했다. 피아노 소나타에서도 정형적인 소나타 형식을 탈피하기도 했고, 악기와 목소리의 한계에도 도전했다.

이 무렵 베토벤은 은둔자적인 생활을 했으며 작곡 또한 감소하였다. 베토벤은 공개적인 자리에는 가능하면 나타나지 않았고, 악보 출판 등 사업에 관계하면서 가족 문제로 많은 시간을 소비했다. 1815년부터 1827년 사이에 작곡된 주요 작품은 마지막 5개의 현악4중주곡, 마지막 5개의 피아노 소나타, 〈장엄미사〉, 〈제9번 교향곡〉 등이다. 작품들은 수적으로는 많지 않지만 그 전에 작곡한 어떤 작품들보다 음악적 사상의 밀도가 높다. 전체적으로 음악형식의 혁명, 지적 깊이와 집중, 그리고 인간적인 표현이 담겨 있다.

베토벤은 한동안 만나지 않았던 에르되디 백작 부인과도 다시 만나기 시작했다. 베토벤은 1815년 2월 28일 에르되디 백작 부인에게 편지를 썼다.

소중한 나의 백작 부인, 당신의 편지 매우 기쁘게 읽었습니다. 당신의 우정이 부활한 것 또한 마찬가지로 기뻤습니다. …… 부디 잘 지내세요. …… 내게 가장 소중한 추억을 안겨준 당신의 사랑스런 아이들을 영혼으로 품에 안습니다. 곧 뵙기를 고대합니다.

하일리겐슈타트파크의 베토벤

여름이 되자 베토벤은 예네바인가세 17번지 에르되디 백작 부인의 별장에서 잠시 머물다가 곧 바덴으로 갔고, 여름이 끝날 무렵 비엔나로 와서 질베르가세 4번지(19. Silbergasse 4) 혹은 누스발트가세 2번지(19. Nusswaldgasse 2)에서 잠깐 지냈다. 베토벤은 이곳에서 〈2개의 첼로 소나타, Op.102〉를 작곡했다. 〈에로이카하우스〉가 있는 되블링거 하우프트슈트라세를 따라 계속 북쪽으로 가면 길 이름은 호헤 바르테(Hohe Warte)로 바뀐다. 호헤 바르테에서부터 길은 오르막이다. 죽 따라 올라가면 왼쪽으로 질베르가세와 만난다. 이곳은 현대적 주택단지로 변했다.

호헤 바르테는 다시 내리막길로 변하는데, 그 길을 계속 따라 내려가면 하일리겐슈타트 교구 교회(Heiligenstadt Parish Church)를 만난다. 교회 오른쪽 숲이 하일리겐슈타트파크(Heiligenstadtpark)이다. 그곳에는 베토벤 실물 크기의 입상 조각이 있다. 1902년 로버트 바이글(Robert Weigl)이 설계한 도면을 바탕으로 프리츠 헨라인(Fritz Hänlein)이 대리석으로 조각하여 1910년 11월 28일 이곳에 설치했다. 작은 키에 사자머리칼, 그리고 프록코트를 입고 지팡이를 쥔 모습에서 베토벤의 힘이 느껴진다. 이 조각상이 베토벤을 모델로 한 조각 중에 가장 우수하다는 평을 듣고 있다. 원래 조각에는 뒷짐 진 베토

하일리겐슈타트파크에 있는 베토벤 조각상

벤의 손에 지팡이가 있었는데, 최근에 누가 떼어갔다고 한다.

첼로의 신약성서

바흐의 〈무반주 첼로 모음곡〉 다음 가는 첼로 곡은 베토벤의 첼로 소나타라고 주장하는 사람들도 있다. 그들은 바흐의 〈무반주 첼로 모음곡〉을 첼로의 구약성서라고 부르고, 베토벤의 첼로 소나타를 첼로의 신약성서라고 부른다. 베토벤은 첼로와 피아노를 위한 소나타 5곡과 변주곡 3개를 썼다. 베토벤의 5개의 첼로 소나타는 베토벤의 초기, 중기, 후기의 인생 역정을 잘 보여준다. 1번 소나타는 그동안 베이스 역할에 머물던 첼로를 첫 소절부터 피아노와 동등한 역할을 하게 함으로써 첼로를 독주 악기로 등극시킨 역사적인 작품이다.

베토벤 중기 시절의 대표작인 〈첼로 소나타 제3번〉은 〈운명 교향곡〉과 〈전원 교향곡〉을 작곡하던 시기의 화려한 맛이 담겨 있다. 마지막 첼로 소나타 〈제4번 Op.102-1〉과 〈제5번 Op.102-2〉는 1815년 에르되디 백작 부인 별장에서 머물며 작곡했다. 그곳에서 연주되었는지는 알 수 없지만, 이 곡은 그녀에게 헌정되었다(헌정 연도 표시는 1819).

2007년 11월 베토벤 첼로 소나타 5곡을 하루에 모두 연주한 양성원(1967~)은 이렇게 말했다.

"베토벤의 중기 음악은 그가 예술적 이상에 도달해 탄생한 걸작들이고, 후기 음악은 그의 영적인 이상에 대한 깨달음에서 나온 음악이다. 베토벤 이전의 음악은 무조건 아름다움에 대한 것이었는데 베토벤은 아픔과 고통, 어두움까지도 음악의 영역에 포함시켰다."

조카의 양육권과 후견인

베토벤은 가을에 접어들면서 비엔나 시내로 들어와 자일러슈테테 21번지(1. Seilerstätte 21) 람베르티쉐스하우스(Lambertischeshaus)에 거처를 정했고, 1817년 봄까지 살았다.

1815년 11월 14일 베토벤의 첫째 동생 카를이 중병으로 요한나와 베토벤을 공동으로 아들 카를의 후견인으로 지명했다. 카스파르는 유언장에 다섯 가지 조항을 썼는데 그중 "나의 아내와 더불어 형 루트비히를 나의 아들 카를의 '공동 후견인'으로 지명한다."라는 첫째 조항이 문제였다. 이 사실을 안 베토벤은 '공동'이라는 말을 삭제하도록 임종 직전의 동생에게 설득했다. 베토벤은 나중에 다음과 같이 메모했다.

"나는 우연히 동생의 유언장을 보았다. '나의 아내와 더불어 형 루트비히를'이라는 말은 삭제되어야 마땅했다. 나는 아이의 교육과 같은 중요한 문제를 행실이 좋지 않은 여자와 협의하는 것을 원하지 않았기 때문에 동생을 설득했다."

그날 늦게 베토벤이 병상을 비운 사이, 이 사실을 안 요한나는 카스파르에게 유언보충서를 작성하도록 강력하게 요구했다. 내용은 다음과 같이 바뀌었다.

"나의 아들을 그의 엄마에게서 빼앗아가서는 안 되고, 아들은 늘 엄마와 함께 있어야 하며, 아이의 엄마는 베토벤과 공동으로 후견인이 된다."

그리고 앞날을 예상이라도 한 듯 유언보충서를 끝맺었다.

"주여, 아이의 행복을 위해 아이의 엄마와 형이 마음을 일치하도록 해주소서!"

하지만 그의 희망은 허락되지 않았다. 아이의 후견인 문제를 두고 베토벤과 요한나 사이의 첨예한 법정다툼은 5년간 지속되었고 카를의 양육에 악영향을 끼쳤다. 카스파르 카를은 유언장을 수정한 다음 날인 1815년 11월 15일 41세의 나이로 사망했다.

요한나 라이스, 베토벤을 제소하다

9세 카를의 후견인 문제를 두고 친모 요한나는 백부 베토벤이 자격이 없다고 1815년 11월 22일 평민법원(Magistrat)에 소송을 제기했다. 11월 28일 베토벤은 이 문제를 귀족법원(Landrecht)에 맞제소했다. 요한나는 카스파르가 사망한 지 몇 달 만에 아이를 또 낳았는데, 당시 카스파르가 결핵을 앓고 있었으므로 아이의 친부는 카스파르가 아닐 것이 분명했다. 베토벤은 조카 카를의 후견인 문제를 다투는 소송에서 그녀의 그런 행적을 재판의 증거로 이용했다. 후견인 소송은 카스파르가 사망한 지 일주일 후 시작되어 거의 10년이나 끌었다.

1816년 1월 9일 귀족법원은 베토벤에게 승소판결을 내렸고, 베토벤은 조카 카를의 공식 후견인이 되었다. 2월 2일 카를이 엄마 요한나를 만나러 갔고, 베토벤은 카를을 억지로 데리고 나왔다. 베토벤은 카를에게 좋은 교육을 시키기 위해, 명망 있는 잔타나시오 델 리오(Giannattasio del Rio, 1764~1828)가 1798년 비엔나 란트슈트라세에 설립한 기숙형 남자 사립학교에 보냈다(카를은 1818년까지 다녔다). 베토벤은 카를을 맡기면서 후견인으로서 당부의 편지를 보냈다.

잔타나시오 델 리오 선생에게

카를의 외투와 교과서를 보냅니다. 카를의 엄마가 그를 만나려고 하면, 제발 부탁이지만 카를이 바쁘다는 핑계를 대서 만나지 못하게 해주시기 바랍니다.

……

지난밤 저 '밤의 여왕'(카를의 엄마를 지칭)은 정신적으로뿐만 아니라 육체적으로도 벌거숭이가 되어 새벽 3시가 되도록 무도장에서 추태를 부렸다고 합니다. 게다가 그녀는 20굴덴이면 누구에게나 몸을 허락한다는 소문이 나돌 지경이오. …… 그런 여자에게 단 한순간일지라도 아이를 맡길 수가 있겠소? 어림도 없지요.

잔타나시오의 딸 파니(Fanny, 1790~1873)는 베토벤이 그 기간 학교를 방문한 사실에 대해 상세히 기록으로 남겨 후세 연구에 큰 도움을 주었다. 1819년 베토벤은 잔타나시오의 둘째 딸 안나(Anna, 1792~1868)의 결혼을 축하하기 위해 〈결혼식 노래, WoO 105〉를 작곡, 헌정했다.

베토벤은 또 제자 요제프 체르니(Joseph Czerny, 1785~1831, 카를 체르니와는 아무 관계가 없음)로 하여금 카를에게 피아노 레슨을 해주도록 지시했다. 어느 날 요제프 체르니가 카를이 음악적 재능이 없음을 넌지시 암시하자 베토벤은 몹시 화를 냈다고 한다.

1816년 베토벤은 여름이 되자 바덴으로 가서 브라이트너슈트라세 26번지(Breitnerstraße 26) 오솔린스키쉐스 슐로스(Ossolynskisches Schloß)에서 10월까지 지냈다. 9월 18일 카를은 탈창수술을 위해 바덴으로 와서 베토벤과 함께 지냈다. 베토벤은 1816년 겨울부터 1817년 초까지 잠시 렌가세 1번지 춤 뢰미쉐 카이저 호텔에서 머물렀다.

1816년 12월 15일에는 베토벤의 최대 후원자 중 한 사람인 로프코비츠가 44세로 사망했다. 로프코비츠 대공은 큰 재산을 상속받았지만 엄청나게 비용이 드는 오케스트라를 운영했고 또 프랑스 군대에 맞섰기 때문에 나폴레옹 전쟁 말기에 거의 파산하여, 1813년 채권자를 피해 야반도주했다. 그 후 내내 베토벤은 로프코비츠를 만나지 못해 애석해했다. 그 무렵 베토벤의 많은 신작을 초연했던 로프코비츠 대공 저택은 음악활동 중심지로서의 역할을 마감했다.

도로테아 폰 에르트만

베토벤에게 1817년은 지병과 카를의 후견이 소송 등으로 비생산적인 한 해였지만 도로테아 폰 에르트만 남작 부인(Baroness Doro-thea von Ertmann, 1781~1849)과 교분을 나누면서 마음을 안정시켰다. 1817년 2월 23일 베토벤은 1816년 작곡한 〈피아노 소나타 제28번, Op.101〉을 슈타이너 사를 통해 출판할 때 도로테아 폰 에르트만 남작 부인에게 헌정했다. 다음과 같은 헌사를 담은 편지도 보냈다.

"진작부터 당신에게 헌정하려 했던 곡으로 그대의 예술적 천재성과 인격에 대한 존경심의 표현입니다."

이 곡은 폰 에르트만 남작 부인이 처음 공개 연주하여 큰 반응을 불러일으켰다. 당시 이미 일류 피아니스트였던 도로테아 폰 에르트만은 1803년부터 베토벤에게 잠깐씩 피아노 지도를 받았다. 베토벤은 그녀를 음악의 수호성인 체칠리아에 비유했고, 베토벤은 당시 아이를 잃

란트슈트라서 하우프트슈트라세 26번지 건물 입구에 있는 기념 명패

어 슬픔에 잠겨 있는 그녀를 찾아가 이 곡을 직접 연주하고 위로했다. 같은 시기에 작곡가로 활동하게 되는 멘델스존(Felix Mendels-sohn–Bartholdy, 1809~1847)도 도로테아 폰 에르트만 남작 부인의 연주에 감탄했다고 한다.

베토벤이 직접 '해머클라비어 소나타'라고 이름 붙인 소나타는 원래 2개였다. 하나는 도로테아 폰 에르트만 남작 부인에게 헌정한 〈피아노 소나타 제28번, Op.101〉이고, 다른 하나는 루돌프 대공에게 헌정한 〈피아노 소나타 제29번, Op.106 해머클라비어〉이다. 오늘날에는 루돌프 대공에게 헌정된 작품만을 〈해머클라비어 소나타〉라 부르는데, 그 이유는 베토벤이 피아노를 이탈리아식 이름인 '피아노포르테'보다 독일식 이름 '해머클라비어'라 부르기 좋아하여 이 곡의 표지에 'Für das Hammerklavier'로 기록했기 때문이다. 피아노포르테는 '피아노(여리게)에서 포르테(세게)까지 자유자재로 소리를 낼 수 있는 하프시코드'란 뜻이고, 해머클라비어는 '현을 때리는 해머로 소리를 내는 클라비어'라는 뜻이다. 하프시코드와 클라비어는 피아노 이전의 건반악기이다.

베토벤은 1817년 4월부터 란트슈트라서 하우프트슈트라세 26번지(3. Landstraßer Hauptstraße 26) 춤 그뤼넨 크란츠(Zum grünen Kranz) 3층

에서 10월까지 머물렀다. 건물 입구에는 그런 사실을 알리는 기념명패가 있다. 이곳에서 가까운 31번지(3. Landstrasser Hauptstrasse 31)는 1823~1824년 사이 베토벤이 종종 들렀던 댄스홀이고, 40번지(3. Landstrasser Hauptstrasse 40)는 베토벤이 거처를 정하지 못할 때 이용했던 로터한 호텔(Roter Hahn Hotel)인데, 란트슈트라서 하우프트슈트라세에서는 가장 오래된 호텔로 과거 모차르트도 이곳에 숙박한 적이 있다.

지하철 3호선 로쿠스가세 역(Rochusgasse)에서 내리면 란트슈트라서 하우프트슈트라세인데, 건너편 큰길이 라즈모프스키가세(Rasumofsky-gasse)이고 이 길 23-25번지가 베토벤 후원자 라즈모프스키의 궁전이다.

댄스홀

오스트리아 사람들은 춤곡을 좋아했고 춤추기를 좋아했다. 지금도 그렇지만 베토벤 시절 비엔나는 춤의 도시였다. 우선 사교계에 발을 들여놓으려면 춤부터 출 줄 알아야 했다. 그래서 베토벤은 비엔나에 도착한 직후 하이든을 찾아가 작곡도 공부했지만 댄스홀에 가서 춤도 배웠다.

비엔나 사람들이 춤을 좋아한 사실을 보여주는 몇 가지 예를 들어보자. 모차르트 시절 사육제가 시작되는 1월 6일부터 매주 목요일과 일요일, 비엔나 궁정의 크고 작은 무도장에는 3,000여 명의 가면을 쓴 사람들이 밤 9시부터 이튿날 새벽 5시까지 춤을 즐겼다.

모차르트는 비엔나에서 성공을 거두고 1784년 9월 돔가세 피가로 하우스에 살 때 집에서도 자주 댄스파티를 열었는데 간혹 새벽 7시가 되어야 끝이 났다. 1787년 모차르트는 글루크의 후임으로 비엔나

모자르트와 베토벤이 이용한 로터한 호텔

궁정 작곡가로 임명되었는데, 그의 직무는 주로 연례 궁중 신년음악회와 각종 연회를 위한 춤곡을 작곡하는 것이었다. 그런 일이라면 모차르트에게는 너무 쉬웠다. 모차르트는 잘츠부르크 시절부터 내내 춤을 추기 좋아했으니까. 나중에 모차르트는 춤곡 영수증에 다음과 같이 메모를 했다.

"내가 한 것에 비하면 너무 많고, 내가 할 수 있는 일에 비하면 너무 적다."

그것은 글루크의 연봉은 2,000플로린이었고, 모차르트는 800플로린을 받았기 때문에 빈정거리며 하소연하는 말이었다.

하일리겐슈타트 파르플라츠 2번지, 호이리거 마이어

베토벤은 5월 들어 하일리겐슈타트의 파르플라츠 2번지(19.

파르플라츠 2번지에 있는 호이리거 마이어

Pfarrplatz 2)에 거처를 정하고 6월까지 머물렀다. 프로부스가세를 빠져나와 만나는 작은 광장이 파르플라츠(Pfarrplatz)이고, 아름답고 조그만 성 야곱 성당과 붙은 집이 파르플라츠 2번지 슐로글쉐스 하우스(Schlöglsches Haus)이다. 베토벤은 이곳에 세들어 살며 〈교향곡 제9번〉 1악장 일부를 작곡했다.

이 집은 1180년 지어졌고 17세기와 18세기, 그리고 1872년 커피하우스로 개조되었고 1904년 현재 모습의 식당이 되었다. 지금은 마이어 암 파르플라츠(Mayer am Pfarrplatz)라는 상호를 내걸고 햇와인을 파는 호이리거(Heuriger)이다. 베토벤이 머물었던 집들 중에 그래도 좀 아름다운 편에 속하는 집이라고 한다.

비엔나의 서쪽과 남쪽, 그리고 북쪽은 숲과 포도밭이다. 그중에서도 발렌베르크(Wallenberg) 산과 누스베르크(Nussberg) 산의 경사면에 조성되어 있는 포도밭이 특히 아름다운데 포도밭을 뒤로 하고 비엔나 시내와 도나우강을 내려다보는 언덕이 호이리게로 유명한 그린칭(Grinzing) 지역이다.

프랑스의 보졸레 누보(Beaujolais Nouveau)처럼 그해 처음 수확한 화이트 와인의 독일어 표현이 호이리게(Heurige)이다. 요즘은 '와인을 마시는 장소'라는 의미로 통한다. 문 앞에 솔가지를 걸어놓은 호이리게는 '우리집에는 햇와인이 있다'라고 알리고 있는 것이다.

그린칭 일대는 돌이 많아 다른 농사를 짓기에는 척박하지만 포도 재배에는 좋다. 화이트 와인의 원료 샤르도네(Chardonnay)는 찬 서리를 맞아야 제 맛을 내기 때문에 이곳 사람들은 초겨울 알프스에서 불어오는 찬바람과 함께 서리와 눈이 내리고 포도알이 건포도처럼 쪼글쪼글하게 될 때를 기다려 샤르도네를 수확한다. 그렇게 만든 것이 햇와인 호이리게이다.

베토벤 산책로와 휴식처

에로이카가세를 따라 북쪽으로 가면 베토벤 산책로(Beethovengang)가 나오고 숲 속으로 조금 들어가면 내리막길에 다소곳한 평지 베토벤 휴식처(Beethovenruhe)가 있다. 베토벤의 흉상이 있는 이곳이 전원 교향곡의 무대이다. 베토벤 산책로는 어디서 어디까지라고 말하기는 곤란하다. 베토벤 산책로 표시를 따라 내려오면 왼쪽은 오래 된 주택이고 오른쪽은 전원 교향곡에서 묘사된 실개천 슈라이버바흐(Schreiberbach)가 흐른다. 베토벤이 고독하게, 그러나 즐겨 다녔던 이 산책길은 아마 베토벤 시절과 별 다름 없을 것이다. 주의해서 가만히 들으면 베토벤이

베토벤 산책로를 따라 흐르는 실개천 슈라이버바흐

베토벤 휴식처 가는 길 안내 팻말

마음으로 들었던 메추라기, 나이팅게일, 뻐꾸기, 방울새 소리가 들린다. 개울이 끝나는 지점에 전차 D 누스도르프(Nussdorf) 종점이 있고 그것을 타면 비엔나 시내로 돌아올 수 있다.

베토벤 휴식처에 있는 베토벤 흉상

런던 필하모닉 소사이어티에서 온 초청장

1817년 6월 9일 베토벤은 페르디난트 리이스가 런던 필하모닉 소사이어티(Philharmonic Society) 이름으로 보내온, 런던으로 오라는 초대장을 받았다. 베토벤은 300기니(지금은 사용하지 않는 화폐단위인데, 약 315파운드)의 작곡료에 두 곡의 교향곡을 써 달라는 요청은 수락했지만 다음과 같은 답장을 런던 필하모닉 소사이어티에게 보냈다.

"나는 내일 당장 어떻게 될지도 모를 만큼 건강이 좋지 않습니다. 이런 상태가 계속되면 내년 런던에 가기도 전에 무덤 속에 있을지도 모르겠습니다."

1813년부터 추진하던 베토벤의 런던 방문은 끝내 실현되지 못했다. 베토벤이 영국 음악계와 접촉한 것은 10년 전인 1807년부터 시작되었지만 런던의 필하모닉 소사이어티와 관계를 맺고 또 영국 음악 애호가들이 베토벤에게 작품을 위촉하는 일에 적극적인 관심을 보인 것은 페르디난트 리이스가 런던에 정착하여 필하모닉 소사이어티의 창립 멤버가 된 1815년부터였다. 1815년 6월 런던의 필하모닉 소사이어티에서 베토벤에게 3개의 서곡을 75기니에 작곡해줄 것을 요청했다. 나중에 베토벤은 〈Op.113, 115, 117〉을 보냈다.

필하모닉 소사이어티는 〈교향곡 제9번〉의 탄생에 중요한 역할을 했다. 〈제9번〉은 필하모닉 소사이어티가 위촉한 것이나 다름없다. 필하모닉 소사이어티는 베토벤이 임종 병상에 있을 때 100파운드를 보내어 그를 감동시켰다.

이 무렵 베토벤은 〈해머클라비어 소나타 Op.106〉 작곡을 시작했는데, 이 작품은 최근 5년 만에 나온 작품들로서는 첫 번째로 주요한 작품이었다. 베토벤은 출판업자에게 "이 곡은 지금은 어렵겠지만 50년쯤 지나면 피아니스트들이 이 곡을 치기 위해 바빠질 거요."라고 말했다. 하지만 리스트와 같은 연주가들의 노력으로 이 곡은 빠르게 대중화에 성공하였다. 〈해머클라비어 소나타〉는 베토벤이 당시 피아니스트들이 어려워서 연주 불가능하다고 생각했던 훔멜의 〈피아노 소나타, Op.81〉과 견주어보고 싶어 작곡했다는 이야기도 있다.

칼렌베르거 슈트라세 26번지

베토벤은 7월에는 거처를 하일리겐슈타트 칼렌베르거 슈트라세 26번지(19. Kahlenberger Straße 26) 그라이너쉐스 하우스(Greinersches Haus)로 옮기고 8월까지 머물렀다. 파르플라츠에서 북쪽 골목으로 접어들면 거리 이름은 에로이카가세(Eroicagasse)로 바뀌고, 에로이카가세는 칼렌베르거 슈트라세와 만난다. 칼렌베르거 슈트라세는 19구역이지만 하일리겐슈타트 지역이 아니라, 밤나무골이라는 의미의 누스도르프 지역에 속한다.

날씨가 시원해지기 시작하는 10월이 되면 베토벤은 하일리겐슈타트에서 시내로 내려와 게른트너가세 5번지(3. Gérntnergasse 5) '푸른 나무의 집'이라는 의미의 하우스 춤 그뤼넨 바움(Haus zum grünen Baum)에 세를 들어 1818년 4월까지 머물렀다.

쉬카네더가 살던 집

칼렌베르거 슈트라세를 따라 내려오다 그라이너가세(Greinergasse)에서 왼쪽으로 돌면 멀리 비엔나 남역(Sudbahnhof)까지 가는 전차 D를 만나고, 이어지는 길이 하크호퍼가세(19. Hackhofergasse)이다. 이 길의 18번지 집은 1737년에 지은 바로크 양식의 저택이다. 이곳에서 에마누엘 쉬카네더가 1802년부터 1812년까지 10년 동안 살았다. 쉬카네더가 살았던 이곳에 1932년부터 1940년까지 프란츠 레하르가 살았다. 레하르는 이 집에서 〈지우디타(Giuditta)〉를 작곡했다. 이 집의 정면에 두 사람의 기념명판이 있는데, 레하르의 명판에는 "그는 즐거움을 주며 슬픔을 잊는 음악을 창조했다."라는 문구가 새겨져 있다.

베토벤의 피아노

1817년 12월 27일 영국의 피아노 제조업자 토머스 브로드우드(Thomas Broadwood)가 6옥타브나 되는 새로운 그랜드 피아노를 베토벤에게 선물했다. 피아노는 런던에서 트리에스테까지는 배편으로,

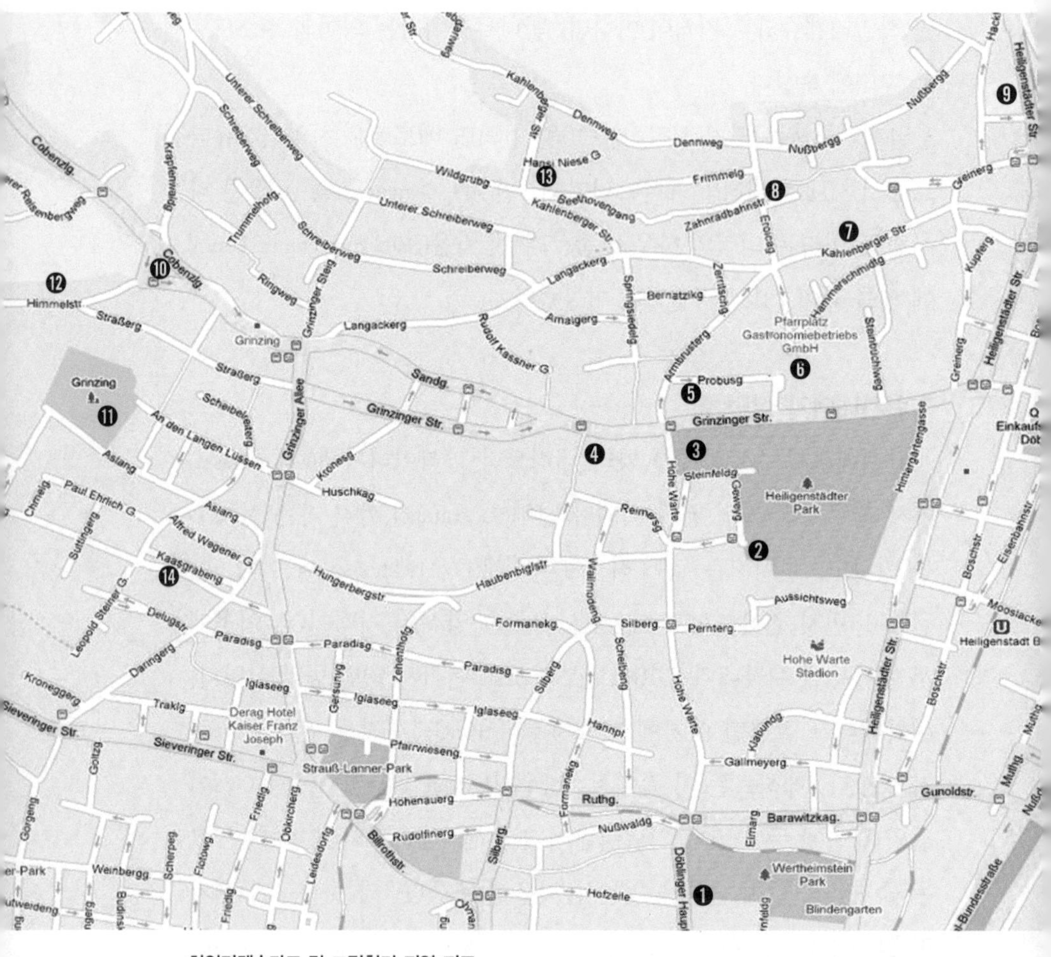

하일리겐슈타트 및 그린칭거 지역 지도
❶ 에로이카하우스 ❷ 하일리겐슈타트파크 베토벤 입상 ❸ 하일리겐슈타트 교구교회 ❹ 그린칭거 슈트라세 64번지 ❺ 프로부스가세 6번지 ❻ 파르플라츠 2번지 ❼ 칼렌베르거 슈트라세 26번지 ❽ 베토벤 산책로 ❾ 하크호퍼가세 18번지 쉬카네더의 집 ❿ 코벤츨가세 33번지 모차르트가 연주한 집 ⓫ 구스타프 말러의 무덤이 있는 그린칭거 공동묘지 ⓬ 힘멜슈트라세 41번지 카를 뵘의 집 ⓭ 베토벤 휴식처 베토벤 흉상 ⓮ 카스그라벤 36번지 피터 드러커 생가

트리에스테에서부터는 육로로, 1818년 5월경 베토벤이 뫼들링에 있을 때 도착했다. 그것은 〈해머클라비어 소나타 Op.106〉을 연주하는데 적합한 강한 톤을 가진 피아노였다.

베토벤이 사망했을 때 이 피아노의 상태는 몹시 좋지 않았다. 이 피아노는 베토벤 사후 유품 경매에서 100플로린에 한 골동품 상인에게 낙찰되었다. 이 상인은 1846년 피아노를 잘 수리해서 리스트에게 선물했다. 리스트는 거장의 손길이 닿은 이 피아노에 감히 손댈 수 없다는 존경의 뜻으로 연주를 하지 않았다. 1874년 리스트는 이 피아노를 헝가리 국립박물관에 기증했다. 오늘날도 전시되어 있다.

1818년 필담노트를 사용하다

1818년 1월 24일 카를이 잔타나시오 기숙학교에서 퇴교하고, 하우스 춤 그뤼넨 바움에서 베토벤과 함께 기거하기 시작했다. 공부는 개인교사에게 배웠다. 건강악화로 베토벤은 영국여행 계획을 취소했다. 2월부터 필담노트(대화수첩)를 사용하기 시작했고, 〈교향곡 제9번〉 작곡을 스케치하기 시작했고, 8월에는 〈해머클라비어 소나타, Op.106〉을 완성했다. 〈해머클라비어 소나타〉는 내용과 형식과 연주기술 등에서 피아노 음악 역사상 거대한 음악이고 피아노의 한계를 넘어선 작품이다. 5월 들어 날씨가 더워지기 시작하자, 베토벤은 뫼들링으로 갔고, 하우프트슈트라세 79번지(Hauptstraße 79) 하프너하우스(Hafner Haus)에서 9월까지 머물렀다. 하프너하우스라는 말은 질그릇 만드는 사람의 집이라는 뜻이다.

베토벤은 1818년부터 1820년까지 3년 연속으로 여름이면 매번 뫼들링으로 갔다. 현재 뫼들링은 비엔나에서 바덴으로 가는 고속도로에서 약간 비켜 있으나, 베토벤 시절 뫼들링은 바덴으로 가는 길목에 있었다. 뫼들링은 놀라울 정도로 옛날 모습 그대로이다. 중세시대 광장에 있는 건물들, 예컨대 교회 등도 그대로 남아 있다.

van은 귀족을 의미하는 von이 아니다

베토벤은 가을이 되자 하우스 춤 그뤼넨 바움으로 되돌아와 이곳에서 1819년 초까지 머물렀다.

요한나는 베토벤에게 승소판결을 내린 귀족법원에 후견인 문제를 1818년 9월 18일 항고했지만 기각당했다. 그러나 10월 3일 요한나는 또 제소했다. 이제 소송은 3년째로 접어들었다. 12월 3일 카를이 요한나에게로 도망가자, 베토벤은 경찰에게 연락하여 카를을 데리고 온다. 12월 7일 요한나는 또다시 제소하면서 카를이 삼촌으로부터 도망나와 스스로 자신에게 왔다고 자신의 승소를 호소했다.

12월 11일 귀족법원은 베토벤의 이름에 기재된 'van'이 귀족을 의미하는 'von'이 아니라는 이유로 재판을 기각하고는 요한나의 손을 들어주고, 후견인 사건을 평민법원으로 이송했다. 그릴파르처는 "숭고한 것은 위험스러우며, 명예는 공허한 장난에 불과하다."라고 했다. 베토벤은 이상하게도 스스로를 평민이 아니라 숭고한 귀족이라고 생각했다. 자신은 고귀한 태생이고 현재의 부모는 친부모가 아니며, 어릴 때 현재의 부모가 자신을 데려다 키웠다는 몽상에 빠져 있었다. 따라서 베토벤은 자기와 관련된 소송 문제라면 당연히 귀족법원에서 담당해야 한다고 생각했는지도 모른다. 그러나 그것은 위험한 생각이었다. 비엔나 시민들을 그런 베토벤을 조롱했고 베토벤은 자존심이 몹시 상했다. 게다가 요한나가 법원에서 베토벤이 자신을 사랑한다는 증언을 하자, 이 소문은 비엔나로 널리 퍼져갔고 베토벤은 항소 때 이를 완강히 부인하느라 진땀을 빼야 했다.

왕의 사생아

1810년부터 베토벤이 프러시아 왕 프리드리히 빌헬름 2세 혹은 프리드리히 대왕(Friedrich der Große, 1712~1786)의 사생아라는 소문이 떠돌았는데, 나중에 친구 베겔러에게 편지를 보내 해명하도록 부탁만 했지 적극적으로 소문을 부정하지 않았다. 그 후로도 백과사전과 음악사전, 음악 간행물에 이런 기사가 거듭 실렸다. 베토벤이 이런 기사를 처음 알게 된 것이 정확하게 언제인지는 알려져 있지 않다. 아마 기사가 나오자마자 그는 관심을 가졌을 것이다. 1819년 이후 친구들과 조카 카를은 이 기사에 대해 반박을 하라고 베토벤에게 요청했다. 그와 나눈 필담노트에는 이런 기록이 있다.

"그런 일은 반드시 정정되어야 해요. 당신은 왕으로부터 영광을 빌려올 필요가 없으니까요. 오히려 그 반대예요."

"당신이 프리드리히 대왕의 사생아라고 씌어져 있는데 …… 알게마이네 차이퉁에 통보하여 수정해야 해요."

이런 소문에 대한 베토벤의 심리는 그리스 신화에 나오는, '멀리 떨어진 싸움꾼'이라는 의미를 지닌 오디세우스의 아들 텔레마코스(Telemachos)가, 아버지가 멀리 싸움터로 간 후 어머니 페넬로페에게 구혼하는 사람들을 늘 경계하면서, "아버지는 항상 불확실한 존재이다(Pater semper incertus est)."라고 한 것과 유사하다. 베토벤은 자신의 창조적 재능에 비해 아버지는 너무 평범했다는 사실에 대해 의문을 가졌는지도 모른다. 그는 자신이 소지하고 있던 호메로스 『오디세이아』의 다음 문장에 밑줄을 그어두었다.

> 나의 어머니는 그를 내 아버지라고 말씀하십니다.
> 하지만 나는 그가 누군지 모릅니다.
> 자기를 태어나게 한 자가 누구인지 아는 자는 아무도 없으니까요.

베르나도트, 스웨덴의 카를 14세가 되다

장 밥티스트 베르나도트는 나폴레옹 보나파르트 휘하에서 활약한 장군으로서, 나폴레옹의 도움으로 스웨덴의 카를 14세가 된다. 따라서 스웨덴의 베르나도트 왕조는 나폴레옹에 의해 만들어진 왕조 중 유일하게 현존하는 왕가이다.

베르나도트는 프랑스혁명 때 급진파 자코뱅파였고, 팔에 '왕후를 죽여라'라는 파란 글씨를 새기고 다녔다. 베르나도트는 민중들에게 인기가 있었고, 나폴레옹의 라이벌로 주목받았다. 나폴레옹이 베르나도트가 스웨덴의 왕 후보로 거명될 때 지원한 것은 그가 데지레 클라리와 결혼했기 때문이다.

스웨덴에서 군사 쿠데타가 일어나 프랑스를 반대하는 강경파 후계자를 선정할 필요성이 시급했다. 나폴레옹은 베르나도트를 추천했다. 여러 후보들 가운데 베르나도트는 과거 스웨덴 포로에 대해 관대한 처우를 한 적이 있었기에, 스웨덴 국민 사이에 인기가 있었다. 스웨덴 국회는 베르나도트가 프로테스탄트로 개종하는 것을 전제로 스웨덴 국왕의 후계자가 되는 것을 인정했다. 스웨덴의 황태자가 된 베르나도트는 서서히 반프랑스적인 행동을 시작하고는 1812년 러시아와 동맹을 맺고 프랑스에 대항했다. 이로 인해 북쪽에 프랑스의 동맹국을 만들겠다는 나폴레옹의 생각은 무산되었다.

나폴레옹이 러시아 원정에 실패하자, 베르나도트는 반나폴레옹 연합군의 대열에 참가하여 프랑스군 내부 사정에 대해 중요한 정보를 제공하여 연합군의 승리에 공헌했다. 베르나도트는 1818년 스웨덴-노르웨이 연합왕국의 카를 14세 요한으로서 정식으로 국왕이 되었다. '왕후를 죽여라'라는 슬로건을 내걸었던 자코뱅파가 국왕이 되고, 그 다음 보수적인 국왕으로 군림한 것은 역사의 아이러니이다.

10여 년 전 베르나도트가 주 비엔나 프랑스 대사로 있을 때 베토벤은 혁명의 지도자 나폴레옹에 대해 베르나도트와 이야기를 나누었다. 나중에 황제가 된 나폴레옹에게 베토벤은 격렬한 반감을 표시했다. 베토벤은 베르나도트 역시 왕이 된 사실에 대해 어떻게 생각했을까?

제12장

디아벨리 변주곡과 장엄미사

1819~1821

디아벨리 변주곡

어느덧 흐른 49년의 세월이 베토벤의 얼굴에 흔적을 남긴 1819년 1월, 평민법원은 베토벤에게 카를의 후견인 자격을 상실한다는 우울한 판결을 통보했다. 베토벤이 평민출신이라는 사실이 확인되자 베토벤은 자신이 신분을 숨긴 데 대해 몹시 창피하게 생각했고, 탈진상태가 되어 자신을 알아주지 않는 세상을 한탄하며 지냈다. 그해 3월, 안톤 디아벨리(Anton Diabelli, 1781~1858)가 자신이 작곡한 왈츠를 변주곡으로 만들어달라는 부탁을 베토벤에게 해왔다. 그 결과 탄생한 작품이 바흐의 〈골드베르크 변주곡〉과 함께 최고의 변주곡으로 손꼽히는 〈디아벨리 왈츠에 의한 33개의 변주곡, Op.120〉이다.

잘츠부르크에서 가까운 매트제(Mattsee) 출신 안톤 디아벨리는 작곡가이면서 사업수완도 뛰어나 출판업도 경영했다. 그는 1818년 피에트로 카피(Pietro Cappi)라는 사람과 동업으로 카피 앤 디아벨리 출판사(Cappi & Diabelli)를 설립했다(1824년 Diabelli & Co.로 바꾼다). 다음해 디아벨리는 자신의 명성도 높이고 돈벌이도 될 일을 한 가지 추진했다. 비엔나의 작곡가들에게 두둑한 보수를 제안하며 자신이 작곡한 왈츠를 주제로 변주곡을 만들어달라고 요청한 것이다. 그는 그것들을 모아 '조국예술가협회(Vaterländischer Künstlerverein)'라는 이름으로 출판할 예정이었다.

구미가 당기는 이 일에 응한 작곡가는 50여 명이나 되었다. 베토벤과 직간접적으로 관련 있는 작곡가들도 많았다. 예를 들면 제자 카를 체르니, 베토벤의 조카에게 피아노를 가르친 요제프 체르니, 요한 네포무크 훔멜, 바덴 출신 콘라딘 크로이체르(Conradin Kreutzer), 프란츠 리스트, 이그나츠 모셸레스, 모차르트의 둘째 아들 프란츠 크사버 모차르트, 베토벤을 가르친 요한 밥티스트 셴크, 프란츠 슈베르트, S.R.D라는 필명으로 참가한 루돌프 대공, 막시밀리안 아베 스타틀러(Maximilian Abbe Stadler) 등이었다.

베토벤은 처음에는 선뜻 나서지 않았으나 다른 여러 작곡가들의 변주 실력과 겨누어보고 싶은 속셈과 함께 별로 어렵지 않은 일이 수입은 괜찮다는 생각을 하고 참여한 것으로 보인다. 결과적으로 베토벤의 디아벨리 변주곡은 베토벤 본인은 물론 디아벨리도 상상하지 못할 정도로 큰 성공을 거두었다. 베토벤은 자신이 만든 33곡의 변주곡을 묶어 1823년 6월 〈디에벨리 변주곡, Op.120〉으로 출판했다. 1824년 6월 '조국예술가협회' 명의로 출판될 때는 제1부는 베토벤이 작곡한

33곡, 제2부는 그 외 작곡가들의 작품들로 구성했다(조국예술가협회는 애국예술가협회, 국민예술가협회, 조국예술가동맹 등 다양하게 번역되고 있다).

장엄미사곡

〈디아벨리 변주곡〉은 1819년부터 1823년에 걸쳐 모두 완성했는데, 그 사이에 베토벤은 〈장엄미사곡〉을 함께 작곡하기 시작한다. 〈장엄미사곡〉 역시 바흐의 〈b단조 미사〉와 더불어 역사상 가장 위대한 미사곡이다. 베토벤은 편지에서 종종 〈장엄미사곡〉은 자신의 최고 작품이라고 적었다. 베토벤은 독실한 가톨릭 신자도 아니었고 종교문제에 대해 관심도 없었지만 오직 자연에 깃들여 있는 신의 존재만큼은 굳건히 믿고 있었다. 베토벤은 〈장엄미사곡〉을 쓰는 동안 "인간에게는 도덕법이, 하늘에는 별이 빛나고 있다."라는 칸트(Immanuel Kant, 1724~1804)의 말을 필담노트에 메모했다.

루돌프 대공은 1819년 3월 자신이 체코 올로모우츠 대주교구의 영주로 부임하는 것을 축하하기 위해 〈장엄미사곡〉을 베토벤에게 부탁했다. 루돌프는 왕위 계승권에서 먼 왕가의 자식들이 그렇듯이, 원래 군에서 경력을 쌓을 계획이었으나 몸이 허약하고 또 간질증세가 있어서 성직자가 되었다. 1819년 8월 29일 사제 서품을 받았고, 9월 26일 주교로 임명되었다.

베토벤은 자신의 최대 후원자이고 또 평생 후원자인 대공을 위해 곧 작곡을 시작했다. 그러나 1820년 3월 20일에 있을 예정인 즉위식에 맞추어 완료할 계획이었던 작품은 그로부터 3년 후인 1823년에 완성되었고, 1824년 4월 18일 러시아 페테르부르크에서 초연되었다.

5월 7일에는 비엔나에서도 공연되었다. 베토벤은 1시간 30분이나 연주되는 〈장엄미사곡〉의 키리에 부분 첫머리에 "마음으로부터 나와, 그리고 다시 마음으로 돌아가라."라고 적고 있다.

이 무렵 베토벤은 돈이 궁하다는 것을 깨달았다. 1809년부터 받고 있는 연금과 은행채권에서 나오는 이자만으로는 생활비와 카를의 교육비를 충당하기에는 턱없이 부족했기 때문이다.

토지 소유자와 두뇌 소유자

1819년 4월 22일 베토벤은 조카 카를을 요제프 블뤼흐링거(Joseph Blöchlinger) 신부가 운영하는 블뢰흐링거 학교(Blöchlinger' s institute)에 보낸 후 자신은 5월 초 서둘러 뫼들링으로 가서 하우프트슈트라세 79번지에서 10월까지 지냈다.

8월 2일 뫼들링에서 한창 작곡에 몰두하던 베토벤은 니콜라우스 요한으로부터 그나익센도르프에 과수원 바서호프(Wasserhof)를 구입했다고 자랑하는 편지를 받았다. 그나익센도르프는 유명한 포도 산지 크렘스에서 북쪽으로 몇 킬로미터 거리에 있고, 크렘스는 비엔나에서 도나우강을 따라 서쪽으로 70킬로미터 거리에 있다. 크렘스에서 도나우강을 따라 서쪽으로 20킬로미터쯤 가면 움베르토 에코의 소설 『장미의 이름』을 촬영한 거대한 멜크 수도원이 있는 멜크(Melk)가 나온다. 크렘스에서 멜크까지의 도나우 강변을 바하우(Wachau)라고 하는데 도나우에서 가장 아름다운 계곡이다(그나익센도르프는 베토벤의 죽음과 밀접한 관계가 있다). 니콜라우스는 편지 말미 발신인 자리에 이렇게 썼다.

'토지 소유자, 동생 니콜라우스 요한으로부터'

(Johann van Beethoven, Gutz besitzer)

베토벤은 돈 좀 벌었다고 잘난 체하는 동생이 아니꼬워서 답장을 쓰면서 다음과 같이 적어 보냈다.

'두뇌 소유자, 형 루트비히로부터'

(Ludwig van Beethoven, Hirmbesitzer)

춤 알텐 블루멘스톡 여관

베토벤은 10월 뫼들링에서 돌아와 트라우트존가세 2번지(8. Trautsongasse 2) 핑거링쉐스하우스와 아우어스페르크가세 3번지(8. Auerspergstrasse 3) 추어 골데넨 비메(Zur goldenen Bime)에 방을 얻어 1820년 5월까지 살았다. 이곳에서 베토벤은 〈장엄미사곡〉을 계속 작곡했다. 핑거링쉐스하우스는 옷수선집이라는 의미인데, 이 집은 현재 패션의류 가게가 되었다. 건물 입구에는 기념 명패가 있다.

겨울에 접어들자 베토벤은 후견인 소송문제로 정신적으로 육체적으로 매우 피폐한 상태였다. 그는 기분전환이 필요했는지 발가세 6번지(1. Ballgasse 6)의 '오래된 꽃가게'라는 의미를 지닌, 춤 알텐 블루멘스톡 여관(Zum alten Blumenstock)에서 1820년 4월까지 머물며 〈장엄미사곡〉을 집중적으로 작곡했다. 이 건물은 베토벤 시대의 것과 거의 동일하다.

1층은 맥주집 겸 식당인데, 메뉴 뒤쪽에 베토벤이 즐겨먹던 음식과 적포도주 이름이 적혀 있다. 베토벤은 이 식당에도 자주 들렀으며, 슈베르트도 친구들과 종종 왔다고 한다.

베토벤은 나중에 베겔러에게 보내는 편지(1826년 12월 7일)에 "나의 목표는 악보를 한 줄도 쓰지 않는 날이 없도록 하는 것이야."라고 쓴 것처럼 베토벤은 언제 어디서든 작곡을 했다. 베토벤이 어느 날 단골 음식점에 들어갔다. 베토벤은 자리에 앉아 테이블을 두드리며 보이를 불렀다. 그런 후 (보이가 오는 것을 기다리지도 않고) 곧 주머니에서 오선지를 꺼내 작곡에 몰두하기 시작했다. 이윽고 보이가 와서, 자기가 잘 아는 이 손님이 작곡에 몰두해 있는 것을 보고는 방해하지 않기 위해 아무 말도 않고 살짝 가버렸다. 한 시간이 훨씬 지난 뒤 오선지에서 눈을 뗀 베토벤은 외쳤다.

"계산서 가져와요!"

베토벤은 늘 창작에 너무나 몰두해 있었기 때문에 자기 주변을 전혀 의식하지 못했다. 비엔나의 거리를 허둥대며 걸어가다가 갑자기 멈춰 서서 악상을 적는 베토벤의 모습은 유명한 구경거리였다.

항고

1919년 1월 평민법원의 판결로 큰 충격을 받은 베토벤은 새해 들어 반격에 나섰다. 안톤 쉰틀러의 제안을 받아들여 1820년 1월 7일 베토벤은 카를의 후견인 문제를 귀족법원에 항소했다. 당시 요한나는 요한 호프바우어(Johann Hofbauer)라는 재무상담사의 아이를 배고 있었는데, 베토벤은 요한나의 임신과 그녀의 부도덕성을 증거로 내밀었다. 이번에는 베토벤이 이겼고, 4월 8일 베토벤은 다시 카를의 후견인이 되었다.

이 무렵 베토벤과 요한나가 서로 사랑하는 사이라는 소문이 비엔나에 파다하게 떠돌았다. 이 소문에 대해 베토벤은 한 편지에 이렇게 기록했다. "요한나가 나를 고소했을 때 언급한 그 좋은 옷에 대해, 그리고 요한나와 내가 사랑에 빠졌다는 지난번에 제출된 고소장 등에 대해 무슨 말을 해야 할까? 그런 말들이 후견인과 관련된 소송과 관련이 있는가? 정말로 사람들이 그런 쓸데없는 말을 믿는단 말인가?"

요한나도 끈질겼다. 최후의 일격으로 그녀는 이 문제를 프란츠 황제에게 직접 호소하여 아들의 후견인 지위를 되찾으려 했다. 그러나 황제는 개입을 거부했다.

3월 9일 루돌프 대공은 올로모우츠 대주교로 즉위했지만 〈장엄미사곡〉은 아직 미완성이었다.

뫼들링

베토벤은 여름이면 시계추처럼 늘 비엔나 외곽으로 가서 더위를 피했다. 1820년 5월에도 뫼들링으로 서둘러 갔다. 그러나 베토벤은 1818~1819년과는 달리 아흐제나우가세 6번지(Achsenaugasse 6) 크리스트호프(Christhof)에 세를 얻어 10월까지 머물며 〈장엄미사곡〉에 매달렸다. 5월 31일 출판사 아돌프 슐레진저(Adolf Schlesinger)의 주문으로 〈3개의 피아노 소나타, Op.109-111〉 작곡도 시작했다.

베토벤이 〈장엄미사〉를 스케치한 종이에 Do' tag, Azgtg, Christ라는 암호와 같은 글을 적어놓았는데 훗날 학자들이 풀이해본 결과 그것은 Donnerstag, auszugtag. Christhof였는데, 의미는 '목요일, 이삿날, 크리스트호프로'였다.

란트슈트라서 하우프트슈트라세 60번지

베토벤은 10월 뫼들링에서 돌아와 요제프슈테터슈트라세 57번지(8. Josephstädterstrasse 57) 추 덴 츠바이 바흐스퇴켄(Zu den zwei Wachsstäcken)에서 임시로 머물렀고, 겨울에는 란트슈트라서 하우프트슈트라세 60번지(3. Landstraßer Hauptstraße 60) 그로세스 하우스 데어 아우구스티너(Großes Haus der Augustiner)에 세를 얻어 1821년 여름까지 있었다.

죽음은 나이를 가리지 않고

1821년은 베토벤에게 상실의 시간이었다. 새해 들어 베토벤은 급성관절류머티즘을 앓았고, 여름에는 열병에서 다소 회복했으나 다시 황달증세가 나타났다. 육체적인 고통은 참을 수 있었다. 그러나 3월 21일 요제피네-다임-슈타켈베르크가 43세로 세상을 떠났다는 소식을 듣고는 한동안 괴로워했다.

베토벤과 요제피네 사이에 오간 13통의 편지는 제2차 세계대전 이후에 밝혀졌다. 연구에 의하면 베토벤과 요제피네 사이에는 『젊은 베르테르의 슬픔』과 비슷한 로맨스가 있었음이 확실하다. 두 사람은 요제피네의 첫 남편 다임이 죽은 1804년부터 1807년까지 매우 깊이 사귀었으며, 1806년 베토벤은 부다페스트에서 남쪽으로 18킬로미터쯤 떨어진 마르톤바자르에 있는 요제피네의 별장을 방문했고 두 사람의 관계도 깊어졌다. 베토벤이 젊고 아름다운 미망인 요제피네에게 마음이 끌린 것은 너무도 당연한 일이다. 요제피네에게 보낸 열렬한 러브레터는 마르톤바자르 기념관에 공개, 전시되고 있다.

요제피네의 언니 테레제 브룬스비크는 일기에 다음과 같이 한탄하는 내용의 글을 썼다.

"요제피네는 어찌하여 베토벤과 결혼하지 않았을까. 요제프 다임 미망인이 되기보다는 좋았을 것이고, 슈타켈베르크와 함께 사는 것보다는 더 행복했을 텐데."

마음씨 고운 테레제는 베토벤과 요제피네의 행복을 바랐던 것 같다. 테레제 브룬스비크는 동생 나이보다 두 배나 되는 86세까지 혼자 살다가 1861년 사망했다.

나폴레옹 센트 헬레나에서 사망하다

1821년 5월 5일, 나폴레옹이 센트 헬레나(St. Helena)에서 52세로 사망했다. 소식을 들은 베토벤은 다음과 같이 말했다고 전해진다.

"나는 이미 나폴레옹의 최후를 예상하고 이 곡을 써두었지."

여기서 말하는 이 곡이란 〈교향곡 제3번〉 제2악장을 말한다. 제2악장 아다지오 아사이는 북소리가 인상적이다. 어떤 사람은 고뇌와 후회와 회환이 느껴지는 선율로 영웅의 모습을 그렸다고 하고, 또 어떤 사람은 〈교향곡 제3번〉 제2악장은 "지금 내가 하는 일이 옳은가?"라고 끊임없이 되묻는 것 같다고 한다. 그런 이유로 베토벤은 이 곡에 장송행진곡(Marcia funebre)이라는 이름을 붙였다.

베토벤은 나폴레옹을 만난 적이 없다. 나폴레옹이 베토벤을 어떻게 생각했는지도 알려진 것이 없다. 하지만 나폴레옹은 베토벤의 영웅이었다. 프랑스혁명의 혼란을 바로잡은 나폴레옹이 유럽을 개혁할 무렵인 1802년은 베토벤이 30세를 넘긴 나이였다. 왕과 귀족의 지배를 끝내고 시민계급이 주도하는 시대, 즉 자유와 평등과 박애가 넘쳐나는 시대의 도래를 환영했던 베토벤은 나폴레옹을 칭송하는 교향곡을 스스로 작곡하고는 표지에 '보나파르트를 위하여'라는 부제를 달았다. 그 당시 나폴레옹의 지위는 공화국 프랑스의 제1통령이었다. 베토벤은 나폴레옹을 공화정 로마의 통령(Consul)으로 비유하며 존경했다.

그 후 나폴레옹이 황제가 되자 베토벤은 격렬한 배신감을 느낀다. 침착하게 생각해보면 그 배신감이란 베토벤이 자가 발전한 것이다. 베토벤 스스로 자신이 나폴레옹처럼 위대한 인간이라고 생각한 결과다. 베토벤이 〈영웅교향곡〉을 처음에 나폴레옹에게 헌정하려는 계획을 가지고 있었다고 하지만 그 역시 낭만적인 생각이다. 베토벤은 어떤 곡도 혼자 즐기기 위해 작곡하지 않았다. 주문을 받거나, 예약 연주회에 발표하거나, 사랑하는 사람에게 선물을 주기 위한 것이었다. 그 경우에도 출판권은 자기가 가졌다. 수가 틀리면 소유권 소송도 마다하지 않았다. 베토벤이 〈영웅교향곡〉을 떠오르는 권력자 나폴레옹에게 헌정하려 했다면 그것은 구직 내지는 큰 하사금을 노린 것이었다.

1821년 6월 들어 베토벤은 비엔나에서는 그래도 시원한 그린칭 지역으로 가서 질베르가세 9번지(19. Silbergasse 9)에 세를 들어 9월까지 머물렀고, 9월에는 바덴으로 가서 라트하우스가세 10번지(Rathausgasse 10)에서 10월까지 머물렀다. 가을이 되자 베토벤은 란트슈트라서 하우프트슈트라세 60번지로 되돌아와 1822년 봄까지 머물렀다.

제13장

환희의 송가

1822~1825

최후의 피아노 신약성서

피아니스트 베토벤은 32곡의 피아노 소나타를 남겼다. 이 곡들에 대해 19세기의 위대한 지휘자 한스 폰 뷜로(Hans von Bülow, 1830~1894)는 '피아노의 신약성서'라고 불렀다. 베토벤의 마지막 피아노 소나타 〈피아노 소나타 32번, Op.111〉의 정서된 원고에는 작곡을 완성한 날짜가 1822년 1월 13일로 되어 있다.

최후의 피아노 신약성서 〈피아노 소나타 32번, Op.111〉은 2악장짜리인데 1악장은 폭풍 같은 긴장감을, 2악장은 광활한 세계로 나아가는 해방감을 표현하여 두 개의 악장은 대조를 이룬다. 누군가 베토벤에게 이 곡에 왜 3악장이 없는가 하고 묻자 베토벤은 웃으며 이렇게 대답했다.

"시간이 없어서요."

베토벤이 작곡하는 방법

1822년 베토벤은 가슴에 통증을 앓으면서 한 해를 시작했다. 하지만 곧 일에 몰두했다. 실러의 시 〈환희의 송가(An die Freude, Ode to Joy)〉를 본격적으로 스케치하기 시작했다.

베토벤은 1777년부터 1781년까지 라틴 자연계 초등학교 티로시니움(Tirocinium)에서 받은 교육이 정규교육의 마지막이었다. 하지만 그 후로도 베토벤은 끊임없이 책을 읽고 혼자 힘으로 외국어를 공부했으며, 자신의 음악세계를 넓히기 위해 지칠 줄 모르고 지식을 쌓고 연마했다. 베토벤에게는 어릴 때부터 한 가지 좋은 버릇이 있었다. 그것은 작곡을 할 때 엄청나게 많은 스케치를 하는 것이었다. 베토벤에게 있어 스케치야말로 작곡 공부였다. 악상이 떠오르면 스케치하고, 수정하고, 또 스케치하기를 여러 차례 되풀이했다. 발표도 쉽게 하지 않고 신중하게 했다. 예컨대 실러의 〈환희의 송가〉는 비엔나에 도착한 직후부터 스케치한 것으로 30년 동안이나 고심하고 있었던 것이다.

베토벤이 실러가 1785년 발표한 〈환희의 송가〉를 처음 알게 된 것은 1792년 비엔나로 출발하기 직전 본에서 브로이닝 가의 형제자매, 베겔러, 그리고 베토벤이 본 대학의 강사 루트비히 피체니히(Ludwig Fichenich, 1768~1831)를 초대하여 환담을 할 때였다. 그때 피체니히가 실러의 시를 소개했고 베토벤은 "모든 사람은 형제가 된다(Alle Menschen werden Brüder)."라는 구절에 큰 감명을 받았다. 그 직후 베토벤은 실러의 시를 바탕으로 작곡을 해야겠다는 생각을 밝혔고, 그 말을 들은 피체니히는 다음해 초 실러의 부인에게 보내는 안부편지에 이러한 내용을 언급했다고 한다(베토벤은 1793년에 이미 곡을 붙였다고 하는 설이 있다).

지금까지 얘기한 것처럼 베토벤은 비엔나에 정착한 후 해마다 5~10월이면 비엔나 교외의 작은 마을을 옮겨 다니면서 살았다. 그는 오랜 시간 산책하면서 악상이 떠오르면 스케치북에 기록했다. 스케치북은 베토벤의 작곡방법에 대해 많은 것을 알려준다. 베토벤은 어떤 주제에 맞춘 즉흥연주에는 능했지만 어떤 한 곡의 모양새를 가다듬는 데는 상당한 공을 들였다. 베토벤의 작품은 그것을 어떻게 작곡했는지, 동기는 무엇인지, 누구에게 헌정하고 싶은지 등과 관련하여 작곡 초기에 기록해둔 스케치북과 메모 등이 많이 남아 있다. 베토벤은 그런 자료를 보관해두었다가 나중에 다른 곡을 작곡할 때 재료로 사용했다. 예를 들면 1808년 완성한 〈교향곡 제5번〉은 1804년경 해둔 스케치 악보가 재료였다.

모차르트는 정반대였다. 1791년 12월 모차르트가 죽은 후 살리에리는 모차르트의 부인 콘스탄체가 가져온 〈레퀴엠〉 필사본 초고 악보를 보고 시기심으로 얼굴이 일그러졌다. 초고인데도 고친 흔적이 하나도 없었기 때문이다. 살리에리는 이렇게 말했다.

"모차르트는 머릿속에 이미 완성된 음악을 갖고 있어. 필요할 때 오선지에 쓰기만 하면 돼."

과장되게 비유하자면 모차르트는 거침없이 작곡을 했고, 베토벤은 애를 낳는 것처럼, 그것도 난산과 같이 공을 들이며 힘들여 작곡을 했다. 모차르트는 동시에 여러 악보대를 사용하여 이곳에는 오페라, 저곳에는 교향곡, 또 다른 곳에는 피아노 작품…… 이런 식으로 작곡을 했다. 반면 베토벤은 한 곡이 끝나기 전에는 다른 곡을 작곡하지 않았고, 도중에 다른 작품을 작곡을 할 때에는 기존의 것은 밀

쳐두고 한 작품씩 작업을 끝냈다.

사람은 공부하는 방법이 각각 다르다. (강의를 듣거나) 생각나는 것을 '즉각 기록하는 방식'으로 공부를 하는 사람들이 있다. 그런가 하면 '먼저 듣고 나중에 생각하고 또 정리하는 방식'으로 공부를 하는 사람들도 있다. '말하면서 그것을 스스로 정리하는 방식'으로 공부를 하는 사람도 있다. 원고 준비 없이 말하는 성직자, 교사, 교수, 변호사 등이 이 그룹에 속한다. 또 '다른 사람에게 가르치며 자신도 배우는' 경우도 있다. 교회의 간증이나 우수 판매원의 판매비결 발표회의 방식이 그렇다. 작가들처럼 '직접 글을 쓰면서 스스로 정리하는 방식'으로 공부를 하는 사람들도 있다. 미켈란젤로를 비롯하여 많은 미술가들처럼 '실제로 작업을 하면서' 공부를 하는 사람들도 있다.

베토벤은 어릴 때는 물론 그 후로도 체계적으로 음악수업을 받은 적이 없다. 어린 시절 피아노를 배울 때도 기존의 악보를 반복하는 것이 아니라, 즉흥연주를 하며 성장했다. 비엔나에 와서 많은 스승들에게서 작곡을 배웠지만 역시 스스로 '실제 작업을 하면서' 작품을 다듬어나갔다.

안톤 쉰틀러

1822년은 베토벤이 유달리 이사를 많이 다닌 해이다. 무려 아홉 군데나 된다. 집주인이나 가정부, 혹은 이웃과 마찰도 많았을 것이다. 봄이 되자 베토벤은 요제프슈테터 슈트라세 57번지(8. Josefstädter Straße 57)에 잠시 머물렀고 곧 요제프슈테터 슈트라세 39번지(8. Josefstädter Straße 39)로 이사와서 4월까지 거주했다.

5월에는 피르케르가세 13번지(19. Pyrkergasse 13)로 이사하여 6월까지 머물렀다. 7월에는 란트슈트라서 하우프트슈트라세 60번지로 돌아와 8월까지 있었다. 9월에는 바덴으로 갔고 안톤가세 4번지(Antonsgasse 4) 춤 골데넨 슈반(Zum goldenen Schwan)에서 지냈다.

베토벤은 바덴에서도 한 곳에 있지 못했다. 10월에는 바덴 라트하우스가세 10번지에서 잠시 머물다가, 곧 바덴 프라우엔가세 10번지(Frauengasse 10) 마그달렌호프(Magdalenhof)로 옮겼다.

1822년, 유능한 바이올리니스트로서 베토벤 음악에 매료되어 스스로 무급 비서 역할을 하겠다는 사람이 베토벤을 찾아왔다. 그가 바로 베토벤을 연구하는 사람들이 고마워하면서도 실망감을 갖지 않을 수 없는 안톤 쉰틀러(Anton Schindler, 1795~1864)이다. 베토벤이 완전히 귀머거리가 된 후 그는 베토벤 사단의 일원이 되었다. 그는 베토벤이 친구를 만나거나 출판사에 일이 있을 때 조언을 했고 사무적인 일도 도와주는 집사와 같은 일을 했다.

당연히 베토벤은 고마워했다. 그러나 시간이 지나면서, 쉰틀러는 베토벤을 과보호하며 친구들이 접근하지 못하도록 은근하게 벽을 쳤다. 그가 점점 더 베토벤의 일에 간섭을 하게 되자, 베토벤은 1824년 5월 〈합창 교향곡〉을 끝내고 그를 비서자리에서 해고해버렸다. 하지만 1826년 쉰틀러는 다시 베토벤 주변으로 돌아왔고, 베토벤이 사망할 때까지 돌보아주었다.

베토벤에 대한 쉰틀러의 해설은 뛰어난 것도 있지만, 고의든 실수든 간에 그가 쓴 최초의 베토벤 전기는 부정확한 내용이 많다. 그가 덧붙인 픽션을 확인한 것은 20세기에 들어서였다. 그런데 쉰틀러가 그렇게 조작하여 신격화한 베토벤의 이상적 모습을 당시는 물론 오늘날에도 사람들이 좋아한다는 것이다. 〈교향곡 제5번〉의 별칭 '운명'을 두고 베토벤이 "운명이 나의 문을 그렇게 두들겼어."라고 했기 때문이라거나, 〈3개의 피아노 소나타, Op.31〉 중에서 〈Op.31-2〉가 '템페스트'로 불리게 된 이유가 베토벤이 "셰익스피어의 '템페스트'를 읽어보게."라고 했다는 것과 관련이 있는 것처럼 전해지는 것은 쉰틀러가 만든 작품이지만 사람들이 그런 사실을 나중에 알게 되어도 그런 별칭을 사용하기를 꺼리지 않고 있는 것이다. 어쩌면 우리는 이상적이고 완벽한 인간을 이 세상에서 만나보고 싶은 것인지도 모른다. 인간은 비록 그것이 조작된 사실이라 해도 듣고 싶은 것만 선택적으로 듣는다는 사실을 쉰틀러가 이미 알고 있었는지도 모르겠다.

줄리에타 귀차르디의 귀향

1822년 또 다른 한 사람이 베토벤 곁으로 왔다. 1800년 베토벤은 브룬스비크 자매의 사촌 귀차르디 백작의 딸 줄리에타를 알게 되었고, 1801년 그녀를 피아노 제자로 받아들였다. 베토벤은 31세, 그녀는 17세였다. 베토벤은 베겔러에게 쓴 편지에 줄리에타를 만난 후 느끼는 행복감을 마음껏 표현했다.

1802년 베토벤은 줄리에타에게 〈월광 소나타〉를 헌정했고 또 프로포즈도 했다. 그녀의 모친도 혼담에 긍정적이었지만 부친의 강력한 거부로 줄리에타는 1803년 갈렌베르크 백작과 결혼했다. 이미 설명했지만 일부 음악 학자들은 베토벤의 '하일리겐슈타트 유서'를 줄리에타와의 결혼 실패에 연결하여 해석하기도 한다.

줄리에타 부부는 곧 이탈리아로 떠났고, 남편 갈렌베르크 백작은 그곳에서 음악가로 성공한다. 1821년 갈렌베르크 백작은 비엔나의 궁정 음악가가 되었고 1822년 가을 줄리에타 부부는 비엔나로 돌아왔다. 베토벤과 줄리에타가 만났다는 증거는 없지만 베토벤은 궁정 음악가 갈렌베르크와는 직업상 만났을 것으로 추측된다. 따라서 줄리에타와도 공식적인 자리에서 예의적으로 만났을 가능성은 있다. 1823년에 베토벤이 쓴 한 편지에는 이런 내용이 있다.

"그녀는 지금도 남편보다 나를 더 사랑하고 있어. …… 하지만 나보다는 갈렌베르크가 더 그녀를 사랑하고 있는 것은 사실이야."

52세의 베토벤이 다시 불꽃을 일으키기는 어려웠을 것임을 엿보게 하는 편지이다. 하지만 믿거나 말거나 이야기 하나를 더 하자면 갈렌베르크 백작은 성불구였는데도 줄리에타는 몇 명의 자식을 두었다. 그녀의 자식들의 친부는 누구였을까 하는 궁금증은 풀리지 않고 있다.

프란츠 리스트와 로시니, 베토벤을 만나다

날씨가 시원해지는 11월이 되자 베토벤은 바덴을 떠나 비엔나로 돌아와 테아터 안 데어 빈에서 가까운 라임그루벤가세 22번지(6. Laimgrubengasse 22) 혹은 굼펜 도르프슈트라세 14번지(6. Gumpendorfstrasse 14)에 방을 얻어 1823년 4월까지 살았다. 이 동네는 원래 작은 강이 있었고 물을 퍼 올리는 풍차가 많아 풍차마을이라고 불렸다. 테아터 안 데어 빈이라는 말 자체가 비엔나 강변에 있는 극장(Can der wien Theater)이라는 뜻이다.

라임그루벤가세 22번지

베토벤이 이 집에 살 때 프란츠 리스트가 베토벤을 만나러 왔다는 설이 있지만 확인되지 않고 있다. 또 1823년 4월 13일 일요일 리스트가 황실 도서관 레도텐잘에서 연주를 하고 나서 베토벤이 무대로 천천히 가서 11세짜리 천재를 껴안으며 축복했다고 한다. 이 이야기는 1873년 이스트반 할라스(Istvan Halasz)가 발표했는데, 그날 그런 연주회가 없었다는 사실이 최근에 확인되었다. 그러나 1823년 4월 13일 전후로 리스트가 베토벤을 만난 것은 사실이다. 1852년 리스트는 다음과 같이 회고했다.

"음악을 하는 우리들에게 베토벤의 작품은 사막에서 이스라엘 사람들을 이끄는 구름 기둥이자 불기둥과 같다. 구름 기둥은 낮에, 불기둥은 밤에 우리를 인도한다. 우리는 그 기둥을 따라 밤낮 앞으로 나아갈 수 있다."

당시 비엔나에서 이탈리아 음악의 열풍을 일으켰던 조아키노 로시니(Gioacchino Antonio Rossini, 1792~1868)도 이곳으로 찾아왔다. 로시니는 베토벤과 친분이 있는 시인 주세피 카르파니(Giuseppe Carpani, 1752~1825)의 주선으로 베토벤과 만났다. 1807년 베토벤은 카르파니의

베토벤이 머물렀던 것을 기록한 명판

시에 곡(〈이 어두운 묘지에서, WoO 133, In questa oscura〉)을 붙인 적이 있었다. 30세의 로시니는 작곡으로 돈을 벌어 부유하고 의기양양한 시대의 총아였고, 52세의 베토벤은 병약하고 귀가 들리지 않았으며 성질이 괴팍하고 심술궂은 사람이었다. 같은 음악을 하는 사람들이었지만 삶은 사뭇 달랐다.

갈리친 4중주

11월 9일 러시아의 귀족으로서 아마추어 첼리스트인 니콜라이 갈리친 대공(Prince Nikolay Galitzin, 1794~1866)이 현악4중주 몇 곡을 주문하면서 작곡료를 한 곡에 50두카트(약 200플로린)씩 제의했다. 베토벤은 제의를 수락했다. 이때 작곡한 작품이 '갈리친 4중주'라고 불리는 〈현악4중주 제12번, Op.127〉, 〈현악4중주 제13번, Op.130〉, 〈현악4중주 제15번, Op.132〉이다(1822년 말 베토벤은 〈교향곡 제9번〉을 마무리하느라 바빴기 때문에 '갈리친 4중주'의 주문 시점이 1824년 5월 〈교향곡 제9번〉을 초연한 후라는 주장도 있다). 그러나 세 곡 중 적어도 한 곡은 1822년에 완성해둔 것을 대체한 것으로 보인다. 〈Op.127〉은 1825년 3월 6일에, 〈Op.130〉은 1826년 3월 21일에, 〈Op.132〉는 1825년 11월 6일에 초연되었다. 〈Op.130〉에 대해서는 남은 이야기가 뒤에 이어진다.

11월 10일 런던의 필하모닉 소사이어티가 베토벤에게 새로운 교향곡 작곡을 의뢰하면서 작곡료 50파운드를 제의해왔다. 그 결과 태어난 작품이 〈교향곡 제9번〉이다.

궁정 작곡가 직위에 두 번째 응모하다

11월 18일 궁정 작곡가 안톤 타이버(Anton Teyber, 1756~1822)가 사망했다. 베토벤은 좀 더 안정적인 일자리가 필요하다고 판단하고 호프부르크 극장 감독 모리츠 디트리히슈타인 백작(Moritz Dietrichstein, 1775~1864)에게 편지를 보내 그 자리에 지원하겠다는 뜻을 밝혔다. 궁정에 있는 친구들은 모두 그를 추천해주었다.

마침내 모리츠에게서 답변이 왔는데, 황제를 위해 미사곡을 작곡하여 헌정하면 궁정 작곡가의 직책을 주겠다는 약속이었다. 그러나 불행하게도 당시 베토벤은 미사곡을 쓸 시간이 없었기 때문에 그 자리를 차지하지 못했다. 궁정 작곡가가 되려는 노력은 1807년에 이어 두 번째도 고배를 마셨다. 호프부르크 극장은 마땅한 사람을 찾지 못해 오래도록 그 자리를 비워두었다.

뚱보 허풍쟁이 돌아오다

1823년의 출발은 좋았다. 오랜 친구 슈판치히가 러시아에서 돌아왔기 때문이다. 슈판치히는 1808년부터는 라즈모프스키 대공 소유의 현악4중주단에서 일했는데, 대공의 궁전이 화재로 파괴되면서 1816년 러시아 페테르부르크로 자리를 옮겼다.

그는 몸집이 비대하여, 나중에 베토벤을 만나러 파스쿠발라티하우스 5층까지 올라갈 때면 늘 투덜거리곤 했다. 1801년 베토벤은 그를 놀려대며, 합창과 3명의 남성 독창자가 부르는 〈뚱보예찬(Lob auf den Dicken, WoO 100)〉을 헌정했는데, 첫 소절이 아예 "슈판치히는 건달"이라는 표현으로 시작된다. 베토벤은 그를 셰익스피어의 희곡 주인공 뚱보에 비교하며 '존 팔스타프경'이라고 불렀다.

1823년 슈판치히가 러시아에서 되돌아오자 베토벤은 그의 환향을 축하하며 〈뚱보 허풍쟁이, 얼굴을 보아라〉(Falstefferel, las dich Sehen, WoO 184)를 헌정했다. 슈판치히는 1824년 5월 7일 케른터너토어 극장에서 〈합창 교향곡〉을 초연할 때 악장직을 맡았고, 슈판치히 현악4중주단은 1825년과 1826년 '갈리친 4중주' 3곡을 초연했다.

카페 베토벤

날씨가 약간 더워지기 시작하자 베토벤은 5월 헤첸도르퍼 슈트라세 75a번지(12. Hetzendorfer Straße 75a) 빌라 프로나이(Villa Pronay)에 세를 들어 8월 초까지 머물렀다. 이곳은 현재 카페 베토벤(cafe Beethoven)이라는 이름으로 영업을 하고 있다. 기념명패도 잘 보이는 곳에 부착되어 있다. 나는 이곳에서 차 한 잔을 했다.

헤첸도르퍼 슈트라세 75a번지

8월 들어 베토벤의 건강이 급작스럽게 나빠졌다. 8월 6일 베토벤은 악보복사가(copist) 벤젤 쉴레머(Wenzel Schlemmer)가 사망했다는 소식에 한동안 침통해했다. 여름 날씨가 본격적으로 더위지자 베토벤은 8월 13일부터 바덴으로 갔고, 라트하우스가세 10번지에서 10월 5일까지 머물렀다. 8월 29일 비엔나대학에 등록할 예정인 카를이 블뤼흐링거 학교를 떠나 바덴으로 놀러왔다. 이 기간에 베토벤은 〈교향곡 제9번〉을 거의 완성해가고 있었다. 라트하우스가세 10번지는 현재 베토벤 기념관이 되었다.

운가르가세 5번지, 합창을 완성하다

베토벤은 1823년 10월 카를과 함께 바덴에서 비엔나로 돌아와 운

〈합창 교향곡〉을 완성한 운가르가세 5번지

가르가세 5번지(3. Ungargasse 5) '아름다운 노예'라는 의미를 가진 추어 쉐넨 스클라빈(Zur schönen Sklavin) 4층에 방을 얻어 1824년 5월까지 머물면서 〈교향곡 제9번〉 작곡을 완료했다.

1801년에 완성된 이 건물은 아직도 원형을 보존하고 있다. 1층은 흐름한 식당이다. 기념명패가 두 개가 있는데, 하나는 1924년 제작한 베토벤의 두상 부조가 출입문 위에 부착되어 있고, 다른 하나는 1972년 비엔나 시청이 일률적으로 붙인 깃발이 식당 쪽에 걸려 있다. "아! 여기서 〈교향곡 제9번〉이 태어났구나."하는 감격을 맛보기에는 건물의 상태가 좀 실망스럽다. 운가르가세 46번지는 나네트 부부가 살던 집이다. 슈트라이허 피아노 회사는 그들의 아들 요한이 운가르가세 26번지에서 운영하다가 1896년 문을 닫았다.

운가르가세 5번지에 있는 베토벤 부조

베토벤은 당시 이탈리아 작곡가들의 오페라가 비엔나에서 크게 유행하자, 베를린에서 〈교향곡 제9번〉을 초연할 생각을 했다. 이런 소식을 들은 비엔나의 음악가들이 2월 베토벤에게 몰려와 〈교향곡 제9번〉과 〈장엄미사곡〉의 초연을 비엔나에서 하도록 강력히 요청했다.

교향곡 제9번과 장엄미사 초연

1824년 5월 7일 테아터 안 데어 빈을 사용하기 위해 협의를 벌였으나 가톨릭 국가가 〈장엄미사곡〉을 일반극장에서 공연하는 것은 곤란하다며 거부했다. 따라서 〈교향곡 제9번〉과 〈장엄미사〉 일부(키리에, 크레도, 아뉴스 데이)의 초연을 5월 7일 케른터너토어 극장에서 하기로 했다.

베토벤은 〈제1번〉(1800년)에서 〈제8번〉(1813년)까지 8곡을 13년에 걸쳐 작곡했으나 〈제9번〉(1824년)은 〈제8번〉 이후 12년 만이었다. 이날 베토벤이 12년 만에 지휘를 맡고, 미하엘 움라우프(Michael Umlauf, 1781~1842)가 보조로 박자를 맞추어주기로 했다. 하지만 움라우프와 연주자들은, 베토벤이 〈피델리오〉를 리허설할 때 실패한 사실을 기억하고, 베토벤의 지휘는 무시하기로 약속했다. 역사적인 연주가 시작되었다. 인간이 직면하는 가혹한 시련과 그에 맞서는 의지의 1악장, 고뇌를 벗어나려고 시도하는 2악장, 인간의 내면을 향하는 관조적 시선이 느껴지는 3악장까지 기악 연주가 끝나고, 가사의 도움이 없이는 실러가 전달하려는 "인류가 형제애로 뭉치는 환희의 송가" 메시지를 표현하기 어렵다는 판단 아래 독창과 합창으로 만든 4악장이 시작되었다.

> 오 친구여, 이 선율보다 더한 것 없으리!
> ……
> 환희여, 아름다운 신들의 찬란함이여
> 낙원의 여인들이여 ……
> 신비로운 그대의 힘으로
> 엄한 현실이 갈라놓았던 자들은 다시 결합한다
> ……
> 문화는 다를지라도 모든 인류는 한 형제가 되도다

약 70분간의 〈교향곡 제9번〉 연주가 끝나자 청중들은 모두 일어서서 환호했다. 그 소리를 듣지 못하고 멍하니 서 있는 베토벤에게 콘트랄토 카롤리네 웅거(Karoline Unger, 1803~1877)가 다가가 베토벤의 손을 잡고 청중석으로 돌아보게 했다.

기록에 의하면 베토벤은 청중들로부터 기립박수를 다섯 차례나 받았다. 황제 부부가 공연장에 입장할 때 세 차례 기립박수를 하는 관례에 비추어볼 때 그것은 엄청난 사건이었다. 음악회의 수입은 많았다. 그러나 여러 가지 비용을 빼고 순수하게 베토벤에게 돌아간 액수는 보잘것없었다. 베토벤은 자기를 속였다고 주변 사람들을 고발하기도 했다. 5월 23일 두 번째 공연은 객석이 반밖에 차지 않아 베토벤은 손해를 보았다. 물건이 좋으면 악어가 득시글거리는 강도 건너온다는 말이 있다. 귀족과 부르주아를 제외하면 베토벤의 음악이 시민과 멀어지고 있었던 것이다.

〈교향곡 제9번〉에 대해서는 할 말이 많다. 이 곡을 작곡할 당시 베토벤은 완전히 귀머거리였으므로, 단지 음악적인 감각과 도전정신과 머리만으로 작곡한 것이다. 이 곡은 현재 유네스코 세계기록유산으로 지정되어 있다. EU는 이 곡의 주제를 따서 EU 연합가로 사용하고 있는데, 가사는 독일어로 하는 것이 아니라 각국의 언어로 만들어 부른다. 런던의 소더비 경매에서 베토벤 자필 원본 악보는 330만 달러에 낙찰되었다.

〈교향곡 제9번〉 '합창'은 교향곡 역사상 처음으로 성악과 기악을 통합했다(사실은 역사상 처음은 아니다. 1820년 3월 16일 스타이벨트가 발표한 〈협주곡, No.8〉도 제4악장이 합창으로 끝난다). 제4악장 〈환희의 송가〉는 베토벤이 마음에 드는 부분을 골라 개작했다. 1785년 실러는 이 시의 제목을 '자유에 부쳐(Ode an die Freiheit)'라고 지었으나 당시가 프랑스혁명 직전이어서 검열 때문에 '환희에 부쳐(Ode an die Freude)'로 바꾸었다.

초연이 있은 지 165년이 지나 1989년 11월 9일 베를린 장벽이 붕괴되고, 이를 축하하기 위해 그해 12월 25일 개최된 연주에서 레너드 번스타인(Leonard Bernstein, 1918~1990)은 제4악장 합창을 실러의 원래 의도대로 환희(Freude) 대신에 자유(Freiheit)로 바꾸어 연주했다. 연주

시작 전에 번스타인은 이렇게 말했다.

"원래 실러의 시에서 검열관은 '자유'라는 말을 빼버렸는데, 그것은 가장 우스꽝스런 이야기였지요. 정말이지 세상 한구석엔 자유가 없는 곳이 여전히 있지요."

번스타인의 끝맺음은 더욱 멋졌다.

"아마도 하늘의 베토벤도 오늘 우리들을 축복하고 있을 것입니다."

나는 1979년 번스타인의 내한공연을 본 것을 일생의 추억으로 간직하고 있다. 번스타인은 고전음악, 종교음악, 발레음악, 뮤지컬을 작곡했으며 음악교육, 특히 텔레비전을 통해 젊은 사람들의 음악교육에 크게 기여했다. 춤을 추는 듯한 그의 지휘 모습을 보는 것 자체가 즐거움이다. 포르티시모를 연주할 때는 펄쩍펄쩍 뛰어오르기까지 한다. 그의 지휘 모습에 대해 쇼맨십이 아니냐는 비난도 있었지만, 그것은 결코 청중을 의식한 것이 아니라 자기 속에 충만한 음악적 감수성을 온몸으로 끌어내서 승화시키는 것이었다.

클래식의 대중화에 힘쓴 번스타인은 생전에, 잘생긴 얼굴에다 친근하고 재미있는 말솜씨로, 뉴욕의 청중을 사로잡았다. 그가 사망한 후 장례행렬이 뉴욕 거리를 지나갈 때 길가에서 공사를 하던 일꾼들이 헬멧을 벗고 잠시 고개를 숙이고 "잘가요, 레니."라고 애도를 표할 정도로 그는 대중과 가까웠다.

카를 홀츠

베토벤은 1824년 5월 들어 쇤부른 궁전 뒤에 있는 하디크가세 52번지(14. Hadikgasse 52 혹은 62번지) 하디크 슐뢰셀(Hadik Schlössel)에서 한 달간 머물렀다. 6월에는 바덴으로 가서 펠츠가세 22번지(Pelzgasse 22) 슐로스 구텐브룬(Schloß Gutenbrunn), 오늘날 자나토리움 구텐브룬(Sanatorium Gutenbrunn)에서 11월까지 머물렀다. 11월 비엔나로 돌아와 요하네스가세 1번지(1. Johannesgasse 1, 원래 건물은 철거되었고 요하네스가세와 케른트너 슈트라세가 접하는 곳)에 세를 들어 1825년 4월까지 살았다.

베토벤은 지난해 첫 출판한 〈디아벨리 변주곡, Op.120〉을 안토니 브렌타노에게 헌정했다. 1812년 칼스바트에서 헤어지고 12년이 지난 후에도 잊지 않았던 것이다. 베토벤은 〈교향곡 제9번〉이 끝난 후 쉰틀러를 비서 업무에서 해고했다(그러나 쉰틀러는 1826년 말과 1827년 초 다시 베토벤 곁에 와서 그를 돌보아주었다).

쉰틀러 뒤를 이어 카를 홀츠(Karl Holz, 1798~1858)라는 청년이 베토벤을 찾아와 자원봉사를 하겠다고 제안했다. 그는 이렇게 말했다.

"베토벤 선생님의 음악을 생각할 때마다 나는 내가 살아 있다는 것이 행복합니다."

카를 홀츠는 베토벤 최후의 무급잡역부 노릇을 했는데 그는 종종 슈판치흐 현악4중주단에서 바이올린을 연주했고, 1826년 결혼하여 오스트리아 지방정부의 고위 관료로 일했다. 홀츠가 떠날 때 베토벤은 그에게 자신의 전기를 쓰는 것을 허용했다.

병에서 회복된 사람이 하느님에게 바치는 노래

1825년 3월 21일 런던에서 조지 스마트(Sir George Smart)의 지휘로 〈교향곡 제9번〉이 초연되었다.

〈교향곡 제9번〉의 초연은 비엔나에서 이루어졌고, 프러시아의 왕 프레데릭 빌헬름 3세(Frederick William III)에게 헌정되었다. 빌헬름 3세의 부친 빌헬름 2세는 베토벤의 생부라는 소문이 있었다. 늘 자신의 태생에 대해 우월감을 갖고 있던 베토벤은 빌헬름 3세와 자신을 형제로 생각했는지도 모른다.

베토벤은 4월 크루거슈트라세 13번지(1. Krugerstraße 13)로 옮겨와서 5월까지 살았다. 4월 한 달 내내 복통을 호소하자, 의사 브라운호프(Doktor Braunhofer)는 다이어트를 지시하고 갔다. 카를이 군대에 입대하겠다고 전격 제안하는 바람에 베토벤은 배만 아픈 것이 아니라 머리도 많이 아팠다.

베토벤은 여름에 바덴으로 가서 지난해와 같이 펠츠가세 22번지에서 9월까지 머물렀다. 건강회복의 조짐이 보였기 때문에 작곡중이던 〈갈리친 4중주, Op.132〉 3악장 머리에 '병에서 회복된 사람이 감사하는 마음에서 하느님에게 바치는 노래(Heiliger Dankgesang)'라고 적었다. 베토벤이 말년에 작곡한 현악4중주는 연주자도 청중도 신경을 곤두 세워야 한다. 왜냐하면 그것들은 귀머거리가 음악적으로 구시렁거리는 소리니까 말이다. 게다가 이 작품은 당시 연주자들이 연주하기에는 어려운 스타일이었다. 바이올리니스트 펠리체 라디카티(Felice Alessandro Radicati, 1775~1820)가 말년의 현악4중주에 대해 질문하자, 베토벤은 이렇게 대답했다.

"그 곡은 다음 세대 연주자들을 위해 작곡한 것입니다. 청중들도 언젠가는 좋아하게 될 것입니다."

살리에리 사망하다

1825년 5월 7일 살리에리(Antonio Salieri, 1750~1825)가 당시로서는 장수를 누리고 75세로 비엔나에서 사망했다. 살리에리는 1766년 베네치아를 방문한 플로리안 가스만(Florian Leopold Gassmann, 1729~1774)에게 인정받아 비엔나로 와서 성공한 대표적인 이탈리아 출신 작곡가였다.

베토벤이 태어난 1770년 살리에리는 오페라 〈여류 문인들(La donne letterate)〉을 발표했고, 오페라 작곡가로서의 명성을 확립하였다. 살리에리는 플로리안 가스만이 사망하자 그 후임으로 비엔나 궁정 작곡가 겸 이탈리아 오페라의 지휘자가 되었다. 궁정악장 주세페 본노(Giuseppe Bonno, 1711~1788)가 죽고 난 뒤에는 후임으로 궁정악장이 되어 1824년까지 그 지위에 있었다. 그러니까 베토벤이 비엔나로 왔을 때 살리에리는 비엔나 음악계 최고의 인물이었다.

살리에리는 밀라노 스칼라좌의 낙성식을 위하여 〈마음에 든 유럽(L' Europa riconosiuta)〉을 상연했고 베네치아, 로마, 나폴리 등에서도 활약하였다. 40곡이 넘는 오페라는 선율이 아름다웠고 성악의 극적 표현이 뛰어났다. 미사곡과 오라토리오 등 종교음악과 기악곡도 다수 남겼다. 1804년부터 오페라 작곡을 중단하고 글루크의 전통을 이어받은 대가로서 후배 음악가들을 지도했다. 18세기 오페라 서법을 19세기의 기악 작곡가들에게 전달한 공이 적지 않다. 제자들은 베토벤, 슈베르트, 체르니, 훔멜, 리스트, 모셸레스 등 당대 거장들을 두루 포함한다. 살리에리가 모차르트를 독살했다는 것은 사실이 아니다.

가장 슬픈 곡

6월 들어 베토벤은 〈갈리친 4중주, Op.130〉 작곡에 매달렸고, 〈갈리친 4중주, Op.132〉는 7월에 완료했다. 8월 23일 베토벤은 〈갈리친 4중주, Op.130〉의 피날레로 고려했던 〈대푸가(Grosse Fuge)〉를 〈현악4중주를 위한 대푸가, Op.133〉으로 만들어 나중에 루돌프 대공에게 헌정한다. 조카 카를이 비밀리에 엄마 요한나를 만나는 것을 알고 베토벤과 카를과 요한나 사이에 다시 긴장관계가 형성되고, 카를이 아예 엄마와 함께 산다는 것을 안 베토벤이 심리적 타격을 받는다. 이런 상황에 니콜라우스 요한이 베토벤과 카를을 그나익센도르프로 초청하는 편지를 보낸다.

그 전에도 니콜라우스 요한은 베토벤에게, 소송 때문에 온갖 헛소문이 떠도는 비엔나를 떠나 카를과 함께 휴양을 오라고 종종 편지를 보냈다. 그때마다 베토벤은 '토지 소유자'인 동생의 꼴이 보기 싫어 단호히 거절하는 답장을 보냈다.

"안 가. …… 너의 형, 내가 형 맞아???? !!!! 루트비히."

이런 저런 고민이 많은 가운데 완료한 곡이 〈갈리친 4중주, Op.130〉의 5악장 카바티나이다. 베토벤은 이 곡을 자신의 작품 중 가장 슬픈 곡으로 간주했다.

저물어가는 나날들

10월 15일 바덴에서 돌아온 베토벤은 슈바르츠스파니어슈트라세 15번지 슈바르츠스파니어하우스에 세를 얻었다. 그가 마지막으로 세를 얻어 살던 집이고, 1827년 3월 26일 그가 죽은 집이다. 세를 얻은 지 이틀 후에 쓴 편지에서 베토벤은 자신을 "대양에서 난파당한 사람 같은 기분"이라고 표현했다. 난파당한 베토벤은 결국 이 집이 마지막 항구가 된다. 이 집에서 베토벤은 영원히 눈을 감았다.

산책을 많이 하던 베토벤이 그 무렵 칩거하고 있다는 소식을 들은 슈테판 폰 브로이닝은 운동이 부족한 베토벤에게 말을 한 필 선물했다. 베토벤은 긴 산책을 즐기며 자연과의 교감을 통해서 음악적인 영감을 얻고는 황홀한 표정으로 돌아와 오선지 앞에서 작곡에 몰두했다. 그러나 보행도 어려웠고 멀리 산책을 할 수도 없었던 베토벤은 몸이 쇠약해지면서 창조력도 시들어갔다.

몇 년 전에도 친구들로부터 말을 한 필 선물받은 베토벤이 한 번도 타보지 않고 팔아넘긴 사실을 알고 있었지만 이번에는 상황이 완전히 달랐다. 베토벤은 후원자 킨스키 대공이 낙마하여 죽은 일 때문에 말 공포증도 있었다. 그럼에도 브로이닝이 말을 선물하자 대단히 고마워했고, 말에게 피델리오라는 이름까지 지어주었다. 하지만 베토벤이 말을 타고 가는 것을 본 사람은 없었다. 한편, 카를이 독자적으로 은행구좌를 튼 것을 알고 베토벤은 조카 카를과 화해하려고 노력한다.

제14장

꼭 그래야만 하는가?

1826~1827

헛소문

세상에는 이상한 일도 많고 헛소문도 많은데 베토벤에게도 그런 일이 있었다. 한때 베토벤은 귀족이 아니면서 귀족처럼 행세했고, 요한나와의 소송에서도 귀족법원에 소장을 제시했다. van이 귀족을 의미하는 von과는 다른데도 다른 사람들이 그것을 von으로 오해하는 경우에 해명을 하지 않았다. 결국 플랑드르의 van은 독일의 von과는 아무런 관계가 없음이 법원에 의해 탄로나서 창피를 당했다.

그런데 베토벤의 말년에 와서 바깥에서 더 이상한 소문이 퍼졌다. 한 출판사에서 만든 책에 베토벤이 프러시아 빌헬름 2세의 사생아라는 내용이 들어 있었던 것이다. 사실 베토벤은 늘 자신의 출생이나 신분이 평범한 사람과는 다르다고 인식하고 있었다. 그래서 그는 자신에게 불리하지 않은 소문에 대해서는 침묵했다. 그런 소문은 독일과 오스트리아뿐 아니라 프랑스와 영국, 이탈리아에까지 퍼졌다. 베겔러는 그렇게 오랫동안 아무런 반박 없이 그런 이야기가 유포되도록 내버려둔 데 대해 베토벤에게 분노와 실망감을 표시했다.

> 프랑스의 〈백과사전〉에도 자네가 사생아라고 기록되어 있는데 …… 자네는 왜 어머니의 명예를 회복시키지 않는가?
>
> 1825년 12월 28일 베겔러

베토벤은 베겔러의 편지를 받고는 그에게 해명을 부탁하는 편지를 쓴다.

> 자네는 내가 프러시아 빌헬름 2세의 사생아라는 소문을 들었다고 했지. 나도 전에 그런 말을 들었네만, 대꾸도 하지 않으리라고 마음을 굳혔네. 그러나 우리 부모님, 특히 어머니의 결백을 자네가 알아서 세상에 밝혀주기 바라네. ……
>
> 1826년 10월 7일

대푸가

1826년 3월 21일 슈판치히 현악4중주단이 비엔나에서 〈현악4중주 제13번, Op.130〉을 처음으로 공개 연주했다. 청중들은 대체로 좋아했지만, 6개 악장 전체 길이가 약40분인데 마지막 제6악장의 대푸가(Grosse Fuge)가 16분이나 차지하여 불평이 많았다.

따라서 악보출판사 아르타리아의 요청으로 원래 피날레 제6악장은 〈현악4중주를 위한 대푸가, Op.133〉이라는 이름을 붙여 별도로 출판했다. 〈Op.130〉에는 새로운 피날레를 작곡하기로 마음먹었다. 이고르 스트라빈스키(Igor Stravinsky, 1882~1971)는 대푸가에 대해 "철저히 현대적이고, 앞으로도 영원히 현대적일 것이다."라고 평했다.

작곡가로서 베토벤의 가장 독특한 면은 정상과 내리막길이 없다는 것이다. 작곡가들 대부분은 어느 수준에 이르러 음악적으로 완숙한 경지를 보여준다. 그리고 서서히 쇠락하고 침체한다. 그러나 베토벤은 그의 전 생애를 통하여 음악적으로 계속 상승했다. 그는 기존의 음악양식의 정상에 도달했을 뿐만 아니라 새로운 정상을 개척했다. 베토벤의 후기 피아노 작품과 실내악들은 연주자들이 연주를 거부할 정도로 당시 음악적 패턴과는 거리가 멀었다. 사람들이 그의 후기 작품들을 이해하고 좋아하기까지는 상당한 시간이 필요했다. 베토벤이 타계한 후 거의 반세기 후에 가서야 사람들이 그 작품들의 진면목을 이해하기 시작했다.

그 점은 브루크너와 말러의 경우와도 비슷하다. 사람들이 말러의 교향곡에 대하여 난해하다는 투로 얘기하자 말러는 "나의 시대는 아직 오지 않았다. 나의 교향곡은 때를 기다리고 있다."라고 대답했다.

베토벤의 마지막 작품들, 예컨대 합창 교향곡이나 현악4중주 등은 당시에 연주하기에 매우 어려웠다. 물론 듣기에도 어려웠다. 오늘날 우리는 20세기의 현대음악을 부담스럽게 듣고 있는 반면 베토벤의 음악은 익숙하다. 베토벤의 음악은 고전이 되었다.

카를, 자살을 시도하다

카를과 베토벤 사이는 점점 더 나빠졌다. 7월 27일 카를은 그동안의 정신적 고통을 못 이겨 권총을 한 자루 구입하여 자살을 시도했다. 하숙집 주인이 발견하고는 베토벤에게 알려주었다. 베토벤은 몹시 놀랐지만 카를이 상처를 입지 않은 것을 알고 다행스럽게 생각했다. 하지만 그것은 시작이었다.

7월 29일 카를은 전당포에 시계를 맡기고 권총 두 자루를 구입한 후 사라졌다. 7월 30일 카를은 바덴의 헬렌탈(Helenthal) 계곡에 있는 라우헨슈타인 성터로 올라갔다. 그곳은 과거 베토벤과 종종 올라갔던 곳이었다. 첫 번째 권총을 불발이었다. 두 번째 총은 그의 관자놀이를 스쳤고, 카를은 기절했다.

행인에게 발견된 카를은 어머니 집에 데려다달라고 말했다. 카를의 고의적인 자살행동과, 상처를 입은 후 어머니에게 데려다달라고 했다는 말은 베토벤을 매우 침통하게 만들었다. 그것은 베토벤이 카를의 아버지 노릇을 할 수 없다는 사실을 증명하는 것이어서 베토벤은 오랫동안 그 충격에서 헤어나지 못했다. "삼촌이 나를 좋은 사람으로 만들려 했기 때문에 나는 더 나쁜 사람이 되었다."라고 말하는 조카에게 베토벤은 보답받지 못하는 정성을 다한다.

존경하는 A. 슈메타나 선생.

너무나 불행한 일이 벌어졌습니다. 카를이 자살을 시도했답니다. 제발 서둘러 오셔서 그애를 살려주십시오. …… 제발 어서 서둘러주십시오.

1826년 8월

추신, 카를은 지금 자기 어머니 집에 있으니 어서 그리로 가주십시오. 주소는 아래에 있습니다.

8월 7일 카를은 또다시 자살을 시도할 가능성이 있어 강제로 정신병원에 입원되었고 심리상담도 받았다. 9월 25일 카를은 퇴원했다.

그나익센도르프

9월 28일 베토벤과 카를은 그나익센도르프에 있는 동생 소유의 과수원 바서호프로 향했다. 니콜라우스 요한은 바서호프를 1836년 처분했고, 지금은 에쉬바일러(Eschweiler) 가족이 와인을 경작하고 있는데, 베토벤이 머물렀던 방을 잘 보존하고 있다.

동생의 초청에 늘 시큰둥했던 베토벤은 9월 25일 카를이 퇴원했고 또 관자놀이의 상처가 다 나으면 입대하기로 합의했기 때문에 이번에는 체념하고 카를과 함께 왔다. 동생 니콜라우스 요한의 아내 테레제 오버마이어는 하인 미하엘 크렌(Michael Krenn)에게 베토벤을 잘 돌보라고 지시했다. 베토벤은 1층 방 3개를 사용했다.

베토벤 최후의 작품 〈현악4중주 제16번, Op.135〉는 이미 지난 7월 작곡하기 시작했는데, 그나익센도르프에 머물면서 이 곡을 완성했다. 베토벤이 직접 마무리한 마지막 작품이 되었다. 〈Op.135〉의 제4악장 첫머리에는 '힘들게 내린 결심(Der schwer gefa ßte Entschlu ß)'이라는 표제가 붙어 있다.

이런 일도 실제로 있었다. 음악을 좋아하는 어느 궁정 관료가 1826년 3월 21일 슈판치히 4중주단이 연주하는 〈현악4중주, Op.130〉 초연에 늦게 도착하여 제1악장을 듣지 못했다. 그는 입장료를 내지 않았다. 베토벤은 그 관료에게 입장료를 슈판치히에게 보내라고 요청했다. 그 관료는 베토벤에게 단 한 줄의 편지를 보냈다.

"꼭 그래야만 하는가?"

(Muss es sein?)

베토벤 역시 한 줄짜리 답장을 보냈다.

"꼭 그렇게 하세요."

(Es imuss sein)

이 짧은 대화는 〈Op.135〉 제4악장 악보 첫마디에 기록되어 있다.

〈Op.135〉를 완성한 후, 베토벤은 〈Op.130〉의 제6장을 대체할 새로운 피날레도 완성했다. 피날레를 작곡하고 베토벤은 영원히 펜을 놓았다. 그리고 '악보를 한 줄도 쓰지 않는 날이 없도록 염원했던' 베토벤은 석 달 후 영원히 눈을 감았다. 따라서 새로운 피날레가 들어간 〈Op.130〉은 베토벤이 사망한 후에 초연되고 출판되었다.

꼭 그래야만 하는가? 꼭 그렇게 하세요

"꼭 그래야만 하는가?" "꼭 그렇게 하세요."를 두고 많은 사람들이 그 뜻이 무엇인지 궁금하게 생각한다. 그냥 장난으로 낙서를 한 것이라는 주장, 급료 지급문제로 하인과 다투면서 메모한 것이라는 주장,

관리인이 집세를 받으러 오면 베토벤이 "꼭 그래야만 하는가?"하고 물었고 관리인은 발을 구르며 "꼭 그래야만 한다."라고 대답했다는 주장, 또 다르게는 베토벤이 카를에게 상속을 해주고 요한나와 대화를 할 때 필담노트 대신에 악보에 필담한 것이라는 설, 그리고 요한나 라이스와의 관계를 청산하는 대화라는 설도 있다.

1824년 무렵 요한나와의 관계가 얼마간 호전된 베토벤은 그녀를 경제적으로도 도와주었다. 그는 1824년 1월 8일 요한나에게 보내는 편지에 "쉰틀러를 통해 두 달 치 연금을 받으셨을 줄 압니다."라고 썼다. 두 사람이 카를을 두고 소송을 벌인것이 1815년이므로 10년 만에 두 사람은 화해한 것이다.

그나익센도르프에서 작곡에 몰두해 있는 동안에도 베토벤 형제는 싸웠다. 몸이 불편해 생각보다 그곳에 오래 머물게 되자, 니콜라우스 요한은 베토벤에게 실비로 숙박료를 요구했고, 조카 카를에 대한 상속문제, 옛날에 자기 부인과의 결혼을 반대한 것 등을 따졌다. 그것은 베토벤의 건강을 더욱 악화시켰다. 베토벤은 복부와 종아리가 부어오르자, 벨트로 배를 감쌌다.

몹시도 추운 겨울, 베토벤은 니콜라우스 요한과 한바탕 싸우고 카를과 함께 비엔나로 떠났다. 니콜라우스는 형에게, 지금은 덮개 달린 마차가 없고 우유를 배달하는 마차뿐이어서 한 겨울에 이틀이나 걸리는 여행은 안 된다고 설득했다. 어쩌면 니콜라우스 요한이 이렇게 말했을지도 모른다.

"이 추운 겨울에 꼭 가야만 합니까?"

베토벤이 대답했다.

"그래 꼭 갈 거야."

끝내 베토벤과 카를은 떠났다. 두 사람은 도중에 여관에서 하룻밤을 잤다. 12월 2일 베토벤은 슈바르츠스파니어하우스에 돌아왔다. 추운 날씨에 오느라 감기에 걸렸고 병은 더 심해졌다. 곧 의사 바브루흐(Doktor Wawbruch)가 다녀갔다. 12월 15일 복부에 물이 차올랐고, 20일 복부에서 물을 빼냈다.

게르하르트 폰 브로이닝

슈바르츠스파니어하우스에서 베토벤이 임종을 맞을 무렵 자주 이곳에 들른 사람 중 한 명은 게르하르트 폰 브로이닝(Gerhard von Breuning, 1813~1892)이었다. 게르하르트는 슈테판 폰 브로이닝이 두 번째 부인에게서 얻은 아들로서 어린 시절 부친과 함께 비엔나에서 베토벤의 집에서 가끔 만났다. 베토벤은 영면하기 직전 10대 꼬마가 오는 것을 반겼고 그에게 '내 바지의 단추(Hosenknopf)'라고 별명을 지어주고 좋아했다. 한마디로 말년에 없어서는 안 될 친구였던 것이다. 게르하르트는 베토벤을 위해 자주 심부름을 다녔고, 베토벤이 편지를 쓰면 집배원 노릇을 했으며, 방이 6개나 되는 큰 집의 청소도 했다. 나중에 게르하르트는 슈바르츠스파니어하우스에 대해 이렇게 증언했다.

"그곳은 사치를 모르는 베토벤의 취향에 맞는 가구가 딸린 집이었어요. 방과 마루와 부엌은 무질서했고 아무도 들어가지 않은 곳 같았습니다."

게르하르트는 베토벤의 질병과 죽음에 관심을 가졌고 그런 관심이 결국 그를 의사로 만들었다. 1874년 그는 베토벤의 말년에 대한 회상록 『슈바르츠스파니어하우스에서(Aus dem Schwarzspanierhaus)』를 출간했다.

카를, 군에 입대하다

1827년 1월 2일, 카를은 오스트리아 군대에 지원하여 체코 지흐라바(Jihlava, 독일어 Iglau)로 떠났다. 베토벤의 조카 카를 판 베토벤(Karl van Beethoven, 1806~1858)은 베토벤 가문의 유일한 후손이었다. 베토벤은 카를이 가업인 음악을 물려받아 '음악가 4대'의 지위를 이어주기를 기대했다. 베토벤은 동생 카스파르가 생존해 있을 때도 조카 카를의 후견인 행세를 하며 부도덕한 제수 요한나의 영향을 받지 못하도록 했다. 카를의 후견인 문제로 베토벤과 요한나 사이에 오랫동안 지속된 소송은 베토벤이 카를의 장래를 직접 결정하려는 과도한 욕심 때문이었을 것이다. 베토벤은 카를의 부친 노릇을 하기도 했고 그런 입장을 조카에게 설득하려고 했다.

후견인 문제로 삼촌 베토벤과 어머니 사이에 치러진 법정다툼은 카를이 9세 때인 1815년에 시작하여 1826년 20세가 될 때까지 계속되었고, 그 사이 카를은 아버지의 사망과 어머니의 심리적 고통 속에서 힘들어했고, 법정에서 증인으로 서기도 했다. 사춘기의 카를에게는 정신적으로 큰 타격이었다. 법적으로 후견인이 된 베토벤은 카를이 어머니를 만나는 것을 금지시켰다. 하지만 카를은 몰래 어머니를 만났고, 때로는 베토벤이 경찰에 연락하여 카를을 어머니의 집에서 데리고 나오기도 했다. 1824년 카를은 비엔나대학 철학과에 입학했다. 대학에 입학한 직후 카를은 베토벤에게 군에 입대하고 싶다는 의

사를 표명했다. 1827년 1월 2일 카를은 군에 입대하여 떠났다. 자살 소동으로 생긴 이마의 상처를 가리기 위해 그는 머리카락을 앞으로 빗어내렸고, 삼촌이 중병이었음을 알고도 냉정하게 인사만 하고 떠났다. 그것이 마지막 작별이 되었다. 카를은 삼촌의 임종을 보지 못했다. 사망소식을 듣고 달려온 카를은 3월 29일 장례식에 겨우 참석할 수 있었다. 인류에게 위대한 영웅 베토벤은 카를에게는 한낱 간섭 많은 삼촌이었을 뿐이었다.

2월 2일 베토벤의 상태가 악화되어 세 번째 복부 수술을 했고, 2월 27일 4번째 수술했으나 합병증이 유발되었다.

교향곡 제10번

베토벤은 런던에서 활동하던 모셸레스가 3월 1일 보낸 편지를 받았다. 런던의 많은 숭배자들이 베토벤을 돕고 싶어하고 필하모닉 소사이어티에서 1,000플로린(100파운드)을 베토벤에게 보낸다는 내용이었다. 이것은 오스트리아 음악가들이 말년의 베토벤에게 무심했던 것과는 대조적인 일이었다. 모셸레스의 편지에 베토벤은 이렇게 답장을 보냈다.

> 3월 1일자 편지를 읽으면서 느낀 감정을 무어라 표현해야 할지 모르겠네. …… 필하모닉 소사이어티에 진심으로 고맙다고 전해주게. 하느님께서 나를 회복시켜주신다면, 작품으로 내 마음을 전하겠네. 어떤 작품을 원하는지 협회가 결정해주게. …… 교향곡에 대한 구상이 이미 끝났고, 새로운 서곡도 있고 또 다른 것도 있네.
>
> 1827년 3월 18일

베토벤은 아픈 중에도 3월 들어 〈교향곡 제10번〉을 스케치하기 시작했다. 이 무렵 베토벤은 완전히 청력을 상실했기 때문에 만약 〈교향곡 제10번〉의 작곡을 추진했다면 그것은 그의 음악적 감각과 지능으로 작곡한 최후의 작품이 되었을 것이다.

과연 베토벤이 〈교향곡 제10번〉을 시도는 했는지, 악보의 초고라도 남겼는지, 혹은 완성했는지에 대해서는 여러 설이 있다. 베토벤 말년의 비서 카를 홀츠는 베토벤이 피아노로 〈제10번〉의 1악장을 치는 것을 들었다고 주장했다(또한 베토벤이 죽기 8일 전 카를 홀츠에게 보낸 편지에서, 〈제10번〉의 스케치를 끝냈고 작곡을 완성하고 싶다는 말을 했다고 한다).

1844년 쉰틀러는 베토벤이 〈교향곡 제10번〉의 스케치를 했다고 주장했다. 그리고 자신이 사보(寫譜)하고 베토벤이 죽기 8일 전에 확인한 악보라고 주장되는 악보도 발견되었다고 했다.

베토벤은 처음부터 〈교향곡 제9번〉은 순수한 관현악곡으로 만들고, 제4악장 〈환희의 송가〉는 독립적인 칸타타로 만들고, 〈교향곡 제10번〉은 4개악장 모두 성악이 들어간 독일 교향곡으로 만들려 했다고 하는 주장도 있다.

여러 주장들을 종합해보면 〈교향곡 제9번〉의 성공에 힘입어 베토벤은 2개의 새로운 교향곡을 추진한 것으로 보인다. 그중 하나는 런던의 필하모닉 소사이어티에 보낼 생각이었을 것이다. 하지만 1악장도 완성하지 못한 채 세상을 떠났다.

베토벤이 세상을 뜬 후 음악이론가 배리 쿠퍼(Barry Cooper, 1949~)는 1983년 베를린 국립 프러시아 문화재단 도서관에서 베토벤의 미완성 교향곡 악보를 발견했다. 그는 1825년 이후 베토벤이 남긴 스케

교향곡 제10번 재킷

치를 참고하여 5년 동안 재구성 작업을 끝내고 비아몬티 카탈로그 번호 〈Bia.838〉로 매겨 〈Symphony No.10 in Eb major, Bia.838〉로 발표했다.

당대 최고의 지휘자 한스 폰 뷜로(Hans von Bülow, 1830~1894)가 브람스(Johannes Brahms, 1833~1897)의 〈교향곡 제1번〉을 '베토벤의 제10번 교향곡'이라고 별칭을 붙인 후 그 말을 수긍하는 사람들이 많았다. 그것은 브람스가 베토벤에게 영향을 많이 받았다는 것을 의미한다. 게다가 브람스의 제1번과 배리 쿠퍼가 편집한 베토벤의 제10번 모두 C단조 8분의 6박자 알레그로이다.

〈Bia.838〉는 1988년 10월 18일 발터 벨러(Walter Weller, 1939~)의 지휘로 런던 로얄 리버풀 필하모닉 오케스트라가 초연했다. 연주를 마친 후 그는 이렇게 말했다고 한다.

"베토벤 후기의 정숙함과 아름다움이 가득 배인 전형적인 베토벤 곡이다."

같은 해 윈 모리스(Wyn Morris, 1929~)가 지휘한 런던 심포니 오케스트라가 녹음판을 내놓았다. 더글라스 보스토크(Douglas Bostock)가 지휘한 체코 체임버 필하모닉 오케스트라에서도 녹음을 했다.

그러나 베토벤이 열 번째 교향곡을 추진했는지, 혹은 완성했는지에 대해서는 여전히 결론이 나지 않고 있다.

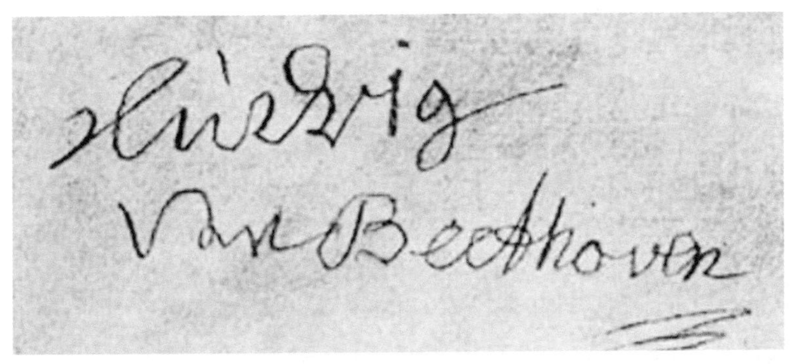

베토벤 사인

유언

베토벤은 쉰들러에게 유언을 받아 적게 했다.

내 조카 카를을 유일한 상속자로 삼는다. 나의 모든 재산은, 그가 죽은 뒤에는 그의 '혈연관계에 따른 상속자'가 물려받거나, 아니면 그의 뜻대로 처리한다.

1827년 3월 23일

이 유언에 따르면 만약 카를이 자녀 없이, 상속자를 지정하지 않고 죽으면 유산이 모두 카를의 어머니 요한나에게 가도록 되어 있다. 이 장면에서 베토벤은 필담노트에 간단히 써서 쉰들러에게 보여주었다.

"꼭 그래야 하겠지?(Muss est sein?)"

쉰들러도 짧게 적었다.

"그럼요. 꼭 그래야만 해요.(Es muss sein.)"

너무 늦었어, 그 포도주를 마시기엔

베토벤은 3월 17일 쉰틀러에게 "나를 구할 수 있는 것은 말파티의 의술뿐이야. 오전에 잠시 들리도록 부탁해주게."라고 메모를 써보냈다. 주치의였던 말파티 의사는 베토벤과 다투고는 한동안 연락을 하지 않았고 베토벤의 진찰 요청도 거절했다. 쉰틀러가 찾아가 절박하게 설명하자 말파티가 왔다. 그러나 누워 있는 베토벤에게 해줄 수 있는 것이 없었다. 그냥 눈물만 흘렸다고 한다.

3월 22일 베토벤은 사제를 초청하여 병자성사를 받았다. 3월 24일 마인츠의 출판업자 베른하르트 쇼트(Bernhard Schott, 1748~1809)로부터 좋은 와인이 한 박스 도착했다. 베토벤은 안타까웠다. 그 좋은 와인을 마시지 못하다니.

"안됐어, 안됐어, 정말 너무 늦었어. 저 포도주를 마시기엔."

이 말이 정신이 있을 때 베토벤이 한 마지막 말이었다.

박수를 쳐라, 나의 친구들이여, 연극은 끝났다

3월 26일 저녁, 비바람이 심하게 몰아쳤다. 베토벤은 혼수상태에서 꼼짝도 않고 눈을 감고 있었다. 갑자기 내리치는 천둥번개 소리에 병상 옆에 있던 두 사람이 깜짝 놀랐다. 그때 베토벤이 눈을 크게 뜨고 오른손을 높이 들더니 주먹을 쥐고 2~3초 동안 위를 쳐다보았다. 그리고 외쳤다.

"박수를 쳐라. 나의 친구들이여, 연극은 끝났다."

(plaudite, amici, comedia finita est.)

베토벤은 곧 손을 침대에 늘어뜨리고 눈을 다시 감았다. 1827년 3

월 26일 오후 6시. 임종 순간에 베토벤의 곁에는 두 사람이 있었다. 그중 한 명은 그라츠 출신 작곡가 안젤름 휘텐브렌너(Anselm Hüttenbrenner, 1794~1868)였고 다른 한 명은 여자였다. 그녀는 베토벤의 머리카락을 한 웅큼 잘라 휘텐브렌너에게 주었다. 휘텐브렌너는 그녀를 처음에는 베토벤의 동생 카스파르 카를의 미망인 요한나 라이스라고 증언했다가 나중에 베토벤의 막내동생 니콜라우스 요한의 부인 테레제 오버마이어라고 바꾸어 말했다. 어떤 사람은 그녀를 베토벤의 가정부 잘리(Sali)라고 했다.

유품

3월 29일 베토벤의 장례식을 치른 며칠 후 니콜라우스 요한, 슈테판 폰 브로이닝, 안톤 쉰틀러, 카를 홀츠 등이 베토벤의 유물을 정리했다. 작은 책상 안에 카를을 위해 저축해둔 약간의 돈과 상속에 관한 유서, 그리고 상아로 만든 작은 초상화 2개, '하일리겐슈타트 유서'와 '불멸의 연인에게' 쓴 편지가 3통 있었다.

하일리겐슈타트 문서는 요한나 라이스가, 초상화 2개는 폰 브로이닝이 가져갔다. 쉰틀러는 필담노트 네 묶음과 많은 악보와 편지들을 몰래 가져갔다. 하일리겐슈타트 문서는 1828년 공개되었다. 초상화 2개 중 하나는 처음부터 테레제 브룬스비크라는 사실이 밝혀졌고, 다른 하나는 여러 설이 있었으나 나중에 안토니 브렌타노의 용모와 일치한다고 판정되었다.

제15장

그 후

1827년 6월 4일, 슈테판 폰 브로이닝

베토벤이 사망한 직후부터, 마치 중세시대 성인의 유골이 그랬던 것처럼 베토벤의 유해(遺骸)는 앞으로 큰 재산이 될 것이라는 소문이 돌았기 때문에 슈테판 폰 브로이닝은 밤마다 배링 공동묘지를 지켰다. 슈테판은 어릴 적 친구로서, 베토벤이 자신의 단 한 곡뿐인 〈바이올린 협주곡 D장조, Op.61〉을 헌정한 각별한 사이였다. 그는 말년에 베토벤을 다시 만나 그가 숨을 거둘 때까지 뒤를 돌보아주었다.

베토벤이 사망한 후 베토벤을 기리는 추모 음악회가 잇따라 열렸다. 5일 후인 1827년 4월 3일에는 오스트리아 궁전(호프부르크) 부속교회 아우구스티너키르헤(Augustinerkirche)에서 모차르트의 〈레퀴엠〉이 연주되었고, 4월 5일에는 칼스키르헤(Karlskirche)에서 케루비니의 미사곡이 연주되었다. 베토벤의 유품들은 그해 4월 말에 경매되었다.

6월 4일 슈테판 폰 브로이닝도 53세로 사망했다. 아마 베토벤의 죽음으로 인한 심리적 타격도 그의 죽음에 한몫했을 것이다. 11월 5일 베토벤의 음악작품들이 경매되었는데 총자산은 9,885플로린 18크로이처에 낙찰되었다. 당시 영국 화폐로 환산하면 988파운드였다.

1828년 11월 19일, 슈베르트

프란츠 슈베르트(Franz Schubert, 1797~1828)의 소원은 베토벤의 제자가 되는 일이었으나 그것은 생전에 이뤄지지 못했다. 1827년 3월 초, 슈베르트는 친구의 안내로 베토벤이 입원하고 있는 병원으로 찾아가 베토벤에게 자신이 지은 노래 몇 곡을 보여주었다. 베토벤은 "참으로 아름다운 노래들이군요."라고 칭찬했다. 그러나 수줍음이 많았던 슈베르트는 그 자리에서는 끝내 한마디도 말을 못했다고 한다.

실제로 슈베르트가 베토벤을 만났는지에 대해서는 다른 주장도 있지만, 슈베르트의 작품을 본 베토벤은 다음과 같은 유명한 말을 했다고 한다.

"슈베르트에게는 틀림없이 숭고한 불꽃이 있다."

슈베르트는 1827년 3월 29일 베토벤의 관을 메고 장지로 향했다. 또 그로부터 1년 반이 지난 1828년 11월 19일 슈베르트는 베토벤 곁에 묻혔다. 슈베르트의 무덤 역시 1888년 비엔나 중앙공동묘지로 이장되어 베토벤 옆에 나란히 누워 있다.

1831년, 루돌프 대공

루돌프 대공은 1803년, 그러니까 15세 때 베토벤에게서 피아노를 배웠을 뿐만 아니라, 작곡기법을 배운 유일한 제자이기도 하다. 그 결과 루돌프 대공은 피아노도 잘 연주했고 작곡도 했다. 대공은 1823~1824년 사이에 안톤 디아벨리가 제안한 '디아벨리 왈츠를 주제로 한 변주곡'을 작곡해 'S. R. D'라는 필명으로 발표했다. S. R. D는 라틴어 Serenissimus Rudolfus Dux의 약자로서 '가장 빛나는 지도자 루돌프'라는 의미이다.

루돌프 대공은 올로모우츠 대주교로서 충실히 봉직하다가 1831년 바덴에서 요양 중 43세로, 스승 베토벤이 사망한 지 4년 후 사망했다.

1832년, 괴테

베토벤에게는 3명의 영웅이 있었다. 음악의 영웅 모차르트, 정치의 영웅 나폴레옹, 그리고 문학의 영웅 괴테였다. 1812년 베토벤은 테플리체에서 존경하는 괴테를 만났지만 두 사람의 만남은 생각보다 유쾌하지 못했다.

베토벤은 1823년 2월 8일 날짜로 괴테에게 "…… 사람들이 저에 대해 쑥덕거리는 것이 싫습니다. Veritas odium parit……."라는 내용의 편지를 썼다. Veritas odium parit는 라틴어로 '진리는 적을 만든다.'라는 뜻인데 베토벤은 편지에 종종 라틴어를 구사했다. 괴테는 이 편지에 대해 답장을 보내지 않았다.

인생과 우주에 대한 지칠 줄 모르는 정열가였던 괴테는 만년에도 젊은 처녀와 세 차례의 연애를 했고, 23세에 시작한 『파우스트』를 1831년에 완성했다. 그리고 다음해 83세로 바이마르 궁정묘지에 실러와 나란히 누웠다. 『파우스트』에는 이런 말이 있다.

"자유도 생명도 날마다 싸워서 쟁취하는 자만이 그것을 누릴 자격이 있다."

1833년, 나네트 부부

1833년 같은 해에 사망한 나네트 부부는 모차르트가 처음 묻혔던 상트 마르크스에 매장되었다가, 비엔나 첸트랄프리트호프 음악가 묘역으로 옮겨 베토벤(32a 29번)을 마주 보며 누워 있다(32a 30번). 나네트는 죽어서도 베토벤을 돌보고 있는 것이다. 오늘날 음악세계에서 나네트 같은 사람이 또 있을까?

참고로 무덤의 위치를 말하면 브람스는 32a 26번, 요한 슈트라우스 2세는 32a 27번, 슈베르트는 32a 28번, 글루크는 32a 49번, 모차르트는 32a 55번이다.

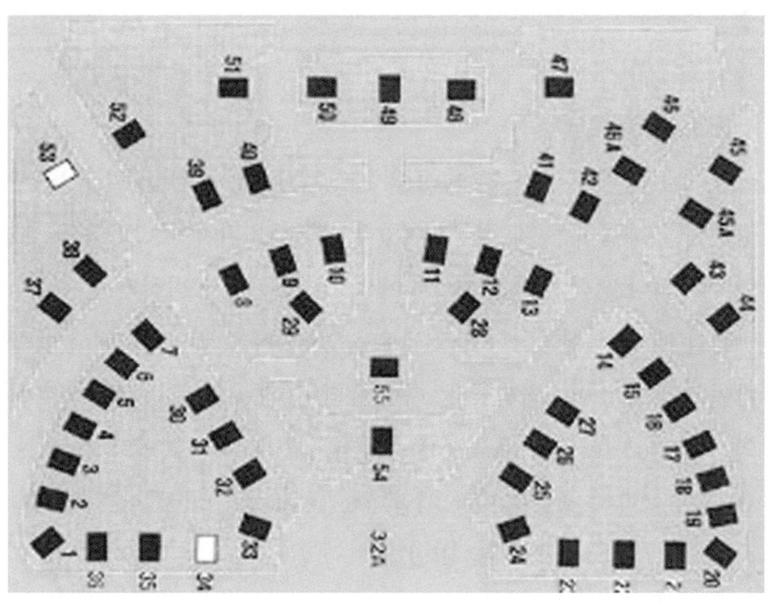

첸트랄프리트호프 음악가 묘역

첸트랄프리트호프 음악가 묘역. 중앙 모차르트, 왼쪽 베토벤

1837년, 에르되디

에르되디 백작 부인은 베토벤의 사생활에 깊이 관련되었고 또 재정문제를 해결하는 데 적극적이었다. 뛰어난 피아니스트이기도 했던 에르되디 백작 부인은 여걸이어서 1837년 메테르니히가 헝가리를 탄압할 때 이에 항거하다가 58세로 죽었다. 베토벤과 에르되디 백작 부인의 관계는 미스터리했다. 다나 슈타이헨(Dana Steichen)은 〈베토벤의 여인〉(Beethoven's Beloved, 1959)에서, 그리고 가일 알트만(Gail S. Altman)은 〈말에 책임을 지는 사람〉(Man of His Word, 1996)에서 에르되디 부인을 불멸의 연인으로 꼽았다.

1846년, 아말리에 제발트

아말리에는 1796년 베토벤이 리히노프스키와 연주여행을 하던 중 베를린에서 공개연주할 때 청중으로 있었다고 한다. 아말리에는 1811과 1812년 테플리체에서 베토벤을 만났고 그 후로도 편지를 교환했다. 아말리에가 1815년 베를린에서 변호사와 결혼한 뒤 두 사람 사이의 관계는 막을 내렸고 그녀는 1846년 59세로 세상을 마감했다. 아말리에는 사후 베토벤과 관련된 유품을 남겼는데, 그중에는 편지 외에 베토벤의 머리카락도 있었다.

베토벤이 생전에 만난 여인들을 일부 음악학자들은 연인과 친구로 구분하기도 한다. 아말리에는 친구로 분류되었다. 하지만 1909년 토마스-산-갈리(Wolfgang A. Thomas-San-Galli)는 『베토벤의 불멸의 연인: 아말리에 제발트(Beethoven's Immortal Beloved: Amalie Sebald)』라는 제목의 작은 책을 출판했다.

1848년, 베겔러

훌륭한 의사 베겔러는 1848년 79세로 사망했다. 하지만 그의 이름이 기억되는 것은 베토벤이 사망한 지 11년 후인 1838년 『베토벤 회상록』을 발표했기 때문이다. 이 책은 베토벤의 제자이자 지휘자 페르디난트 리이스와 공저로 출판되었는데, 후세 연구자들에게 가장 믿을 만한 자료로 간주되고 있다. 이 책은 1988년 『베토벤을 기억하며』라는 제목으로 재출간되었다.

1851년, 테레제 말파티

베토벤이 1810년 구혼했던 테레제 말파티는 1851년 59세로 사망했다. 그녀의 유품 중에서 〈바가텔〉 악보가 하나 발견되었다. 루트비히 놀은 그 악보에서 베토벤의 필적을 확인하고는 베토벤이 사망한 지 24년 만에 베토벤의 작품이라고 정식 발표했다. 악보는 1865년 출판되었는데, 출판사는 베토벤이 휘갈겨 썼고 또 24년이나 지나 희미하게 보이는 '테레제를 위하여(Für Therese)'를 '엘리제를 위하여(Für Elise)'로 잘못 인식하고 인쇄했다. 〈바가텔 WoO 59〉의 표제는 지금도 '엘리제를 위하여'로 통하고 있다.

1859년, 베티나

베토벤과 친하게 지내면서 괴테를 소개해준 베티나는 1859년 74세로 눈을 감았다. 베티나는 빼어난 미모에 우수한 머리를 가진 여자로 성취의욕이 대단했다. 1807년 22세의 베티나는 자신의 작품을 들고 58세 괴테를 만나러 무작정 바이마르로 갔다. 어머니의 옛날 애인을 말이다. 당시 괴테는 18세의 미나 헤르첼리프(Minna Herzlieb)와 사랑에 빠져 있었고, 베티나는 아르님과 만날 무렵이었다. 유명인사 쇼핑이라고나 할까, 그 언저리에 베토벤도 있었다. 베티나는 괴테가 자신에게 보낸 편지, 그리고 괴테가 미나에게 보낸 편지 등을 가공하여 괴테가 자기에게 보낸 편지로 꾸몄다. 베티나는 그것을 모아 괴테가 사망한 지 3년 후인 1835년 『괴테와 한 소녀의 서한집(Goethes Briefwechsel mit einem Kinde)』이라는 이름으로 발표했다. 베티나는 괴테를 이용하여 독일 문학사상 꼭 읽을 가치 있는 책 중 하나를 만들어낸 것이다.

베토벤은 베티나가 자신에게 보낸 편지를 오래 간직했고 또 베티나에게 자주 편지를 써달라고 요청했다. 그리고 그 편지에는 독일어에서 정중한 표현인 Sie가 아니라 매우 친밀한 관계일 때 쓰는 Du를 사용했다. Du 표시는 다른 편지에는 없고 불멸의 편지에만 나온다.

1861년, 테레제 브룬스비크

1827년 3월 26일 베토벤이 사망한 후 유품을 정리하는 과정에서 2개의 초상화가 발견된다. 하나는 누구의 초상화인지 금방 알 수 없었지만, 다른 하나는 모두가 테레제 브룬스비크의 초상화라고 증언했다. 1806년 베토벤과 테레제는 비밀리에 약혼을 했지만 신분의 차이로 헤어졌다. 테레제는 그 후로도 베토벤이 자신에게 돌아오기를 기다리며 독신으로 살다가 1861년 84세에 죽었다. 쉰틀러가 테레제에게 '불멸의 연인' 편지에 대한 의견을 묻자, 테레제는 그 편지는 베토벤이 자신의 동생 요제피나에게 보낸 것이 틀림없다고 말했다.

1868년, 요한나 라이스

요한나는 베토벤이 사망하고도 40년을 더 살았고, 아들 카를이 죽고도 10년을 더 살다가 1868년 82세로 사망했다. 그녀는 베토벤이 사망한 후 베토벤에 대해 어떤 말도 하지 않았고, 글도 남기지 않았다.

1869년, 안토니 브렌타노

안토니는 1844년 남편과 사별한 후 외동딸과 살았는데, 언제부터인가 자신이 알고 지내던 사람이 사망하면 그 이름을 기록하기 시작했다. 그녀는 89세를 살았기 때문에 사망기록부는 수십 페이지로 늘어났다. 1869년 안토니가 사망하고 남긴 그 기록부의 첫 페이지는 다음과 같이 기재되어 있었다.

"베토벤, 1827년 3월 26일 영면하다."

1888년 6월 21일, 비엔나 첸트랄프리트호프

베토벤의 무덤은 연구를 위해 1862년 발굴되었고, 유골은 1888년 6월 21일 비엔나 첸트랄프리트호프(Zentralfriedhof, 1874년 개장), 즉 비엔나 중앙공동묘지로 이장되었다. 이장 행사에는 안톤 브루크너(Anton Josef Bruckner, 1824~1896)가 입회했다. 새로운 무덤에 유골을 하관할 때 브루크너의 집게안경(귀걸이가 없이 코에 거는)이 베토벤의 두개골 속으로 들어갔다는 이야기가 전해진다. 묘비는 배링 공동묘지의 것을 좀 더 크게 본 떠 만든 것이다. 원래 묘비는 현재 슈베르트 파크에 그대로 남아 있다.

1903년 10월 4일, 오토 바이닝거

베토벤이 사망한 지 76년 후인 1903년 10월 3일, 여성증오와 반유태 사상을 담고 있는 『섹스와 성격』을 발간한 23세의 오스트리아 철학자 오토 바이닝거(Otto Weininger, 1880~1903)는 베토벤이 마지막으로 살았던 슈바르츠스파니어하우스에 방을 얻는다. 그리고 다음날 그는 자살한다. 그의 부친이 만든 묘비에는 이런 글이 씌어 있다.

지상에서 평화를 발견할 수 없었던 한 젊은이가 여기 누워 있다. 자신의 생각과 영혼을 펼쳐 보인 후에는 더 이상 산 자와는 함께 있을 수 없었던 그는 가장 위대한 영혼을 가진 한 사람의 혼이 깃던 슈바르츠스파니어하우스에 그의 몸을 묻었다.

1917년, 카를 줄리우스 베토벤

1832년 카를은 군에서 제대했고, 그해 캐롤리네 나스케(Caroline Naske, 1808~?)라는 여인과 결혼했다. 두 사람은 4명의 딸과 아들 1명을 두었다. 아들의 이름은 삼촌의 이름을 따서 루트비히(Ludwig van Beethoven, 1839~1890)로 지었다. 카를은 잠시 재산관리 업무를 보았지만, 별로 성공하지 못했다. 하지만 그는 삼촌의 유산으로 평범한 시민으로 풍족하게 살았다. 그는 1858년 간질환으로 52세에 사망했고 그의 부인은 33년이나 더 살다가 죽었다.

카를의 아들 루트비히는 나중에 미국으로 건너가 디트로이트의 미시건 센트럴 철도회사(Michigan Central Railroad Company)에 근무했다. 그는 피아니스트 마리아 니트쉐(Maria Nitsche, 1846~1917)라는 여인과 결혼하여 아들 카를 줄리우스(Karl Julius Beethoven, 1870~1917)를 낳았다. 그러나 카를 줄리우스는 아이가 없었다. 1917년 카를 줄리우스의 죽음으로 지상에 베토벤의 직계 자손은 사라졌다.

왜 불멸의 편지가 베토벤의 서랍에 있었는가?

베토벤 신격화 작업

위대한 인간이라도 생애의 세세한 사실이 모두 알려질 경우 그것이 자신의 일생에 대한 평가에 부정적인 영향을 끼칠까봐 두려워한다. 하지만 베토벤에게는 그런 기색이 없었다. 베토벤의 편지가 세상에 알려졌을 때 세간의 반응은 굉장했다. 예컨대 해학가 조지 버나드 쇼(George Bernard Shaw, 1856~1950)는 이렇게 말했다.

"내가 죽고 나서 생전의 찬미자들이 내 편지를 볼 것을 상상하면 등골이 오싹하다."

베토벤은 사람들에게 이해받기를 원했는데, 이해받기만 한다면 용서와 동정은 반드시 함께 따라온다고 생각한 것 같다. 사실 베토벤은 말년까지도 비엔나의 길거리 여성을 상대로 기분풀이를 했다는 것이

여러 편지나 기록에 남아 있다. 필담노트에는 다음과 같은 대화가 있다. 어떤 사람이 베토벤에게 물었다.

"일전에 사창가가 즐비한 XXX 근처 길거리를 서성이고 계시던데요. 어딜 가시는 길이었습니까?"

베토벤은 라틴어 경구로 대답했다.

"Culpam trans genitalium."(죄는 생식기가 지었지).

베토벤이 런던에 있는 페르디난트 리이스에게 보낸 편지에는 베토벤의 호색가적인 일면을 엿볼 수 있는 표현이 있다. 그러나 베토벤 사후 "베토벤은 위대한 인간이고 성욕을 모조리 음악으로 승화시켰다. 베토벤은 동정(童貞)으로 생을 마감했다."라는 말들이 많이 떠돌았다. 그리고 구체적으로 신격화 운동이 있었다. 쉰틀러가 앞장섰다. 쉰틀러는 베토벤을 미화하기 위해, 베토벤의 인간적인 모습이 들통날 수 있는 필담노트는 폐기하고 또 수정했다.

쉰틀러는 베토벤의 대화기록을 매우 세밀하게 검토하고 베토벤에게 부정적인 이미지를 줄 수 있는 요소들은 삭제했다. 그리고 반대로 베토벤의 명성을 더 높일 것으로 생각되는 부분에는 격정적인 표현을 덧붙였다. 베토벤과 쉰틀러 자신과의 관계도 과장했다. 쉰틀러는 베토벤의 유품 중에서 400개가 넘는 필담노트를 가져갔고 노트의 내용 중 베토벤의 이미지를 먹칠할 부분이 있는 것들 264개를 파기하고 137권만 1846년 베를린 왕립도서관에 매각했다.

베토벤의 좌우명은 'Durch Leiden zu Freude(고난을 극복하고 환희로)' 였는데, 이것을 로맹 롤랑은 다음과 같이 해석했다.

"베토벤은 인간의 세속적인 소리를 듣지 않고, 오로지 신의 음성만 듣고 이를 인간에게 전달해야 할 임무를 신으로부터 부여받았다."

그리고 덧붙여 이렇게 신을 고발했다.

"만약 신이 인류에게 저지른 범죄가 있다면 그것은 베토벤에게서 귀를 빼앗아간 일이다."

1840년, 불멸의 편지 공개되다

베토벤의 유품에서 나온 두 문서 중에서 '하일리겐슈타트 유서'는 1828년 공개되었다. 그러나 'Meine unsterbliche Geliebte'라는 제목의 편지, 즉 영어로는 'The Immortal Beloved'라 표시하고 우리나라에서는 '불멸의 연인'으로 통하는 3통의 편지는 1840년 안톤 쉰틀러의 『베토벤 전기(Life of Beethoven)』에서 처음 소개되었다.

봉인된 검정색 봉투에는 수신인 표시가 없었다. 편지에는 수신인도, 연도 표시도 없이 각각 7월 6일 아침, 7월 6일 월요일 밤, 7월 7일 새벽으로만 씌어 있었다. 여기에도 역시 수신인 이름은 없었다.

불멸의 연인에게

오늘은 몇 마디만 그대의 연필로 씁니다. 내일쯤 숙소가 정해질 것 같소. 이 무슨 시간 낭비란 말이오? …… 그대가 온전히 내 사람이 아니고 나 또한 온전히 그대의 사람이 아닌 사실을 바꿀 수는 없는 게요?

여행은 끔찍했다오. 어제 새벽 4시에야 겨우 이곳에 도착했소. 말을 구할 수가 없어 합승 우편마차를 탔는데 …… 이제 곧 만날 수 있겠지만 …… 그 외의 것은 신께서 보살펴주시겠지.

7월 6일 아침

고통에 찬 그대, 내 사랑이여

편지를 아침 일찍 부쳐야 했다는 걸 이제야 알았소. 우편마차가 K로 가는 것은 월요일과 목요일 아침 두 번뿐이어서 …… 토요일 저녁에나 그대에게 편지가 전해지리라 생각하니 울고 싶을 지경이오.

7월 6일 월요일 밤

잠자리에서도 그대 생각뿐, 내 불멸의 연인에게 달려갑니다. …… 그대 팔에 안길 때까지…….

7월 7일 새벽

영원히 그대의, 영원히 나의, 영원히 서로의

불멸의 연인은 누구인가?

안톤 쉰틀러는 『베토벤 전기』에서 '불멸의 연인' 편지는 1806년 쓴 것이고, 편지의 수신인은 줄리에타 귀차르디라고 썼다. 그러나 1860년 개정판을 낼 때는 편지를 쓴 연도를 알 수 없다고 밝혔다.

1840년대 하버드대학의 사서 알렉산더 세이어(Alexander W. Thayer, 1817~1897)는 쉰틀러의 베토벤 전기 중 많은 부분이 오류와 허위라는 사실을 발견했다. 그는 이탈리아 트리에스테 주재 미국 영사로 근무하면서 남은 평생을 베토벤 연구에 바쳤다. 그는 이렇게 말했다.

"나는 기존의 어떤 이론을 위해서도, 그리고 편견을 위해서도 일하지 않는다. 나의 목표는 진실이 무엇인가 하는 것이다."

세이어는 1879년 3권으로 된 『베토벤 생애: 1770~1818(Ludwig van Beethoven Leben: 1770~1818)』를 출판하고 사망했다. 이 책은 쉰

틀러의 오류를 바로잡는 데 큰 기여를 했다. 세이어는 이 책에서 불멸의 연인은 수수께끼라고 주장했다. 그러나 다른 구체적인 증거가 없이 초상화를 근거로 불멸의 연인이 테레제 브룬스비크일 것으로 추측했다.

그 후 '불멸의 연인' 편지의 수신인이 누구인가 하는 논쟁은 음악계뿐만 아니라 일반인 사이에서도 상당한 재밋거리였다. 연구자들은 이 책에 등장하는 베토벤이 만난 모든 여인과 또 이 책에 나오지 않는 여인들도 포함하여 각각 다른 주장을 하고 있다. 테레제 브룬스비크, 요제피나 브룬스비크, 줄리에타 귀차르디, 아말리에 제발트, 베티나 브렌타노, 마리 에르되디, 도로테아 폰 에르트만, 테레제 말파티, 안토니 브렌타노, 요한나 라이스가 대표적인 베토벤의 여인들이다. 그 외에도 야로슬라브 첼라다(Jaroslav Celada)와 윌리엄 메리디스(William Meredith)는 알메리에 폰 에스테르하지 대공 부인(Princess Almerie von Esterhazy)을 손꼽았다.

1954년, 리하르트 스테르바

요한나 라이스는 근친상간과 존속살해, 그리고 사랑과 미움이라는 프로이트식 심리분석의 좋은 모델이다. 프로이트의 동료이고 아마추어 바이올리니스트인 리하르트 스테르바(Dr. Richard Sterba, 1898~1989)는 오스트리아 출생으로 제2차 세계대전 후 미국 디트로이트에서 50년 동안 심리치료를 한 사람인데, 미켈란젤로에 대한 연구서도 있다. 그는 '불멸의 여인' 은 없다고 주장했다. 그는 동생이 죽고 나서 조카 카를의 문제로 요한나와 벌인 법정다툼 등 베토벤의 행동을 분석한 결과를 1954년 『베토벤의 조카』라는 제목으로 책을 펴냈는데, 결론은 요한나 라이스가 '불멸의 연인' 편지의 수신인이고, 카를이 바로 베토벤의 친자라는 것이다.

베토벤이 보여준 요한나에 대한 악감정과 카를에 대한 헌신은 베토벤과 요한나의 관계가 '불멸의 연인' 편지에서 만나기로 한 바로 그 장소(그곳이 어디든 간에)에서 두 사람의 관계가 종말을 맞았기 때문에 시작된 것이라고 분석한다. 물론 증거는 부족하다.

베토벤은 요한나를 본질이 나쁜 여자로 묘사하고, 또 타인에게 해악을 전염시킬 부도덕한 사람으로 묘사했는데, 그것은 베토벤이 그녀의 과거를 잘 알 만큼 가까웠다는 사실을 증명하는 것이다. 스테르바는 또 요한나가 낳은 딸 이름이 루도비카(Ludovica), 즉 루트비히의 여성명사인 점도 주목한다. 요한나의 성격은 고집 세고 자부심 강한 베토벤과 비슷하다는 분석이다. 그래서 그녀의 생각으로 베토벤이 카를을 잘못 키울 가능성을 감지하고 제대로 키우기 위해 노력했다는 것이다.

이런 상황, 즉 한때는 무척 사랑했다가 헤어진 부부 혹은 연인이 보여주는 치열한 악감정은 이혼법정에서 너무도 자주 관찰할 수 있다. 베토벤과 요한나는 그런 관계라는 것이다.

1972년, 메이너드 솔로몬

줄리어드 음대 교수로서 베토벤의 전기작가인 메이너드 솔로몬(Maynard Solomon)은 1972년 『뉴욕타임스』에 보낸 기고문을 시작으로 하여 1977년의 저서에서 '불멸의 연인'은 안토니 브렌타노라고 주장했다. 그 이유는 이렇다. 1795년부터 1818년 사이에 7월 6일이 월요

일이 되는 해는 다섯 번(1795년, 1801년, 1807년, 1812년, 1818년)인데 그 중 1812년으로 정하고, 편지 속에 'K로 가는 우편 마차' 에서 K의 지명(K가 첫 글자인 도시들을 검토한 후)을 칼스바트(Karlsbad)로 결론을 내렸다. 그리고 어떤 여인이 불멸의 연인이 되기 위해서는 세 가지 조건을 만족시켜야 한다고 조건을 내걸었다.

첫째, 그녀는 비엔나에서부터 베토벤과 잘 아는 사이이다.

둘째, 그녀는 1812년 7월 첫 주에 프라하에 있었다(베토벤을 만났을 터이므로).

셋째, 그 다음주에 체코의 칼스바트에 있었다.

그는 이 조건을 충족시키는 사람은 안토니 브렌타노라고 강력하게 주장했고 지금은 다수설이 되고 있다. 솔로몬은, 베토벤이 연인들과 관계가 그다지 깊지 못했고 또 기간도 오래가지 않았다고 주장하고, 안토니는 다른 여성들과 달리 베토벤의 사랑에 화답하여 베토벤에게 평생 유일무이하게 절대적인 사랑을 바친 여성이라고 보았다. 베토벤은 1812년 칼스바트에서 그녀와 헤어지고 12년이 지난 후 1824년 〈디아벨리 변주곡〉을 헌정했다. 잊지 않았다는 증거이다. 그래서 솔로몬은 불멸의 연인에게 보내는 편지는 불행한 짝사랑의 분출이 아니었다고 결론짓는다.

하지만 내가 보기에 결론이 난 것은 아니다. 메이너드 솔로몬은 왜 편지가 베토벤의 서랍에 있는지에 대해서는 말이 없다. 그리고 결정적인 질문은 베토벤의 불멸의 연인이 누구인가 하는 것이 아니라, '불멸의 편지' 의 수신인이 누구인가 하는 것이다. 두 사람이 꼭 같을 필요는 없다.

1994년, 영화 〈불멸의 연인〉

게리 올드만이 주연한 1994년 영화 〈불멸의 연인(Immortal Beloved)〉은 스테르바의 주장을 기초로 해서 만든 것이다. 베토벤의 '불멸의 연인'은 동생의 아내 요한나이고, 카를은 베토벤의 조카가 아니라 동생이 결혼하기 전에 베토벤이 그녀와 관계를 맺어 태어난, 베토벤의 친아들이라는 것이다. 이것은 베토벤이 조카의 양육권을 확보하기 위해 집요하게 매달린 이유가 된다.

실제로 1824년경부터 베토벤과 요한나 사이는 상당히 부드러워졌고, 카를도 자기에게 알리지 않고 두 사람이 화해한 것에 대해 실망했다고 한다. 베토벤은 유서에도 카를에게 자식이 없으면 재산이 요한나에게 가도록 작성했다. 그리고 앞서 말한 대로 안젤름 휘텐브렌너는 임종 병상에 있었던 여인이, 처음 본 얼굴이어서 누군지 몰랐지만 요한나 라이스라고 증언했다. 나중에 휘텐브렌너는 자신의 말을 번복했지만 그녀가 요한나 라이스였을 가능성이 가장 높다. 휘텐브렌너의 증언대로, 임종 병상에 자신 말고 다른 한 여자가 있었고 그녀가 "베토벤의 머리카락을 한 웅큼 잘라서 휘텐브렌너에게 주었다."면, 임종 병상에서 그럴 자격을 갖춘 사람은 요한나뿐이다.

보내지 않은 편지 혹은 되돌아온 편지

불멸의 연인에게 쓴 편지 3통은 24시간 이내에 연속적으로 쓴 것이고, 겉봉에 아무것도 씌어지지 않은 검은 봉투 속에 있었다. 베토벤이 편지를 3통 써서 불멸의 연인에게 보냈다면, 왜 그 편지가 베토벤의 책상에서 나왔을까? 그리고 두 사람은 편지를 주고받은 직후 만났을까? 가설을 세우면 이렇다.

첫째, 편지를 보내지 않았다(그 후에 두 사람이 계속 만났을 수도 아닐 수도 있다). 스테르바는, 베토벤이 그 편지를 작성한 후 곧 관계가 나빠졌고 그 후 그녀를 '밤의 여왕'으로 표현했기 때문에, 베토벤은 그 편지를 결국 부치지 못하고 보관했다는 주장이다.

둘째, 두 사람은 만났고 한동안 잘 지내다가, 편지를 받은 여인이 18세기 사교계의 관습처럼 베토벤과의 관계를 정리하면서 관련된 증표들, 예컨대 편지, 선물, 초상화 등을 신사적으로 되돌려주었다.

셋째, 편지는 띄웠으나 두 사람은 만나지 못했다. 왜냐하면 그녀의 남편 혹은 정부가 먼저 그것을 받아서, 부인 모르게 베토벤을 크게 꾸중하고 되돌려주었을 것이다. 그리고 서로 모른 채 친구로 지냈을 것이다. 한 여인에 대한 베토벤의 열정은 오래가지 못했으므로 베토벤도 곧 잊어버렸을 것이다.

어쨌든 이 대목에서 중요한 것은 베토벤이 누구를 가장 절실히 사랑했는가가 아니라 '불멸의 편지' 수신인이 과연 누구인가이다. 나는 이렇게 추측한다. 베토벤으로 하여금 그런 뜨거운 표현의 편지를 쓰게 만든 정열적인 여인은 베티나였을 것이다. 불멸의 편지에는 "그대가 준 연필로 이 편지를 쓴다."라는 대목이 있는데, 만약 선물을 준 사람이 작가라면 다른 누구보다도 연필을 선물했을 가능성이 더 높다. 베토벤은 그 편지를 베티나에게 띄었고, 편지를 베티나보다 먼저 받은 폰 아르님이 베티나와의 결혼 전후로 그녀의 행동양식을 누구보다 잘 알고 있었으므로, 그 편지를 친구 베토벤에게 점잖게 돌려주었을 것으로 추론해본다. 만약 베티나가 먼저 받았으면 그녀는 그것을 달리 이용했을 터이니까. 몇 가지 호기심으로 시작한 나의 베토벤 공부는 이것으로 마친다.

베토벤의 비엔나 거주지

- 1792년 11월~1795년 5월 : 알저슈트라세 30번지(9. Alser Straße 30)
  리히노프스키 대공 소유 저택(Lichnowsky Palace) 다락방, 2층, 3층
- 1795년 5월~1796년 2월 : 뢰벨슈트라세 6번지(1. Lüwelstraße 6)
  오기리쉐스 하우스(Ogylyisches Haus)
- 1796년 2월~1798년 : 리히노프스키와 함께 라이프치히, 드레스덴, 프라하, 베를린 여행
  거주지 불명
- 1799년 5월~1800년 1월 : 페터스플라츠 11번지(1. St. Petersplatz 11) 4층
  춤 질베르넨 포겔(Zum silbernen Vogel)
- 1799년 여름 : 뫼들링(Mödling)
- 1800년 1월~1801년 봄 : 티퍼 그라벤 8-10번지(1. Tiefer Graben 8-10) 4층
  그라이너쉐스 하우스(Greinersches Haus)
- 1800년 4월~6월 : 헝가리 부다페스트 마르톤바자르(Budapest Martonvasar)
  슬로바키아 돌나 크루파(Dolna Krupa)
- 1800년 여름 : 운터되블링(19. Unterdöbling) 주소 불분명
- 1801년 봄~1802년 4월 : 자일러슈테트 15번지(1. Seilerstätte 15)
  함베르크쉐스 하우스(Hambergsches Haus)
- 1801년 여름 : 헤첸도르프(12. Hetzendorf) 주소 불분명
- 1802년 4월~10월 : 하일리겐슈타트 지역 프로부스가세 6번지(19. Probusgasse 6)
  비엔나 베토벤 소사이어티 박물관 기념명패
  (하일리겐슈타트 유서 작성)
- 1802년 10월~1803년 4월 : 페터스플라츠 11번지 4층
  예네바인가세 17번지(Jeneweingasse 17) 기념명패
  에르되디 백작 부인의 별장

- 1803년 4월~1804년 5월 : 링케 빈차일레 6번지(6. Linke Wienzeile 6)
  테아트르 안 데어 빈(Theater an der Wien)
  (오페라 피델리오 작곡)
- 1803년 여름 : 바덴(주소 불명) 카이저 프란츠 9번지(가능성 있음)
  (Kaiser Franz Ring 9) 기념명패
  호프차일레 15번지(19. Hofzeile 15) 혹은
  되블링거 하우프트 슈트라세 92번지(19. DöblingerHauptstraße 92) 에로이카 하우스
  (Eroicahaus) 기념명패
  (영웅 교향곡 작곡)
- 1804년 5월~6월 : 가르니존가세 9-11번지(19. Garnisongasse 9-11)
  로테스 하우스(Rotes Haus)
  프란크가세(Frankgasse), 로텐하우스가세(Rotenhausgasse) 사이
- 1804년 여름: 바덴(주소 불명, 카이저 프란츠 9번지 가능성 있음)
- 1804년 8월~1808년 가을 : 묄커 바스타이 8번지(1. Mölker Bastei 8) 5층
  파스쿠발라티하우스(Pasqualatihaus) 기념명패
- 1804년 12월~1805년 가을 : 테아트르 안 데어 빈
- 1805년 6월~9월 : 헤첸도르프
- 1805년 가을~1807년 여름 : 묄커 바스타이 8번지
- 1806년 8월~10월 : 체코 오파바(Opava)
  근처에 있는 그레츠(Grätz)의 리히노프스키 영지
  오버글로가우(Oberglogau, 지금은 폴란드 Glogowek)
  (교향곡 제4번)
- 1807년 6~8월 : 바덴 요하네스바트가세 12번지(Johannesgasse 12)
  요하네스호프(Johanneshof) 기념명패(지금은 Kurpension)
  아이젠슈타트(Eisenstadt)
- 1807년 9월 : 하일리겐슈타트
- 1807년 겨울~1808년 여름 : 크루거슈트라세 10번지, 묄커 바스타이 8번지
- 1808년 여름 : 그린칭거 슈트라세 64번지(19. Grinzinger Straße 64) 기념명패
  (전원 교향곡 작곡 시작)

바덴 바일부르크슈트라세 11-13번지(Weilburgstraße 11-13)

알터 자우어호프(Alter Sauerhof) 기념명패(디자이너 Sockel)

- 1808년 가을~1809년 3월 : 크루거슈트라세 10번지(1. Krugerstraße 10)

  에르되디 백작 부인 비엔나 저택

- 1809년 3월~ 1809년 7월 : 발피쉬가세 11(Walfischgasse 11)

  혹은 아카데미슈트라세22a(1. Akademiestraße 22a)

  혹은 크루거슈트라세 10번지 (같은 집 다른 방?)

- 1809년 8월~1810년 초 : 타인팔트슈트라세 8-8a(1. Teinfaltstraße 8-8a) 혹은 Schreyvogelgasse 1)

- 1809년 여름 : 헝가리 (오늘날 슬로바키아 동남쪽 30km 지점 Gomba-Hubice)

  바덴 바일부르크슈트라세 11-13번지

- 1809년 : 발가세 4번지(1. Ballgasse 4) 동생 카스파르 카를의 집(전쟁중 지하실 피신)

- 1810년 초~1815년 봄까지 : 묄커 바스타이 8번지 4층

- 1810년 5월~8월 : 바덴 바일부르크슈트라세 11-13번지

- 1810년 가을~1813년 여름 : 묄커 바스타이 8번지

- 1811년 8~9월 : 체코 테플리체(Teplice) 하르페 바트가세(Harfe Badgasse),

  그레츠

- 1812년 6~11월 : 바덴 바일부르크슈트라세 11-13번지

  프라하(Praha)

  테플리체(Teplice),

  칼스바트(Karlsbad, Karlovy Vary)

  프란첸스바트(Franzensbad, Frantiskovy Lazne)

  린츠(Linz)

- 1813년 여름 : 바덴 바일부르크슈트라세 11-13번지

- 1813년 가을~12월 : 묄커 바스타이 8번지

- 1814년 2월~6월 : 묄커 바스타이 10번지

  바르텐슈타인쉐스하우스(Bartensteinsches Haus) 3층

- 1814년 9월 : 바덴 바일부르크슈트라세 11-13번지

- 1814년 11월~1815년 봄 : 묄커 바스타이 8번지 5층

- 1815년 여름 : 예네바인가세 17번지
  바덴(주소 불명, 카이저 프란츠 링 9번지일 가능성 있음)
  질베르가세 4번지(19. Silbergasse 4)/누스발트가세 2번지(Nusswaldgasse 2),
  뫼들링
- 1815년 가을~1817년 봄 : 자일러슈테테 21번지(1. Seilerstätte 21)
  람베르티쉐스하우스(Lambertischeshaus)
- 1816년 7월~10월 : 바덴 브라이트너슈트라세 26번지(Breitnerstraße 26)
  오솔린스키쉐스 슐로스(Ossolynskisches Schloß)
- 1816년 겨울~1817년 초 : 렌가세 1번지(1. Renngasse 1)
  춤 뢰미쉔 카이저 여관(Zum römischen Kaiser)
- 1817년 4월~10월 : 란트슈트라서 하우프트슈트라세 26번지(3. Landstraßer Hauptstraße26) 춤 그뤼넨 크란츠(Zum grünen Kranz) 3층 기념명패
  란트슈트라서 하우프트슈트라세 31 (댄스홀 1823~1824년 들림)
  란트슈트라서 하우프트슈트라세 40 Roter Han Hotel(모차르트, 베토벤 숙박)
  라즈모프스키가세(Razumovsky, 23-25) 라즈모프스키 궁전
- 1817년 5월~6월 : 하일리겐슈타트 파르플라츠 2번지(19. Pfarrplatz 2) 기념명패
- 1817년 7월~8월 : 칼렌베르거 슈트라세 26번지(19. Kahlenberger Straße 26) 기념명패
  그라이너쉐스 하우스(Greinersches Haus)
- 1817년 10월~1819년 4월 : 게른트너가세 5번지(3. Gärntnergasse 5)
  하우스 춤 그뤼넨 바움(Haus zum grünen Baum)
- 1818년 5월~9월 : 뫼들링 하우프트슈트라세 79번지(Hauptstraße 79)
  하프너하우스(Hafner Haus) 1970년 베토벤 탄생 200주년을 맞아
  뫼들링 시에서 이곳을 인수하여 베토벤 기념관으로 개조(기념명패)
  (브로드우드 피아노 받음)
- 1819년 5월~10월 : 뫼들링 하우프트슈트라세 79번지
  장엄미사, 교향곡 제9번, 해머클라비어 소나타, 디아벨리 변주곡
- 1819년 10월~1820년 5월 : 트라우트존가세 2번지(8. Trautsongasse 2)
  핑거링쉐스하우스(Fingerlingsches Haus) 기념명패
  아우어스페르크가세 3번지(8. Auerspergstrasse 3)

추어 골데넨 비메(Zur goldenen Bime)
- 1819년 겨울~1820년 초 : 발가세 6번지(1. Ballgasse 6)
  춤 알텐 블루멘스톡 여관(Zum alten Blumenstock)
- 1820년 5월~10월 : 뫼들링 아흐제나우가세 6번지(Achsenaugasse 6) 기념명패
  크리스트호프(Christhof) 기념명패
- 1820년 10월 : 요제프슈테터슈트라세 57번지(8. Josephstädterstrasse 57)
  추 덴 츠바이 바흐스퇴켄(Zu den zwei Wachsstöcken)
- 1820년 겨울~1821년 5월 : 란트슈트라서 하우프트슈트라세 60번지
  (3. Landstraßer Hauptstraße 60)
  그로세스 하우스 데어 아우구스티너(Großes Haus der Augustiner)
- 1821년 6월~9월 : 질베르가세 9번지(19. Silbergasse 9)
- 1821년 9월~10월 : 바덴 라트하우스가세 10번지(Rathausgasse 10) 기념명패
- 1821년 가을~1822년 봄 : 란트슈트라서 하우프트슈트라세 60번지
- 1822년 봄 : 요제프슈테터 슈트라세 57번지(8. Josefstädter Straße 57),
  요제프슈테터 슈트라세 39번지(8. Josefstädter Straße 39)에 잠시 거주
- 1822년 5월~6월 : 피르케르가세 13번지(19. Pyrkergasse 13),
- 1822년 7월~8월 : 란트슈트라서 하우프트슈트라세 60번지
- 1822년 9월 : 바덴 안톤가세 4번지(Antonsgasse 4) 기념명패
  춤 골데넨 슈반(Zum goldenen Schwan),
  (불명, Frauengasse 10 혹은 Kaiser Franz Ring 9)
- 1822년 10월 : 바덴 라트하우스가세 10번지,
  바덴 프라우엔가세 10번지(Frauengasse 10)
  마그달렌호프(Magdalenhof) 기념명패
- 1822년 11월~1823년 5월 : 라임그루벤가세 22번지(6. Laimgrubengasse 22) 기념명패
  굼펜도르프슈트라세 14번지(6. Gumpendorfstrasse 14)
  합창 교향곡 시작
- 1823년 5월~8월 : 헤첸도르퍼 슈트라세 75a번지(12. Hetzendorfer Straße 75a)
  빌라 프로나이(Villa Pronay) 현재는 '카페 베토벤(cafe Beethoven)'
- 1823년 8월~10월 : 바덴 라트하우스가세 10번지

- 1823년 10월~1824년 5월 : 운가르가세 5번지(3. Ungargasse 5)

  추어 쉐넨 스클라비니(Zur schönen Sklavin) 5층

  장엄미사 작곡, 교향곡 제9번 완성
- 1824년 5월 : 하디크가세 52번지(14. Hadikgasse 62(52?)

  하디크 슐뢰셀(Hadik Schlössel),
- 1824년 6월~11월 바덴 펠츠가세 22번지(Pelzgasse 22)

  슐로스 구텐브룬(Schloß Gutenbrunn)

  현재는 자나토리움 구텐브룬(Sanatorium Gutenbrunn)
- 1824년 11월~1825년 4월 : 요하네스가세 1번지(1. Johannesgasse 1) 철거됨

  케른트너 슈트라세와 접하는 건물
- 1825년 4월~5월 : 크루거슈트라세 13번지(1. Krugerstraße 13)
- 1825년 여름: 바덴 펠츠가세 22번지
- 1825년 10월 15일~1826년 9월 : 슈바르츠스파니어슈트라세 15번지

v(9. Schwarzspanierstraße 15)

  슈바르츠스파니어하우스(Schwarzspanierhaus) 3층
- 1826년 9월~12월 : 그나익센도르프(Gneixendorf) 바서호프(Wasserhof)
- 1826년 12월~1827년 3월 26일 : 슈바르츠스파니어슈트라세 15번지
- 1827년 3월 29일 : 알저슈트라세 17번지(8. Alser Strasse 17)

  삼위일체 성당(Trinity Church) 장례식
- 최초 무덤 : 베링거 슈트라세 슈베르트 파크

  (18. Währinger Strasse,Teschnerhasse 코너)
- 현재 무덤 : 비엔나 첸트랄프리트호프(Wien Zentral Friedhof)

KI신서 2480

베토벤 읽는 CEO

장애를 창조로 승화시킨 불멸의 악성

1판 1쇄 인쇄 2010년 5월 15일
1판 1쇄 발행 2010년 5월 20일

지은이 이재규 **펴낸이** 김영곤 **펴낸곳** (주)북이십일 21세기북스
디자인 에이티 **영업** 서재필 최창규
출판등록 2000년 5월 6일 제10-1965호
주소 (우413-756) 경기도 파주시 교하읍 문발리 파주출판단지 518-3
대표전화 031-955-2100 **팩스** 031-955-2151 **이메일** book21@book21.co.kr
홈페이지 www.book21.co.kr **커뮤니티** cafe.naver.com/21cbook

책 값은 뒤표지에 있습니다.
ISBN 978-89-509-2433-1 03320